SERIES OF STUDIES
ON
CHINESE
CONFUCIUS
TEMPLES

中国文庙研究丛书

总　主　编　周洪宇

副总主编　赵国权

本书系
全国教育科学规划
2021年度立项课题（国家一般项目）
"中国历代庙学史料搜集、整理
与数据库建设研究"
（课题编号：BOA210051）
阶段性成果

国家出版基金项目
NATIONAL PUBLICATION FOUNDATION

A
STUDY
ON
ZHENGZHOU
CONFUCIUS
TEMPLE

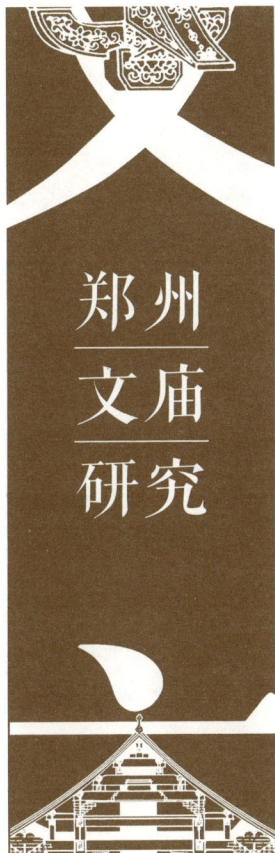

郑州文庙研究

赵国权 著

山东教育出版社
·济南·

总序

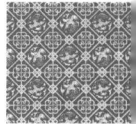

德国哲学家雅斯贝尔斯在其所著《历史的起源与目标》一书中，曾提出人类文明的"轴心时代"这一命题，即在公元前500年左右，古希腊、以色列、中国和印度，都处在人类文明的重大突破期，都出现了伟大的精神导师，诸如古希腊的苏格拉底、柏拉图、亚里士多德，以色列的犹太教先知们，古印度的释迦牟尼，中国的孔子、老子等，他们的思想一直影响至今。但相比较而言，孔子更具有代表性，其所创立的儒家思想不仅影响中国社会两千多年而从未中断过，且被后世创造性地转化为物质载体即文庙。如同"四书五经"一样，文庙在儒学传承中扮演着不可或缺的角色。尤其是文庙与官学或书院融合后，形成了中国历史及儒学文化史上特有的"庙学合一"或"庙学""学庙"现象，也使得文庙作为儒家文化的标志性符号，以其独特的精神特质深刻影响着中国的政治生态、社会生态、文化生态和教育生态，还辐射到周边及欧美不少国家和地区，至今仍彰显其强大的生命力，成为国内外学术界热议不休的历史"活化石"。

壹

据史料记载，主祀孔子的庙宇有文庙、孔庙、学庙、庙学、学宫以及宣圣庙、至圣庙、夫子庙、先师庙、先师殿、大成殿、礼殿、燕居堂、中和堂等不同的称呼，然最流行、最常用的就是文庙和孔庙，因而一些权威的大型工具书在对文庙、孔庙加以解读时，不同程度地认同文庙即孔庙、孔庙即文庙。如商务印书馆修订本《辞源》解释说，孔庙在"明清时也叫文庙"，文庙即孔子庙，"元明以后通称文庙"。[①]顾明远主编的《教育大辞典》认为，孔庙"亦称文庙"，文庙"即孔庙……元以后多称文庙"。[②]近人的学术论著中也多持此意见，这主要是基于对主祀孔子这一历史存在的认同。

"文庙"一词，较早见于《南齐书》。齐高帝时的尚书右仆射王俭，针对明堂与郊祀之礼，曾引用《郑志》中赵商与郑玄的一番对话，赵商问曰："说者谓天子庙制如明堂，是为明堂即文庙邪？"[③]《新唐书》中又有"汉孝惠、孝景、孝宣令郡国诸侯立高祖、文、武庙"[④]的记载。汉惠帝刘盈乃刘邦之子，西汉第二位帝王。可见，在西汉初年就有文庙的称呼，只是此时的文庙与孔子及其被封为"文宣王"没有必然联系。

在古汉语中，"文"与"武"是相对的一组概念。按古制，凡有功于社稷的文臣武官，均可设庙祠以祀。如主祀姜子牙的武成庙、主祀岳飞的岳飞庙、主祀关羽的关帝庙等，都属于"武庙"。而主祀姬旦的周公庙、主祀孔子的孔庙、主祀孟子的孟庙、主祀颜回的颜庙、主祀子思的子思庙、主祀曾参的曾子庙，以及孟子游梁祠、子贡祠、武侯祠、包公

① 商务印书馆编辑部编：《辞源》，商务印书馆1979年版，第778、1362页。
② 顾明远主编：《教育大辞典》第8卷，上海教育出版社1991年版，第152页。
③《南齐书·礼上》。
④《新唐书·高郢传》。

祠、范公祠等，都属于文庙。且武庙与文庙各有其配享及乐舞礼制，如《宋书》所载，曹魏时期"制《武始》舞武庙，制《咸熙》舞文庙"①。尤其是自唐宋以后，各地既建文庙又建武庙。因此，广义上的文庙，是一种与武庙相对的、主祀有功文臣或先儒先贤的礼制性建筑，体现出历朝历代"文治"的政治意图，负载有"价值判断和意识形态韵味"②，属于文化史学研究的范畴。而狭义上的文庙，则单指主祀孔子的礼制性建筑，亦即孔庙，也就是本丛书所论及的文庙。

就狭义上的文庙来说，史料及后世文献多以孔庙相称，明清尤甚。这是因为孔子乃"文道"之奠基者。自汉初始统治者就开始推崇孔子及其创立的儒学，汉高祖刘邦路过曲阜时还"以太牢祠焉"③。汉武帝"独尊儒术"后，儒学便一跃成为官方哲学，在其后上千年的发展历程中，孔子犹如道教尊老子、佛教尊释迦牟尼一样被推上神坛，或被追封为"文宣王"，或被奉为"万世师表"，主祀孔子的礼制性建筑文庙也逐步遍设于京师及全国各地。

按所承载的功能，文庙可以分为四类：

一是国庙。这是由帝王代表国家祭拜孔子的礼制性建筑，主要是设于京师的皇家孔庙。曲阜孔庙在京师未设孔庙之前曾一度扮演国庙的角色。

二是家庙。家庙是孔子家族的宗庙，如曲阜孔庙、浙江衢州孔庙以及河南郏县文庙（既是家庙又是学庙）等。

三是学庙。因庙设学、因学设庙或庙学同建，形成"庙学合一"的格局，具体是指与各级官学及书院直接相关的主祀孔子的庙宇，因而也多被称为"庙学"。明清时期多被称为文庙，如上海文庙、苏州文庙、郑州文庙等。还有被称为学宫的，如广东的番禺学宫、海南的文昌学宫等。此类文庙数量庞

---

① 《宋书·乐一》。
② 〔英〕海伍德：《政治学核心概念》，吴勇译，天津人民出版社2008年版，第4页。
③ 《史记·孔子世家》。

大，除少量的国庙、家庙、村庙外，其余的全部是学庙。

四是村庙。凡是学庙普及不到的边远地区，地方官员为推崇弘扬儒学、满足民众对圣人孔子的崇拜和对儒家文化信仰的需求，便在人口聚集区的村镇设孔庙奉祀孔子及有功于儒学的先儒先贤，可称之为"村庙"。如福建连城县培田村有一处清乾隆四十四年（1779年）所建的"文武庙"，文庙和武庙建在一栋两层阁楼内，下层武庙祀关羽，上层文庙祀孔子。在中原一带，多有因孔子圣迹所到之处而建的纪念性孔庙，如河南永城的芒砀山夫子庙是为纪念孔子在此避雨晒书而建的，河南淮阳的弦歌台为纪念孔子在此绝粮依然"弦歌不衰"而建（附有书院，亦为学庙）等。村庙数量不多、规模不大、建制不一，但与其他文庙一样承载着传承儒学与社会教化的功能。

贰

文庙起始于何时，学术界众说纷纭，或言早至春秋，或曰晚至唐朝。但无论始于何时，它总有一个产生、发展及演变的过程，其历史积淀也足以占据儒学发展的半壁江山。

文庙的雏形当从曲阜因宅设庙始，即孔子去世后，其居室由后人奉为庙，"故所居堂、弟子内，后世因庙，藏孔子平生衣、冠、琴、车、书"，且在孔子冢祭奉孔子，"鲁世世相传，以岁时奉祠孔子冢，而诸儒亦讲礼、乡饮、大射于孔子冢"。①此时的曲阜孔庙虽属家庙性质，并非严格意义上的礼制性庙宇，孔子冢之学亦属私学，且孔庙与孔子冢不在一处，但毕竟是主祀孔子，又兼有私学活动，可称之为文庙雏形，实开文庙建制之先河。

①《史记·孔子世家》。

文庙与政治结缘、与官学融合，可追溯到东汉时期蜀郡重修的文翁石室（即蜀郡郡学）中的"周公礼殿"。据史载："蜀儒文章冠天下，其学校之盛，汉称石室、礼殿，近世则石九经，今皆存焉。"①可以说，蜀郡郡学中的周公礼殿实乃"中国古代庙学合一的最早范本"，"曲阜之外中国所建最早祭祀周公、孔子的机构"。②但这只是地方政府行为，尚未在全国实施，更是主祀周公，并非孔子。自汉武帝"独尊儒术"后，统治者把尊孔崇儒提到国家治理的高度，开始加封孔子及其后裔。永平二年（59年），汉明帝更是诏令郡县学校皆祀周公、孔子。这是首次以中央诏令的形式祭祀周公、孔子。

魏晋南北朝虽王朝更替频繁，加之佛道及玄学的冲击，但统治者的尊孔崇儒政策没有弱化，文庙礼制建设多有成就。如曹丕于黄初二年（221年）下令，"鲁郡修起旧庙，置百户吏卒以守卫之，又于其外广为室屋以居学者"③，还要求各地修葺孔庙，重开祀孔之制。东晋时在国子学"增造庙屋一百五十五间"④。北魏太武帝时"起太学于城东，祀孔子，以颜渊配"⑤，开创中央国学祭孔之制；孝文帝不仅在国都平城（今山西大同）创建孔子庙，开国都孔庙之先河，还下诏规范祭孔礼制，要求"自今已后，有祭孔子庙，制用酒脯而已"⑥等。

隋唐时期重新确立儒学及孔子的政治地位，文庙进一步规范化和制度化。唐高祖李渊于武德二年（619年）下诏在国子学中立周公、孔子庙，四时致祭。唐太宗李世民下令停祭周公，开国学文庙主祀孔子之先例；贞观二十一年（647年）开始确立追祀先贤先儒的制度，是年唐太宗下诏，以左丘明等二十二人配享文庙。开元八年（720年）唐玄宗下诏，以颜回等十哲从祀孔子，并塑为坐像；开元二十七年（739

① [宋] 席益：《府学石经堂图籍记》，见 [宋] 程遇孙等编《成都文类》卷30，文渊阁四库全书本。
② 舒大刚、任利荣：《"庙学合一"：成都汉文翁石室"周公礼殿"考》，载《四川大学学报（哲学社会科学版）》2014年第5期。
③《三国志·魏书二·文帝纪第二》。
④《宋书·礼一》。
⑤《魏书·世祖纪上》。
⑥《魏书·高祖纪上》。

年）追谥孔子为文宣王，追赠颜回为兖国公，其余九哲弟子皆为侯，另追赠曾参以下七十三人为伯，孔子自此开始被称"王"。自唐以来，庙学合一进程逐步推进，庙学之制更加完备，史载"唐开元间，定孔子为先圣庙，而衮冕南面，每岁春秋祀焉，由是庙学之礼益备，凡有学者必有庙，示其尊也"①。

宋元时期，文庙设置更为普遍，"宋兴，崇尚文治，吾夫子之祀遍天下"②。不仅是官学，还有自宋朝日益兴起的书院内也必崇祀孔子，"每个书院必塑有孔子及十哲的肖像，甚至图画七十二贤一同配飨"③。尤其是北宋至和二年（1055年），宋仁宗开加封孔子嫡长子孙"衍圣公"的先例；南宋绍兴十年（1140年），宋高宗诏令"以释奠文宣王为大祀"④，即规定祭祀孔子的礼仪与祭祀社稷的大礼相同，均为国家级的重大祀典。至元朝，元武宗加封孔子为"大成至圣文宣王"⑤；至明朝嘉靖年间，历经数百年的"孟子升格运动"，儒学的重要传承人孟子被正式封为"亚圣"。在此情况下，文庙遍及全国各地，"郡县有学，学必有庙"⑥。

明清时期，"文庙"这一称呼开始被广泛使用。朱元璋即位后，改称孔子为"先师"，洪武元年便"以太牢祀先师孔子于国学"⑦，还"诏天下通祀孔子"⑧。明永乐八年（1410年），不仅"令天下文庙圣贤衣冠绘塑不合古制者悉改正"⑨，且改学校先师庙为"文庙"，自此"文庙"之名盛行天下。至明末，全国各地所建文庙多达1560所。⑩清初，康熙帝亲笔御书"万世师表"匾额悬于文庙大成殿，这是历史上首次称颂孔子为"万世师表"，表达出统治者对孔子及儒学的敬仰之情，也昭示出儒学的文化力量。至清末，文庙增至1740多所。⑪

① 吴澄：《崇仁县孔子庙碑》，见《吴文正公集》卷15，台北新文丰出版公司1985年版。
② [南宋] 陈宜中：《学道书院记》，见《苏州府志》卷26，清光绪九年刊本。
③ 陈青之：《中国教育史》，商务印书馆1936年版，第195页。
④《宋史·高宗六》。
⑤《元史·武宗一》。
⑥ [清] 阮元：《两浙金石志·杭州路重建庙学之碑》。
⑦《明史·太祖二》。
⑧《明史·太祖三》。
⑨《明会典·卷八十四》。
⑩ 王贵祥：《明代不同等级儒学孔庙建筑制度探》，载《中国建筑史论汇刊》2012年第2期。
⑪ 刘新：《儒家建筑文庙》，中国建筑工业出版社2013年版，第18页。

清末开办新式学堂后，庙学开始分离，文庙由以往的祭祀与教学两大主要功能蜕变为单一的祭祀功能，没有了"官学"这一光环，其维修和保护自然会受到一些影响；但不能否认其大教育功能的存在，那就是继续承担着社会教化的重任，且依然是广大士子心仪向往的神圣殿堂。虽经风风雨雨，仍有不少的文庙得以较好或部分地保存下来。改革开放后，文庙作为优秀传统文化的重要组成部分而受到普遍关注，其资源的开发和利用也被提到日程上来，文庙发展又迎来了一个新的春天。据国家文物局《文庙、书院等儒家遗产保护利用现状调研报告》（内部资料）统计，截至2016年底，除内蒙古、西藏、宁夏及台湾、香港、澳门外，共有327处文庙列入省级重点文物保护单位和全国重点文物保护单位名录，其中国保级文庙为108处。此外，日本、韩国、越南等周边国家也有近100处文庙。可以说，文庙立足本土，辐射周边，形成足以和佛寺、道观相媲美的"儒庙景观"。

叁

自文庙登上中国历史的舞台，便开始发挥其独特的多元功能，影响到中国的政治生态、文化生态及教育生态。

毫无疑问，文庙的强势缘于与政治生活的结合。自西汉确立以儒治国后，魏晋至明清皆秉承儒治政统，不断提高孔子及儒学的地位，称孔子为"人伦之表"，称儒学为"帝道之纲"，为此不断地完善庙祀孔子的礼仪制度。期间，儒学确实遭受过不同学术流派的冲击，但因儒学自身的包容性与再生力，以及与政治生活的紧密联系，它在博弈中始终占据着权力的中心位置。历代各地文庙正是在这一儒化的背景下得以建造的，反过来又对政治生态起到一种固化作用。诸如每当因社会剧烈震荡带来道德秩序的破坏、所谓"不孝不悌之事，频见词诉"①之时，统治者都毅然决然地动用儒学来拯救社会道德的缺失。每当基业稳定之际，统治者又会诏令修建文庙以传承儒学，并利用文庙祭孔活动来"宣德化""正人心"。总之，要让"君君、臣臣、父父、子子"等伦理观念根植于官员及民众心中，杜绝一切"僭越"行为，借以维系和谐的政治生态。

基于与政治生活的结缘，文庙在一定程度上成为以儒学为主体的中国传统文化反映在现实中的物化形式。这一被物化的建筑群，与"四书五经"一样，具有同等重要的文化传承价值。如果说"四书五经"借助文本来传承儒家文化的话，那么文庙则是借助建筑、礼仪等起到文化传承的作用。诸如按照礼制，文庙建筑分别有九进、七进、五进、三进院落等，常与官学毗邻，庙中有学、学中有庙等，将古代的庙宇性建筑文化传承至今。又如文庙的祭祀活动，从供奉人物的选择、座序排列到祭祀时的祭器、祭品、礼服、礼仪、音乐、舞蹈等，无不在制造一定的场境和氛围，引发民众对儒学文化的认同，从而形成特有的文化基因和精神特质，以至祭祀文化代代相传，生生不息。

基于文庙与官学或书院的结缘，文庙的设施及祭祀活动又有"风励士子"的强大教化功能，足以使在读学子形成对师道和学业的敬畏感。这是因为文庙中的受祀对象，已成为道德、道统、学统的象征，是言谈举止、待人接物的标杆，更是一种精神文化的符号。那么在文庙内祭拜这些先圣先贤，足以"使天下之士观感奋兴，肃然生其敬畏之心，油然动其效法之念"②，亦即通过"营造出一种庄严肃穆的场景，

① [南宋] 徐元杰：《延平郡学及书院诸学榜》，见《梅野集》卷11，文渊阁四库全书本。
② [清] 庞钟璐：《缮写成帙恭呈御览仰祈》，见《文庙祀典考》卷50，清光绪戊寅家藏本。

使人们对先圣先师先贤等供祀对象的崇敬之情升华为一种神圣的体验"[1]。正是这种庄严肃穆的文化场景，使得诸生在先圣先贤像前"穆然而志专，徘徊乐之，不忍去也"[2]。从"穆然"到"乐之"再到"不忍去"，足见谒祠之举对在院生徒的感染力之大。更使得"自为童子时"的文天祥，看到文庙中还奉祀乡贤先儒欧阳修、杨邦乂、胡铨等塑像，且"皆谥忠"，欣然慕之曰："没不俎豆其间，非夫也。"[3]如此，一代代学子带着对师道和学业的敬畏，去追逐"希圣希贤"的人生理想，最终实现"传道济民"的处世目标，这也是"庙学合一"价值的最好体现。

肆

正因为有如此多元的价值及功能，文庙才能在庙学分离后艰难地生存下来，后来者才能继续守望着中华优秀传统文化这块沃土而不至于断裂或丢失。改革开放以来，国家更加重视保护和弘扬中华优秀传统文化，文庙作为儒家文化的载体自然迎来了难得的发展机遇。曲阜孔庙的祭孔活动以往由民间团体主持，从2004年起转而由地方政府主办，2007年又上升到由山东省政府与教育部、文化部等联合主办，由此带动了各地文庙的官方"祭孔"活动；越来越多的文庙遗存被列为全国重点文物保护单位，同时带动了全国各地对文庙遗存的修复和保护工作。党的十八大报告明确指出"文化是民族的血脉，是人民的精神家园"，并基于对优秀传统文化营养的汲取，提出了"二十四字"的社会主义核心价值观。2014年五四青年节当日，习近平总书记在与北京大学师生座谈时指出，中华优秀传统文化已经成为中华民族的基因，植

---

① 肖永明、唐亚阳：《书院祭祀的教育及社会教化功能》，载《湖南大学学报（社会科学版）》2005年第3期。
② ［南宋］陈傅良：《潭州重修岳麓书院记》，见《止斋集》卷39，文渊阁四库全书本。
③《宋史·文天祥传》。

根在中国人内心，影响着中国人的思维方式和行为方式，今天，我们提倡和弘扬社会主义核心价值观，必须从中汲取丰富营养，否则就不会有生命力和影响力。2017年1月，中共中央办公厅、国务院办公厅印发《关于实施中华优秀传统文化传承发展工程的意见》。该意见指出，在五千多年文明发展史中孕育的中华优秀传统文化，积淀着中华民族最深沉的精神追求，代表着中华民族独特的精神标识，是中华民族生生不息、发展壮大的丰厚滋养，是中国特色社会主义植根的文化沃土，是当代中国发展的突出优势，对延续和发展中华文明、促进人类文明进步，发挥着重要作用。同时，该意见从重要意义、总体要求、主要内容、重点任务、组织实施和保障措施等方面予以战略性、全局性部署。党的十九大报告中，同样强调"文化是一个国家、一个民族的灵魂。文化兴国运兴，文化强民族强。没有高度的文化自信，没有文化的繁荣兴盛，就没有中华民族伟大复兴"，"中国特色社会主义文化，源自于中华民族五千多年文明历史所孕育的中华优秀传统文化"，在新时代传承与弘扬优秀传统文化，必须"创造性转化、创新性发展"。那么，文庙作为传播儒学的主阵地，理应成为培育和践行社会主义核心价值观的重要文化阵地。事实上，已有部分文庙积极开展国学教育普及活动，如举办成人礼、开笔礼、拜师礼等，取得明显效果。

但在现实中，文庙的发展还面临诸多问题或难题。有些地方政府文物保护意识淡薄，有部分文庙遗存得不到正常的维修和保护；部分得到保护的文庙，其蕴藏的多元功能尚未得到有效发挥，甚至存在过于功利化的倾向；部分文庙设施及祭祀活动不合礼制，存在一系列具体问题，比如祭祀日应是生日还是卒日、受祀对象只是孔子还是分层次进行、每年各地文庙是同时祭祀还是"各自为政"、祭文是年年都写还是规范统一，以及在东西两庑及乡贤祠、名宦祠中是否可以续增一些新儒学代表人物等问题。要根本解决文庙发展中的问题，有待于对文庙的深入系统研究。

伍

自从文庙问世后，就有不少学者从不同的角度、用不同的方式，对文庙的建制、布局、祭祀、教化等问题做过不同程度的思考和论述。自明清以来，在举国编著大型丛书、类书的驱动下，大批学者开始对文庙的各种资料进行梳理、研究和汇编。如《明史·艺文志》就载有潘峦的《文庙乐编》、何栋如的《文庙雅乐考》、黄居中的《文庙礼乐志》、瞿九思的《孔庙礼乐考》；《清史稿·艺文志》载有阎若璩的《孔庙从祀末议》、庞钟璐的《文庙祀典考》、蓝锡瑞的《醴陵县文庙丁祭谱》、郎廷极的《文庙从祀先贤先儒考》等。此外，还有陈锦的《文庙从祀位次考》、张偰的《文庙贤儒功德录》、金之植的《文庙礼乐考》、牛树梅的《文庙通考》以及民国时期孙树义的《文庙续通考》等。这些成果对文庙的发展流变、建筑形制、祭祀礼仪及从祀制度等都做了系统考辨。改革开放以来，随着国家对优秀传统文化传承的重视及文化遗存保护力度的加强，文庙研究呈现出良好的发展态势，先后出版多部有代表性的学术著作，诸如范小平的《中国孔庙》（2004）、陈传平主编的《世界孔庙》（2004）、刘亚伟的《远去的历史场景：祀孔大典与孔庙》（2009）、孔祥林等的《世界孔子庙研究》（2011）、彭蓉的《中国孔庙建筑与环境》（2011）、董喜宁的《孔庙祭祀研究》（2014）、朱鸿林的

《孔庙从祀与乡约》（2014）等。这些学术成果从历史学、建筑学、考古学、美学等多学科多维度对文庙进行了系统性、综合性思考与研究。但在文庙理论的提升、文庙精神的挖掘、文庙文化的传播、新时代文庙如何保护利用等问题上，还需要我们进一步去思考、去探索。

本套"中国文庙研究丛书"以马克思主义唯物史观和方法论为指导，以全球视野、中国立场、问题意识、实践导向为基本价值取向，坚持历史与逻辑相一致、宏观与微观相统一、本土与域外相参照、理论与实际相结合的基本原则，充分运用历史法、文献法、比较法以及田野调查、计量分析、文本叙事、图像佐证等研究方法，从选址布局、建筑特色、祭祀礼制、教化活动、文化传承等多个维度，对各地有代表性的文庙逐一进行微观分析和深度描述，使其成为介于学术性和普及性之间的一套文庙研究丛书。纳入丛书第一辑的有十二部研究专著，分别是《曲阜孔庙研究》《西安文庙研究》《上海文庙研究》《郑州文庙研究》《太原文庙研究》《苏州文庙研究》《南宁文庙研究》《济南府学文庙研究》《宁远文庙研究》《定州文庙研究》《建水文庙研究》《正定文庙研究》，其他有代表性的文庙也正在研究之中。在此基础上，我们后续会进行历代文庙史料搜集与整理以及文庙专题研究、文庙通史研究等，努力使"文庙学"成为一门专门学问。同时，也期待有更多的文庙爱好者加入文庙研究队伍，通过深入系统的研究以及多种形式的学术交流活动，让中国的文庙文化走向世界，让世界了解中国的文庙文化。

周洪宇

2020年12月

目 录

引 言   001

01 > 郑州文庙历史沿革及现状

先学后庙期：领中原"文庙"之先   011

庙学合一期：遵从"前庙后学"之制   017

宋金持续修葺文庙   017

元朝时文庙走向辉煌   019

明朝奠定郑州文庙格局   024

清朝时郑州文庙再受关注   029

学退庙存期：由祭祀重地到废弃不用   033

文庙复兴期：入国保薪火相继   037

02 > 郑州文庙的选址、布局及生态建构

郑州文庙选址   043

历史渊源 044

环境因素 045

社会需求 048

郑州文庙布局 050

中轴对称 051

前庙后学 053

五进院落 053

郑州文庙生态 058

自然生态 058

政治生态 063

人文生态 065

03 > 郑州文庙的祀制与礼仪

文庙受祀的人物 074

大成殿的奉祀 075

东西两庑的奉祀 080

乡贤祠及名宦祠的奉祀 087

启圣祠的奉祀 093

文庙祭祀的时日类别与祭品 095

祭祀时日及类别 095

祭器及祭品 100

文庙祭祀的程序 102

迎神 103

初献 104

亚献   105

终献   105

撤馔   107

送神   107

文庙祭祀的费用   111

04 > 郑州文庙的教化功能及实践

多维的学校教化   117

建筑中的教化元素   118

讲堂中的教化传统   120

奉祀中的教化功能   122

雕刻中的教化信息   125

礼节礼仪中的教化活动   128

有序的社会教化   133

以教化推进地方治理   134

以教化增强文化自信   138

以教化延续儒学道统   139

以教化劝民重教兴学   141

05 > 郑州文庙建筑及文化内涵

门围建筑   147

棂星门   147

戟门   151

牌坊   154

祠祀建筑   158

大成殿   158

启圣祠   163

七贤堂   165

乡贤祠和名宦祠   166

教学建筑   169

明伦堂   169

尊经阁   172

进德斋和修业斋   174

魁星楼   175

泮池   177

生活建筑   181

庖   181

井   183

库   183

06 > 郑州文庙的文化传承路径

文庙藏书与刻书   187

文庙藏书   188

文庙刻书   189

文庙碑文   191

元朝碑文   191

明朝碑文   193

清朝碑文   200

民国碑文 203

当代碑文 204

其他碑刻 207

文庙雕塑 208

泥雕 208

石雕 210

木雕 211

砖雕 213

文庙诗联 216

楹联 216

诗歌 220

文庙匾额 222

"太和元气" 223

"德配天地" 223

"道冠古今" 225

"万世师表" 225

07 > 郑州文庙人物考

元朝 229

黄廷佐 229

蒲理翰 230

高良羽 231

刘可任 232

明朝 233

洪宽   233

刘汝铦   234

胡万里   235

俞乔   235

清朝   237

李洛   237

张钺   238

民国   239

李光华   239

阮藩侪   239

08 > 郑州文庙的影响及定位

历代对郑州文庙的认同   243

对郑州文庙重新定位   246

以祭祀打造精神文化守望地   247

以文化传承打造核心价值观培育阵地   250

以所奉祀人物打造人生坐标地   252

以人生节点打造生命体验基地   254

附录：郑州文庙碑记   257

主要参考文献   285

后 记   289

　　"嵩岳苍苍，黄河泱泱，中原文化悠且长……"漫步在古老的河南大学校园，不时地会听到河南大学原校长嵇文甫教授作词，教育学家陈梓北教授作曲的河南大学校歌。每当听到这首校歌，总是浮想联翩，总会想到悠久的中原文化，想到郑州、安阳的殷商文化，想到洛阳的汉唐文化，想到开封的北宋文化，想到南阳、内乡、叶县的官衙文化，想到登封嵩阳、商丘应天府、伊川鸣皋、辉县百泉、襄城紫云等书院文化，想到郑州、开封、洛阳、永城、叶县、太康、淮阳、郏县的文庙文化，想到科举制度终结地开封的贡院文化，以及包罗万象的思想、农耕、商业、军事、释道、仕宦、家族、姓氏、文字、科技、中药、武术、民俗、饮食及黄河、伊洛等文化。

　　如此厚重的文化，必定有一大批城市为载体。从一定程度上讲，城市既是生成新文化的摇篮，也是传播并引领文化发展的主阵地。河南地处中国之中，地理位置颇为重要，自然是历代兵家必争之地，也是历代文人墨客及商贾南来北往、西进东出的必经之地，"丝绸之路"更是从开封、郑州、洛阳等城市地域穿越而过，最终成就了一批古老而又文明的城市。尤其是在史学界公认的"八大古都"中，雄踞中原一代的郑州、安阳、洛阳和开封就占据了半壁江山，因而学界有"一部河南史，半部中国史"[①]之说。

在"八大古都"中，郑州可谓历史最为悠久。位于新密市的李家沟文化遗址、新郑市的裴李岗文化遗址、郑州市东北隅的大河村文化遗址等都是远古时期典型的人类活动聚落之地。尤其是1995年在郑州北郊邙岭余脉发现的西山古城遗址，把郑州地区城市出现的时间提前到距今约5300年的仰韶文化晚期，被学术界视为中国城市文明的源头。

约5000年前，中华民族始祖轩辕黄帝生于轩辕之丘，定都于现在的新郑市。

约4000年前，夏朝先人夏禹建都于登封阳城王城岗。

约3600年前，商朝在此建都（有说是从商丘迁都于此），称为"亳"。

据考古发现，郑州商城遗址有内外两重城垣，内城呈长方形，外城呈圆形环绕着内城，体现出"外圆内方"的城郭布局及古人"天圆地方"的宇宙观。目前所看到的，是依然保留至今的约7公里长的商代外城墙遗址，古老文明与现代城市文明在一起交融，共存共生，相得益彰。

继商朝之后，就在公元前1046年，周文王姬昌之子、武王姬发灭殷商建立西周，将其弟管叔封于郑州，称管国。后因管叔参与"三监之乱"被杀，管国灭亡。郑国原建都陕西华县，第二任君主郑武公则迁都郑州荥阳，随后吞并了周围的郐国、东虢国和胡国等小诸侯国。公元前765年，郑武公又迁都至原郐国所在地，将郑国定名新郑，亦即现在的新郑

① 徐光春主编：《一部河南史半部中国史》，大象出版社2009年版。

市。在秦汉时期，郑州地域始置荥阳县、巩县和京县，而以荥阳为中心，因地处水陆交通要道，经济日渐繁荣，荥阳及巩县也都成为当时国内重要的冶铁基地。

隋开皇元年（581年），改荥州为郑州。不久，又从郑州分出管城。

唐天宝元年（742年）改郑州为荥阳郡，仍统管管城。北宋建都汴京后，郑州属京西北路，被建为西辅（起辅卫作用的郡邑），成为宋代四辅郡之一①。

明王朝建立后，郑州划归开封府。

清朝末年，平汉和陇海两条铁路在郑州交汇，郑州由此成为中国东西、南北大动脉的纽带，迎来经济社会发展的大好机遇，经济地位也不断提升，时被日本经济学者林重次郎称之为"中国的芝加哥"。

进入民国时期，也就是在1913年，郑州撤销市制改为郑县，但依旧保留着市级规模。1923年2月的京汉铁路二七大罢工就发生在这里。为纪念这次大罢工，1971年在市中心即今

郑州商城遗址的展示性修复

① 据《宋史·徽宗纪二》载，崇宁年间置四辅郡，以颍昌（今许昌）府为南辅，襄邑（今睢县）为东辅，郑州为西辅，以澶州（今濮阳）为北辅。

日的二七广场建成二七纪念塔一座，现为全国重点文物保护单位。

1948年10月22日，郑县解放，设置郑州市。1954年10月30日河南省会由开封迁往郑州，郑州市再次迎来难得的发展机遇，很快就成为全省政治、经济和文化中心。改革开放以来的中原经济区、中原城市群、郑汴一体化、航空港及自由贸易区等重大建设工程，让郑州不仅引领中原，且快步走向国内特大城市行列。

2015年12月14日至15日，上海合作组织成员国政府首脑（总理）理事会第十四次会议在郑州召开，郑州向世人尽展古城与现代城市风采，赢得了举世瞩目和称赞。2019年第十一届全国少数民族运动会在郑州举办，郑州再次成为各大媒体关注的焦点。

就是在这么一座古老而又现代化的城市中，有一处足以成为郑州城市历史文化符号以及民众精神守望地的儒家文化遗存，亦即成为第七批全国重点文物保护单位的历史古建筑，这就是郑州文庙。

有关郑州文庙的研究史料，主要散见于嘉靖《郑州志》、康熙《郑州志》、乾隆《郑州志》、民国《郑县志》《河南通志》等古籍中，在文庙碑廊里还保留着一部分史志中没有记载的、与郑州文庙相关的碑文，诸如：清康熙二十五年（1686年）的《至圣先师孔子赞并序》、1937年阮藩侪所撰的《重修郑县孔庙记》等，这些都是研究郑州文庙的重要资料。

只是目前学术界对郑州文庙的研究还比较薄弱，通过梳理相关研究成果，主要集中在如下几个方面：

一是关于郑州文庙的保护与利用研究。齐月凤所撰《河南文庙遗产保护和利用研究》一文，阐述郑州文庙的修缮、重建、保护及利用状况，呼吁社会要重视对文庙这一珍贵文化遗产的保护。①孙鑫在《基于商文化的郑州地区历史文化主题公园景观设计探析》一文中，提到郑州文庙作为郑州目前保留物质文化遗存较少的建筑，建议相关部门对其进行保护，借以展现商城的文化魅力。②

二是关于郑州文庙的建筑特点研究。陈传平的《世界孔庙》第一卷中，有对郑州文庙建筑大成殿的简单叙述。③宋秀兰的《郑州文庙的保护与复建》④及《郑州文庙大成殿修复后的思索》⑤，对郑州文庙大成殿维修与保护等提出诸多看法。陈爱玖、朱亚磊等的《郑州文庙大成殿木结构整体顶升技术》，对大成殿顶升的设计以及如何避免地基的软化、沉陷等加以充分论证。⑥刘红娟在《中原地区文庙大成殿空间探析》中，对郑州文庙大成殿的建筑空间布局进行了分析。⑦张玉功的《郑州文庙》，对文庙的历史沿革、建筑布局等多有介绍。⑧通过多种渠道搜寻郑州文庙的专著，仅仅发现一本，即由郑州市商城遗址保护管理处编的《郑州文庙》一书，它是以图文并茂的形式来呈现的，对郑州文庙的演变历史、建筑布局及雕塑艺术予以全面介绍。⑨

三是关于郑州文庙的文化传承的研究。2005年《郑州日报》刊登《郑州文庙：守护一个文明图腾》文，呼吁保护这座千年文脉，反映出郑州文庙不仅仅是一个建筑，更是一种文化和城市的象征。⑩2006年《河南日报》刊登《90名幼童诵读国学经典——郑州文庙再现前庙后学》报道，介绍郑州文庙开展国学教育的情况。⑪《郑州日报》也以"郑州文庙回归公众视线：主打'国学'牌"为题，报道郑州文庙重现学校教化功能，让人们在文庙中感受到中华传统文化的魅力。

① 齐月凤：《河南文庙遗产保护和利用研究》，河南大学硕士学位论文，2013。

② 孙鑫：《基于商文化的郑州地区历史文化主题公园景观设计探析》，南京大学硕士学位论文，2015。

③ 陈传平主编：《世界孔庙》，文物出版社2004年版。

④ 宋秀兰：《郑州文庙的保护与复建》，载《中原文物》2006第4期。

⑤ 宋秀兰：《郑州文庙大成殿修复后的思索》，载《中国文物报》2006年9月29日。

⑥ 陈爱玖等：《郑州文庙大成殿木结构整体顶升技术》，载《建筑结构》2007年第3期。

⑦ 刘红娟：《中原地区文庙大成殿空间探析》，河南大学硕士学位论文，2013。

⑧ 张玉功：《郑州文庙》，载《中原文物》2014年第5期。

⑨ 郑州市商城遗址保护管理处编：《郑州文庙》，科学出版社2015年版。

⑩ 张晓波：《郑州文庙：守护一个文明图腾》，载《郑州日报》2005年4月26日。

⑪ 樊霞：《90名幼童诵读国学经典——郑州文庙再现前庙后学》，载《河南日报》2006年8月4日。

①2007年《河南日报》刊文《传播传统文化，不拒商业活动：郑州文庙试图活得更好》，提出要扩大郑州文庙的影响力，但不能以盈利为目的，应该采取祭孔、庙会、新年撞钟等方式，来拉近人们对文庙的认同。②然2013年《人民日报》刊登的《促国学复兴，还是借国学变现》一文中，则披露郑州文庙内开办国学班，幼儿园虽然有利于加强文庙的教育功能，但是对于文庙的建筑保护力度不够，这些活动会影响文庙良好的发展，对于这个问题，社会各界争议不断。③

四是对郑州文庙功能的探究，如王君怡在《庙学范例：郑州文庙沿革及功能探析》一文中，通过对文庙沿革、建筑布局的分析，进一步阐释文庙所蕴含的文化内涵及教化价值。④

虽然社会各界对郑州文庙的保护和利用愈加重视，但对文庙的深入而又系统的研究则远远不够。因此，本研究以马列主义的历史观为指导，充分运用文献、历史、比较、田野调查等方法，从历史沿革、选址与布局、祭祀与礼仪、教育及教化、建筑特点及内涵、文化传承、文庙人物等多个维度，对郑州文庙予以全面、深入、系统的研究，既给予郑州文庙以合理的定位、提升其文化品位和影响力，又在一定程度上解决文庙保护和利用中所面临的现实问题，让中原大地上的这座圣殿继续发挥出应有的价值和作用。

① 左丽慧：《郑州文庙回归公众视线：主打"国学"牌》，载《郑州日报》2006年9月26日。

② 柯杨：《传播传统文化，不拒商业活动：郑州文庙试图活得更好》，载《河南日报》2007年11月26日。

③ 王汉超：《促国学复兴，还是借国学变现》，载《人民日报》2013年10月21日。

④ 王君怡：《庙学范例：郑州文庙沿革及功能探析》，载《开封教育学院学报》2017年第1期。

郑州文庙
历史沿革及现状

先学后庙期：领中原『文庙』之先

庙学合一期：遵从『前庙后学』之制

学退庙存期：由祭祀重地到废弃不用

文庙复兴期：入国保薪火相继

郑州文庙作为扎根中原大地上的一处儒家文化载体和教育文化遗存，与国内大多数文庙一样，伴随两汉儒术独尊地位的确立而步入大众视野，在州学中开始设庙祭孔，领中原官学创建文庙之先。而后受政治、军事诸因素的影响，历经庙学合一、学退庙存等重要发展时期，期间曾多次修葺甚。虽然在清末"新政"时退出官学教育的舞台，但作为学子心目中的神圣殿堂及民间的孔教信仰，而依然受到关注和青睐，并得以保护和保存下来。如今涅槃重生，学脉赓续，继续发挥其文化传承、教化大众等重要功能。

说起郑州文庙，有必要追溯一下文庙的由来。

以庙祭祖最早可以追溯到夏、商、周三代，中原又是夏、商、周三代人类活动最为频繁活跃之地，因而庙祭文化也最为厚重。祖籍河南夏邑的孔子，早年多次还乡祭祖，且赴杞县、商丘和洛阳三地考察学习夏、商、周三代礼制，晚年周游列国时也随处考察各地风土人情及各诸侯国的礼仪制度，在河南各地留下诸多说不完、道不尽的故事。诸如他曾前往郑国，即现在的新郑市，在城门附近与弟子走失，被郑人形容为"丧家之犬"。对此，《史记·孔子世家》有载：

> 孔子适郑，与弟子相失，孔子独立郭东门。郑人或谓子贡曰："东门有人，其颡似尧，其项类皋陶，其肩类子产，然自要以下不及禹三寸，累累若丧家之狗。"子贡以实告孔子。孔子欣然笑曰："形状，末也。而谓似丧家之狗，然哉！然哉！"

孔子死后第二年（前478年），其居室就被其弟子奉为庙，"藏孔子衣冠琴书车，至于汉二百余年不绝"[①]。这可说是中国历史上第一座以孔子为祭祀对象的庙宇，也就是今天大家所看到的曲阜孔庙。

孔庙与文庙之间有着极高的相似性，但又不能完全等同。我们认为，文庙有广义和狭义之分。广义的文庙是指"与武庙相对的、文治层面的庙宇性和纪念性建筑，包括天下所有孔庙以及各地附属于孔庙的或单独设置的先贤祠、乡贤祠、名宦祠等，这既是统治者推崇儒学的礼制性建筑，天下文人学者'希圣希贤'的精神家园，又是普通民众缅怀圣贤的谒拜之地"。而狭义的文庙，则专指主祀孔子的礼制性建筑，也就是孔庙，依其创办主体，可分为国庙、学庙、家庙和村庙4种情况。而其中的学庙，是指依各级官学及书院而建的主祀孔子的庙宇，或称之为"庙学""学宫"，明清之际多称之为"文庙""儒学"等。这类文庙能占据孔庙的绝大多数，理应是文庙的主体。

而郑州文庙，从前后的办理情况来看，属于中国古代典型的庙学合一的文庙，或称之为"庙学""学庙"。根据郑州文庙兴废及发展的历史，大致可以分为四个时期。

---

① 《史记·孔子世家》。

先学后庙期：
领中原「文庙」之先

郑州文庙的兴建有着厚重而又复杂的历史文化背景，或者说是伴随着儒学的国教化而一起成长的。

常言道，前有车后有辙。在中国历史上，最早将祭孔与教学活动融为一体的文庙，则是在西汉时出现的。其实，汉初统治者借鉴秦朝灭亡的教训，虽遵循"黄老之治"，但对儒学表现出浓厚的兴趣，尤其是对儒学的创始者孔子开启帝王之祀，如据《汉书·高帝纪》载，汉高祖十二年（前195年）十一月，"行自淮南还。过鲁，以大牢祠孔子"①。所谓"大牢"，古时人们把祭祀燕烹时用的牲畜叫作"牢"，如果祭祀时并用牛、羊、豕三牲的就叫作"大牢"，也称"太牢"。"大牢"用于非常隆重的祭祀，且一般只有天子、诸侯才能用"大牢"祭祀，相当于"国祭"。可以说，汉代帝王开国祭孔子之始，确实起到振兴儒学的作用。

但在那个时候，并非所有想尊孔的士人都可以像汉高祖刘邦那样亲临曲阜去祭拜的，于是就有一种折中的做法，即在本地学宫内设置礼殿来实施祭拜。据史书所载，最早可以

---

① 《汉书·高帝纪》。

追溯到汉景帝时蜀郡太守文翁（前156—前101）在郡学所设置的"礼殿"。不过，当时的礼殿，主要奉祀周公和孔子两人。据宋朝学者席益在《府学石经堂图籍记》中所言："蜀儒文章冠天下，其学校之盛，汉称石室、礼殿，近世则石壁九经。"①舒大刚等考证后认为，"周公礼殿是当时蜀学对先圣先贤进行缅怀和祭祀的场所，殿内陈列历代圣君贤臣画像，也绘有孔子及其弟子等儒家著名人物，岁时祭祀，供人景仰，是当时蜀学的精神家园，也是中国古代庙学合一的最早范本"，且"周公礼殿是曲阜之外中国所建最早祭祀周公、孔子的机构"②。这一说法还是很有道理的。

汉景帝之后是雄才大略的汉武帝刘彻，他要实施"更化"，毅然采纳董仲舒"罢黜百家，独尊儒术"的建议，也就是说将儒术作为官方哲学，来指导治国安民。这样，孔子的地位便如日中天，从中央到地方的各级官学师生及普通民众不仅要祭拜孔子，还要将孔子编订的"六经"及其代表作《论语》视为必读之书，其人、其书、其思想便开始统帅整个学校教育及社会教化。那么，尊崇儒家及孔子的最直观的一种方式就是祭孔。至汉平帝元始元年（1年），在太傅王莽的策划下，"封周公后公孙相如为褒鲁侯，孔子后孔均为褒成侯，奉其祀。追谥孔子曰褒成宣尼公"③。实开帝王册封孔子之风，并诏令天下奉祀孔子。而由国家干预并在学校祀孔的做法，则始于汉明帝永平二年（59年），诏令学校"皆祀圣师周公、孔子"④。从此，天下学校自太学到州县学均开始庙祀周、孔，虽然不是专门祭祀孔子，但确实开了政策性祭拜孔子的先例。

正是由于这一特殊的历史及文化背景，中原士人也紧跟时代的脚步，在汉明帝永平年间（58—75），郑州文庙在郑

① 席益：《府学石经堂图籍记》，见袁说友《成都文类》卷30，文渊阁四库全书本。
② 舒大刚、任利荣：《庙学合一：成都汉文翁石室"周公礼殿"考》，载《四川大学学报（哲学社会科学版）》2014年第5期。
③《汉书·平帝纪》。
④《后汉书·礼仪上》。

州商城东城墙内应运而生。成就这一大业的是主政河南尹中牟县的官员，仿照孔子故居的样式在县邑管城修建孔庙。具体修建的时间，考虑到郑州距离洛阳也就140公里，又是帝王诏令，创建者还是主政一方的地方官员，应该是在接到汉明帝的诏令后，即着手筹划创建完成的，因而距离诏令颁发的时间不会太久，在汉明帝永平五年（62年）前后完成此举应该是可能的。只是史书中没有说明是与学校一起创办的，或者是创办于学校之内的，或者是与学校为邻的，所以无法判断创办时的文庙归属。但就汉明帝诏令以及两汉学校建制而言，应该是先有学校后有文庙，且文庙也是专为学校师生祭拜孔子而设，这是毫无疑问的，所以在这里权且以"先学后庙"来称之。

至于郑州文庙晚于郑州郡学多长时间，史书没有明确记载。但从两汉全国兴学情况来看，最早可以推到汉武帝时期的"天下郡国皆立学校官"始，最晚可以推到汉平帝元始三年（3年），王莽上书请求立官学，要求各级地方政府普遍设学，且明确地方官学分为学、校、庠、序四级。如此看来，郑州郡学早于文庙设置是肯定没有问题的。

有说曲阜孔庙、南京夫子庙、北京孔庙和吉林文庙号称"中国四大文庙"，如果论规模、论格局，郑州文庙与它们比自然会略逊一筹，但就其创办时间而言，据史书所载及时下所存文庙，南京夫子庙始于北宋景祐元年（1034年），北京文庙建于元大德六年（1302年），吉林文庙落成于清宣统元年（1909年），而郑州文庙仅次于曲阜孔庙，比之另三座文庙中最早创办的文庙至少要早近千年。可以说，郑州文庙不仅开中原文庙之先，且还是中国最早创建的文庙之一，在中国文庙史上自然占有举足轻重的位置。

郑州文庙自创办后至隋唐时期，一直保持时好时坏的发展势头，也就是说，既受到战乱的影响而一度废弛，又得力于当时的政策环境，即历代帝王有关尊孔祀孔的规训而得以修复。诸如黄初二年（221年），魏文帝曹丕诏令全国，尊称孔子为"亿载之师表"，要求各地修葺孔庙，重开祀孔之制。如《三国志》诏曰：

> 昔仲尼资大圣之才，怀帝王之器，当衰周之末，无受命之运，在鲁、卫之朝，教化乎洙、泗之上，凄凄焉，遑遑焉，欲屈己以存道，贬身以救世。于时王公终莫能用之，乃退考五代之礼，修素王之事，因鲁史而制春秋，就太师而正雅颂，俾千载之后，莫不宗其文以述作，仰其圣以成谋，咨！可谓命世之大圣，亿载之师表者也。遭天下大乱，百祀堕坏，旧居之庙，毁而不修，褒成之后，绝而莫继，阙里不闻讲颂之声，四时不睹蒸尝之位，斯岂所谓崇礼报功，盛德百世必祀者哉！其以议郎孔羡为宗圣侯，邑百户，奉孔子祀。

令鲁郡修起旧庙，置百户吏卒以守卫之，又于其外广为室屋以居学者。[1]

魏齐王曹芳也嗜好儒经，多次召集诸儒讲经，并诏令祭孔。诸如正始二年（241年）二月，"帝初通《论语》，使太常以太牢祭孔子于辟雍，以颜渊配"[2]。正始五年（244年）五月，"讲《尚书》经通，使太常以太牢祀孔子于辟雍，以颜渊配"[3]。

之后，两晋及南北朝帝王，无不崇儒尊孔。诸如：晋元帝大兴二年（319年）六月，"皇太子讲《论语》通。太子

----

① 《三国志·魏书·文帝纪》。
② 《三国志·魏书·三少帝纪》。
③ 《三国志·魏书·三少帝纪》。

并亲释奠，以太牢祠孔子，以颜回配"。北魏太武帝拓跋焘即位后多次祭祀孔子，如始光三年（426年）二月，"起太学于城东，祀孔子，以颜渊配"。北魏孝文帝拓跋宏更是尊孔有加，他即位时虽然年幼，由太皇太后冯氏把持政权，但对儒学的推崇丝毫没有减弱，即位后的第二年，也即延兴二年（472年）二月，下诏规范祭孔之礼制，要求："自今已后，有祭孔子庙，制用酒脯而已，不听妇女合杂，以祈非望之福。犯者以违制论。其公家有事，自如常礼，牺牲粢盛，务尽丰洁。临事致敬，令肃如也。牧司之官，明纠不法，使禁令必行。"[①]他还于太和十三年（489年）"立孔子庙于京师"，太和十六年（492年）"改谥宣尼曰文圣尼父，告谥孔庙"[②]等。

可以说，"继汉开唐"的魏晋南北朝是文庙制度的建设期。虽然包括郑州文庙在内，既要在战乱与规训交错之间艰难地生存，又要接受来自释、道之教的挑战与冲击，但毕竟儒学如同南怀瑾所言的"粮店"一样，无论是民众一日三餐，抑或是整个中国社会发展及政局稳定都是不可或缺的，因而保证了文庙血脉的延续和生生不息。

经过魏晋南北朝的长期"震荡"，需要重新确立儒学及孔子的至高无上的地位，于是隋唐开始"重振儒术"。唐高祖李渊，在开国不久就下令在国子学中立周公、孔子庙各一所，四时致祭。唐太宗李世民极力提高孔子的地位，不仅声称"朕今所好者，惟在尧、舜之道，周、孔之教，以为如鸟有翼，如鱼依水，失之必死，不可暂无耳"[③]，还下令停祭周公，升孔子为先圣，颜回为先师，国学中孔子独尊的地位得以确立。唐玄宗开元二十七年（739年），追赠孔子为文宣王，颜回为兖国公，其余十哲弟子皆为侯。孔子自此开始称"王"。最让人兴奋的是，此时"州县莫不有学，则凡学莫不

① 《魏书·高祖纪上》。
② 《魏书·高祖纪下》。
③ ［唐］吴兢：《贞观政要》卷6《慎所好》。

有先圣之庙矣"①。"庙学"这一说法也普遍得到认可，且庙学之制更加完备，如元代学者吴澄所撰《崇仁县孔子庙碑》称，自唐"定孔子为先圣，庙而衮冕南面，每岁春秋祀焉，由是庙学之礼益备，凡有学者必有庙，示其尊也"②。

在这种情况下，郑州文庙也获得快速发展，虽说它的规模并不大，却是在官学之内设置的，成为当地士子祭拜孔子的唯一去处和对民众进行儒学教化的神圣殿堂。当然，期间也屡有兴废，不过又总是持续性地发展着。

① ［元］马端临：《文献通考》卷43《学校考四·祠祭褒赠先圣先师》，文渊阁四库全书本。
② ［南宋］吴澄：《崇仁县孔子庙碑》，见《吴文正公集》卷15，台湾新文丰出版公司1985年版。

庙学合一期：遵从『前庙后学』之制

自宋之后，有关郑州文庙兴废情况的史料开始多了起来，主要集中在嘉靖《郑州志》、康熙《郑州志》、乾隆《郑州志》、民国《郑县志》等地方史志中，从文庙建制、兴废到祭祀和教学活动，均有较为详尽的阐述，充分展示了文庙发展坎坷而又辉煌的历史进程，且始终遵从"前庙后学"之制。

宋金持续修葺文庙

经过五代时期的割据与战乱，宋初统治者抉择"重文"，也就是要实施文治，而不再大兴武事。太平兴国二年（977年），宋太宗实施"兴文教，抑武事"政策。太平兴国七年（982年），宋太宗又对近臣说："王者虽以武功克定，终须用文德致治。朕每退朝，不废观书，意欲酌前世成败而行之，以尽损益也。"[①]

政治上的"文治"，必然会带来对儒学、孔子及文庙的

① [清] 毕沅：《续资治通鉴》卷11，太平兴国七年。

关注。大中祥符元年（1008年），宋真宗亲临曲阜孔庙祭孔，加封孔子为"玄圣文宣王"，亲撰《玄圣文宣王赞》，称颂孔子为"人伦之表"，又撰《崇儒术论》，称儒术为"帝道之纲"，均刻石国子监。至和二年（1055年），宋仁宗开创加封孔子嫡长子孙"衍圣公"的先例，历经宋、金、元、明、清、民国，直至1935年国民政府改封孔子七十七代孙、衍圣公孔德成为大成至圣先师奉祀官为止。尤其是在绍兴十年（1140年），宋高宗诏令"以释奠文宣王为大祀"，即规定祭祀孔子的礼仪与祭祀社稷的大礼相同，均为国家级的重大祀典。在这种情况下，文庙设置更加普遍，所谓"宋兴，崇尚文治，吾夫子之祀遍天下"①。不仅官学如此，还有自宋朝日益兴起的书院内也必崇祀孔子，如学者陈青之在其《中国教育史》一书中所言：宋朝"书院内必崇祀孔子，故每个书院必塑有孔子及十哲的肖像，甚至图画七十二贤一同配飨"。②

正因为这样，郑州文庙又迎来难得的发展机遇。据元朝学者霍希贤在其《郑州重修庙学记》一文中所载，"由宋历今，迄于圣朝，而兴废盛衰，虽有常数，然天未丧于斯文，修为之官，靡不接迹。崇宁己巳振威毛公……累加修复"。③这里所讲的"崇宁己巳"，就"崇宁"而言，必定是宋徽宗执政的崇宁年间，由姓毛的一位振威将军主持修复了郑州文庙。"崇宁"是宋徽宗的第二个年号，只使用了5年，即从1102年到1106年。如果是干支纪年，分别为壬午、癸未、甲申、乙酉和丙戌，没有碑记所载的"己巳"，概是记载有误，或是所载时日而非纪年。诚然，有宋一代对郑州文庙的修复不只是这一次，且文庙的规模也有一定程度的扩大，发展为一组建筑，包括棂星门、戟门、两庑、文宣王殿（亦即

① ［南宋］陈宜中：《学道书院记》，《苏州府志》卷26，清光绪九年刊本。
② 陈青之：《中国教育史》，商务印书馆1936年版，第233—234页。
③ ［元］霍希贤：《郑州重修庙学记》，见徐恕修、王继洛纂：嘉靖《郑州志》卷6《艺文志》，嘉靖三十一年刊本，以下不再注明修纂者及版本。

大成殿）、讲堂等，可以说是一座中等规模的文庙，庙学制度进一步凸显。

宋室南迁后，北方大片领土归金朝所有。金朝系少数民族政权，但在国家治理方面并不排斥汉文化，如同南北朝时期的北魏一样，对孔子及儒学始终保持着尊崇的态度。如皇统元年（1141年），金熙宗祭拜孔子后，曾对群臣说："孔子虽无位，其道可尊，使万世景仰。"[①]《金史》卷4《本纪第四》载其"颇读《尚书》、《论语》及《五代》、《辽史》诸书，或以夜继焉"。金世宗与金章宗两朝，连带太子及诸王都"自幼唯习汉人风俗，不知女真纯实之风"，以至如《金史·文艺志上》所称："世宗、章宗之世，儒风丕变，庠序日盛。"从这里可以看出金朝对儒学的尊崇程度，乃至忽略了本民族的风俗习惯，还可以察觉到当时地方官学并没有因为宋金交战而毫无生机。同样，郑州文庙也并没有因此受到重创而销声匿迹，反而在金朝统治下，先后得到两次修复。

据元朝学者霍希贤《郑州重修庙学记》所载，"泰和初元知州贾公，正大己丑吾古孙公……累加修复"[②]。这里所讲的"泰和初元"，是指金章宗泰和元年（1201年），"正大己丑"是金哀宗正大六年（1229年）。也就是说，在这相距不到30年的时间内，郑州文庙在贾公、孙公两位官员的主持下经过两次修葺，为文庙在元朝时的进一步发展奠定了良好基础。

元朝时文庙走向辉煌

元朝与北魏、金朝等少数民族政权一样，始终是秉持"遵用汉法"的治国理念，对待孔子与儒学的态度，自然是

① 《金史·本纪第四》。
② ［元］霍希贤：《郑州重修庙学记》，见嘉靖《郑州志》卷6《艺文志》。

推崇有加，毫无懈怠。不仅"守成者必用儒臣"，且武宗至大元年（1308年），加封孔子为"大成至圣文宣王"，还将儒学的重要传承人孟子推崇到"亚圣"的地位。在儒学的统领及影响下，各级官学获得快速发展。或如时人戴良在其《上海横溪义塾记》中所称："自京师及郡县皆有学，置师弟子员而教之。"[1]或如《两浙金石志·庆元路儒学重修棂星门记》所云："天下郡国皆立庙以祠之，往往庙学混一，不能区异。"又如《两浙金石志·杭州路重建庙学之碑》所记："予谓，郡县有学，学必有庙。"而元朝学者胡祗遹在其《郑州重修庙学记》中亦称："庠序学校，明主所以养贤储材、化民成俗之先务也。"胡祗遹还提到当时设学祭孔十分普遍，朝廷"册试多士，选者复其家，世世无有，所与在在，庙像孔圣，建学立师，作养贤俊，训导闾里"[2]。

正因为有元一代举国重视学校教育及文庙建设，郑州文庙也就在如此良好的氛围中获得过多次修复。据郑州地方志所载，至少进行过6次修复。

一是至元二十四年（1287年），由湖北道宣慰副使黄廷佐主持的修葺，史志着墨最多。元朝学者霍希贤在《郑州重修庙学记》一文中提到："修为之官，靡不接迹。由宋历今，迄于圣朝，而兴废盛衰，虽有常数，然天未丧于斯文，修为之官，靡不接迹。崇宁己巳振威毛公，泰和初元知州贾公，正大己丑吾古孙公，至元二十六年长官黄廷佐，累加修复。"[3]从文中所罗列的修复者名单来看，黄廷佐当是元代最早主持修复文庙的官员，自然也是有元以降首次对文庙的修复，距金哀宗正大六年（1229年）的那次修复已有近60年的时间。元朝学者胡祗遹在其《郑州重修

① ［元］戴良：《九灵山房集》卷11《上海横溪义塾记》，两江总督采进本。
② ［元］胡祗遹：《郑州重修庙学记》，见嘉靖《郑州志》卷6《艺文志》。
③ ［元］霍希贤：《郑州重修庙学记》，见嘉靖《郑州志》卷6《艺文志》。（注：时间上应该是至元二十四年。）

庙学记》谈到修复文庙的情景，称脱脱（非主持编撰《宋史》的高居相位的脱脱）和黄廷佐同治此地，面对文庙的破烂不堪，自感作为地方官要“实负其罪”。于是，黄廷佐等就在汉朝永平时文庙之故基，自至元二十四年（1287年）二月施工，到至元二十五年（1288年）七月落成，历时一年半“复修而重起之，圣宇贤庑，师位生斋，下及井灶，备具一新”[①]。至元二十七年（1290年）黄廷佐离任，管城县儒学教谕刘泽民撰《黄公德政去思之碑》，称赞黄廷佐“有奋然专心诚意，柔不茹，刚不吐，直而温，简而廉，宽猛相济，夙夜孜孜而力行之”；又“为人多大略，有干局，沉静详审，外宽内明，喜怒不著于容，刑赏不私于己”。到任之初即“创构泮宫殿宇廊庑，圣容贤像，师位生斋，边豆簠簋，庖湢篼仓库，一无不备”[②]。也就是说，黄廷佐在郑为官3年，极力促成了文庙大修一事，没有给后任官员留下半拉子工程，着实令人钦佩。

二是元大德七年（1303年），主要是针对明伦堂进行的修复，由知州刘永祚等多名官员共同倡修。如元朝学者李师圣在《郑州兴学记》所称：“知州刘奉训倡始于前，知州许奉训、同知王承事等，继终于后，进义副尉、管城达鲁花赤狗不花等，又相与辅相之。”当时，没有修葺之前文庙的实际情况是，明伦堂荒芜太久，发挥不了教化的作用，深感“虽有明伦之堂，而无明伦之人可乎”；同时，他们认为，“学校国家大事，不可缓也，吾等力为之”。于是众人力成此举，使得文庙的教学活动能够持续地进行下去，所谓“学校大兴，四方游学毕至”[③]。

三是元仁宗延祐年间（1314—1320年），距上次维修大约10年左右的时间。据元朝学者霍希贤《郑州重修庙学记》

① [元]胡祗遹：《郑州重修庙学记》，见嘉靖《郑州志》卷6《艺文志》。

② 刘泽民：《黄公德政去思之碑》，见嘉靖《郑州志》卷6《艺文志》。

③ [元]李师圣：《郑州兴学记》见嘉靖《郑州志》卷6《艺文志》。

所载："逮延祐辛酉，奉宁杨公力为兴建，轮然奂然，罔不毕备。"①如果按霍希贤所言，此次修葺之后又"寒暑推迁，历一十八载"，即至顺元年（1330年）再作修复来推算的话，杨公修葺文庙的时间应该是在延祐初年，也就是延祐元年（1314年），这也符合新任官员兴文重教的惯例或传统。

四是元明宗至顺元年（1330年），同样是由多名地方官员倡修，且是带头捐出薪俸而成之。霍希贤在其《郑州重修庙学记》一文中有详细记载，称庙宇毁坏严重，所谓"梁摧栋挠，瓦解土崩"。虽然多是自然风雨侵蚀所致，但守令僚佐目睹文庙败落至此，亦于心不忍，议决要"共思一新"。于是，守令僚佐纷纷带头捐出薪俸，地方缙绅及有识之士也纷纷响应，以致"富者以资，贫者以力，故得未逾半载，咸卒全功"。这次维修，是在旧址之上进行的，没有刻意扩展地域，但是严格按照文庙定制来完善，史称："正殿两庑，讲堂两序，易敝以完，代朽以坚。若神门，若筑道，若七贤堂，若棂星阀阅，悉皆丹腹粉饰，而又缭以周垣，甓其阶址，顾虽规模仍旧，而其气象胜前。"②尤其是，此次修葺文庙，从筹划到施工，时任学正高良羽可谓"与有力焉"，即出力不小。"学正"在当时相当于地方官学的校长一职，也属于地方官员，由其负责筹划施工当是最佳人选。

五是元统初年（1333年），知州刘可任到任后，"即以兴学敦化，奖善罚恶为己任"，尤其是"乃兴庠序，庠序孔严"③。可以说是为官一地造福一方，以致民众对其怀念有加，在其去任3年后，时任儒学提举的元光祖亲撰《刘使君遗爱碑》，刻石以记。

六是至正初年（1341年），知州蒲理翰针对祭祀孔子的祠宇即大成殿进行的修复。据元朝学者刘光祖《同知郑州

① ［元］霍希贤：《郑州重修庙学记》，见嘉靖《郑州志》卷6《艺文志》。
② ［元］霍希贤：《郑州重修庙学记》，见嘉靖《郑州志》卷6《艺文志》。
③ ［元］元光祖：《刘使君遗爱碑》，见嘉靖《郑州志》卷6《艺文志》。

事蒲理翰政绩碑》载，蒲理翰以进士来守郑州，到任后先是"谒先圣学宫，视神宇像设多损，问礼器服，则以假用对"。为此他感到担忧，于是筹资制备齐当，"庙貌一加绘饰"①。另据吴炳的《裴晋公碑记》所载，进士蒲理翰莅任知州后，除"民有利病多罢行之"外，还"奉宣诏书，崇秩礼祀，修三皇、先圣庙，建乡贤祠"②。

经过这几次大的修葺，郑州文庙繁荣有加。《郑州日报》2005年4月26日第15版刊有《郑州文庙：守护一个文明图腾》一文，描述当时郑州文庙的繁荣情形，称：

据记载，郑州文庙规模人气最旺的时期是在元代，当时郑州文庙占地已达37亩，有200多间东西配房。主体建筑大成殿雄伟高大，巍峨壮观，坐落在院子中央，是当时郑州屈指可数的建筑。前院还有棂星门、泮池、戟门。后院明伦堂、敬一亭、尊经阁。还有土地祠、东西角门、启圣祠、乡贤祠、存诚斋等。特别值得一提的是，大成殿两山的博风，是采用三彩釉烧制而成的琉璃饰件，上面镶嵌着玉皇大帝、如来说法以及三国故事戏曲人物，无论是艺术表现手法还是烧制技术，实为全国罕见。每年的春秋两季，郑州文庙都会举行大规模的祀孔大典，每逢此时，可以说群贤毕至，少长咸集，地方文武官员及各界名流都要到此参拜。史料中这样形容祭祀场面："钟鼓齐响，笙歌共鸣。"可见场面之热闹与隆重。

① ［宋］刘光祖：《同知郑州事蒲理翰政绩碑》，见嘉靖《郑州志》卷6《艺文志》。
② ［宋］吴炳：《裴晋公碑记》，见嘉靖《郑州志》卷6《艺文志》。

明朝奠定郑州文庙格局

从明朝开始，虽然孔子不再称"王"，但其思想及其本人的政治地位丝毫没有受到影响。如《明史》所载，朱元璋即位后，便于洪武元年（1368年）二月，"以太牢祀先师孔子于国学"，还颁布诏书，称孔子思想可以"垂教万世，为帝者师"。洪武七年（1374年）二月，诏令"修曲阜孔子庙，设孔、颜、孟三氏学"①。洪武十五年（1382年）四月，"诏天下通祀孔子"，五月"太学成，释奠于先师孔子"等②。朱元璋的一系列举动，基本上奠定了有明一代尊孔崇儒的政策基调，对文庙来说也带来了良好的发展机遇。明永乐八年（1410年），不仅"正文庙圣贤绘塑衣冠"，且改学校先师庙为"文庙"，自此"文庙"之说盛行天下。

这一切不仅使得有明以降的文庙多达1560所，也自然为郑州文庙的发展赢得诸多机遇。据史载，在此期间郑州文庙至少得以修复15次，且每一次修复都使得文庙制度进一步完善，在中原的影响力也随之得以彰显。

第一次是明洪武三年（1370年）知州苏琦修复文庙，因为元末战乱，导致文庙毁坏严重，他上任后"衙门、廨宇、坛庙多所建设"。

第二次是洪武二十八年（1395年），知州张奋重修。

第三次是宣德八年（1433年），知州林厚重修文庙。

第四次是正统九年（1444年），知州史彬重修文庙。

第五次是在天顺三年（1459年），时任奉议大夫、通政司右参议兼翰林院侍讲的刘定之"奉使至郑"，视察学宫，进拜礼殿，与师生一起讲经论道，兴奋之余但见庙宇房屋老

---

① 《明史·太祖二》。
② 《明史·太祖三》。

化，泮池也有缺损之处。本想劝说州守余靖加以修复，谁知余靖亦有修复计划，还告知刘定之说："而于修学，固不敢以为缓。"[①]于是，州守余靖开始筹划施工，并请刘定之为记。刘定之应邀提前作《郑州修学记》，希望在文庙修复之后刻石为记。

第六次是在成化八年（1472年），知州洪宽到任后，经过一番考察，凡是废坠之典皆而举之。尤其是他目睹学宫倾圮，教化无地，"遂以为首务，思一新之"。明朝学者倪岳在《郑州学历年贡士题名记》一文中谈到此次修复过程，称："鸠工度材，谨饬百废，规制焕然，役弗及民，而明伦有堂，肄业有斋。"[②]而程敏政在其《郑州学历科题名记》中，亦提到洪宽初到郑州，"诸务未遑，而独先葺子产庙，以渐葺郑州学及孔子庙，建企德、敷教二堂"，还刊刻《大学要略》等书籍，以供教学之用[③]。洪宽所以先修葺子产庙，与子产"不毁乡校"以及孔子对子产的敬仰有关，当然也不排除子产庙的毁坏程度远远大于文庙等因素。

第七次是弘治七年（1494年），知州郭宏重修文庙。

第八次是正德十三年（1518年），知州刘仲和重修文庙。

第九次是正德十三年（1518年），郑州太守童公对文庙的维护。据曹来旬的《报政楼碑记》载，童公到任后"凡可以利民者无不兴……尤留心于学校，葺治斋堂祠宇，暇则课诸生讲学，所造就甚多"[④]。这次修复，看似记载不多、规模较小，但从"葺治斋堂祠宇"来看，凡是"斋堂祠宇"都有涉及，规模也不算太小。从时间上讲，应该是在知州刘仲和重修文庙基础上的进一步维护。

第十次是嘉靖三年（1524年），知州刘汝轼大修文庙。他在《郑州学田记》中称自己奉命到任的第三天，便"祗谒

① ［明］刘定之：《郑州修学记》，见嘉靖《郑州志》卷6《艺文志》。
② ［明］倪岳：《郑州学历年贡士题名记》，见嘉靖《郑州志》卷6《艺文志》。
③ ［明］程敏政：《郑州学历科题名记》，见周秉彝修、刘瑞璘纂：民国《郑县志》卷16《艺文志》，民国五年刊本。以下不再注明修纂者及版本。
④ ［明］曹来旬：《报政楼碑记》，见嘉靖《郑州志》卷6《艺文志》。

学宫，修故事也。礼成而登堂，与诸生论文"。同时又深感学宫失修，礼器残缺，亟须加以修整。就在这个时候，一归乡官员渠民极，本自幼乐善好施，举进士而拜江都令，对兴办文教事业也非常重视，看到家乡学宫衰败的情形，慨然曰："吾先业足以食子孙，吾弗益之矣。尊吾道以风后人，吾独不当为耶？"①于是他出资鸠工，由刘汝轼主持翻修。尤其是这次修复文庙时，将先贤和名宦分别奉祀，即将旧祠修之奉先贤，又创新祠奉名宦，各三楹。对此，学者高尚贤在其《名宦乡贤记》中说得非常清楚："我朝重道崇祀，而名宦、乡贤，必祠之学宫，以翼道也。名宦则其为治，乡贤表其为俗，以坤教也。道翼则振，教坤则流，故学以奠先圣，祠以序列贤，诚治者谨之。"刘汝轼来守是邦后，参观文庙后慨然曰："夫贤有所遗，则敬不广，祀无所厘，则敬不专。不广不专，贤道则不尊，圣道孤而教且沦，如之何？"于是，他经过查阅文献考证，罗列出名宦21人、乡贤4人分祠奉祀。如其文所载：

> 名宦，周颖谷封人考叔，北齐长史郎孝基，唐卫公李靖、州尉陆挚，宋平章事知州事富弼、端明殿学士知州事曾公亮、翰林学士知州事宋祁、枢密使判州事宋庠、龙图阁学士知州事祖无择、平章事知州事陈尧佐、州通判王旦，元知州刘永祚、刘可任、黄廷佐，我朝知州洪宽、翁文魁、郭宏、萧渊，州判姚旭、聂濂，学正沈衡。乡贤，唐晋公裴度，宋枢密使王德用、御史中丞李及、徽猷阁知制诰孙昭远。皆爱足以遗，风足以范也。②

① ［明］刘汝轼：《郑州学田记》，见嘉靖《郑州志》卷6《艺文志》。
② ［明］高尚贤：《名宦乡贤记》，见嘉靖《郑州志》卷6《艺文志》。

第十一次是嘉靖八年（1529年）左右，为响应嘉靖七年（1528年）"诏天下学宫建敬一亭，镌圣制立石"的号召，知州韩邦彦在文庙内增建"敬一亭"。

第十二次是嘉靖十一年（1532年），知州稍腾汉在文庙门外开凿泮池，池上架桥一座。

第十三次是嘉靖十五年（1536年）左右，知州胡万里重建尊经阁。熊爵在《郑州儒学重建尊经阁记》中称，当时"内自两京，外诸省郡邑，悉建学宫殿庑，崇祀先圣先师，明伦斋馔有堂，生儒有号舍"。胡万里到任后，秉承帝王旨意，"尤重斯道，崇文怜材，振励士子，阐扬圣训"。鉴于学宫旧有尊经阁，但"制度卑隘且倾圮""是何足以尊经育士耶"。于是，胡万里广为筹划，历时五个多月便修葺完工，如碑文所记："经营相度，辟广故基，财用砖石，则取厥淫祠，陶冶料费工食，则日为之……经始于孟夏，秋仲落成。"[1]

第十四次是嘉靖四十四年（1565年），知州王守身重修文庙。据张大猷《郑州重修文庙记》载，得到"孝义"之士海蕴的资助。海蕴"慕思圣贤之道，又以其子海东瀛为庠序弟子员"，可以说也是庙学生的家长了，于是"捐资鸠工立为，兴筑寝殿，有肃仪门，曰抗戟塾特，然松柏森立，□垣如璧，视昔愈弘"[2]。

第十五次是万历二十六年（1598年），知州俞乔重修。据胡自化《郑州重修庙学记》碑云，俞乔到任的第一件事就是"下车谒庙"，但他看到的是"触目即尽然心伤"的文庙，一向认为"兴学广效，政之首务"的他，便捐俸筹资，招工择匠，对文庙进行全面维修，且又"改建庠门于庙左"，"复建号舍"。尤其是"号舍"的复建，说明文庙又是

---

[1] ［明］熊爵：《郑州儒学重建尊经阁记》，见嘉靖《郑州志》卷6《艺文志》。
[2] ［明］张大猷：《郑州重修文庙记》，碑刻现存于郑州文庙碑廊之内。

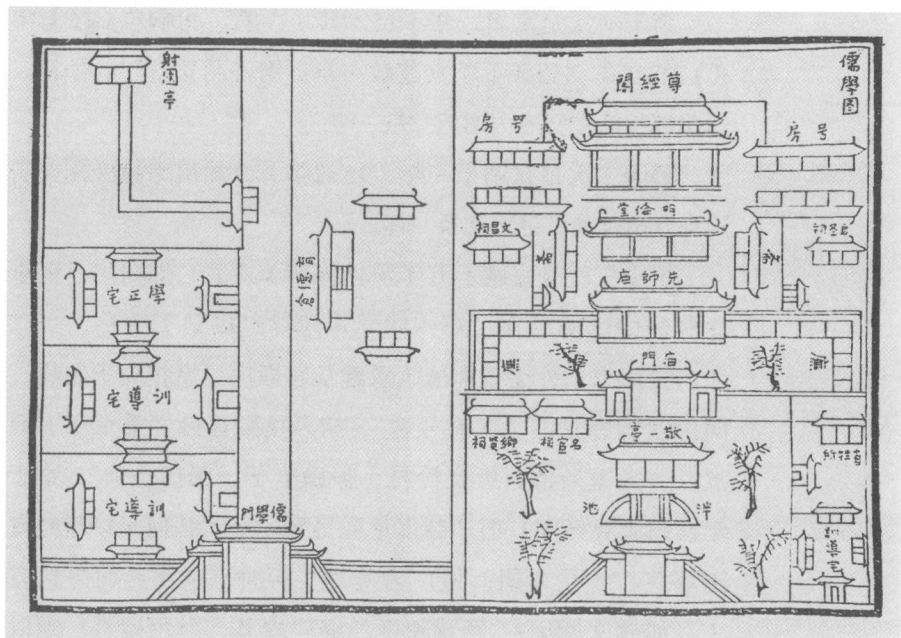

嘉靖《郑州志》所载郑州文庙布局图（图片来源：徐恕修、王继洛纂　嘉靖《郑州志》卷首"舆图"，明嘉靖三十一年刊本。）

科举考试之地，兼有为国家选拔官员的功能。修复之后的文庙，"丹漆掩映，视往昔则奕奕改观"①。

　　经过如此多次修复，郑州文庙建制获得充分的发展和完善，可以说基本奠定了文庙的格局，"清代至民国，文庙多有修葺，格局未动"。从嘉靖《郑州志》所载的郑州文庙建制图，可以看出是"前庙后学"格局，文庙西侧则是学官办公及住处，整体布局威严壮观。

① 〔明〕胡自化：《郑州重修庙学记》，碑刻现存于郑州文庙碑廊之内。

清朝时郑州文庙再受关注

清朝亦是少数民族政权，为征服天下，首先要征服汉族士人，文庙又是汉族士人的精神家园，孔子亦是汉族士人的"精神导师"，因而历任清朝帝王无不是尊孔崇儒的，无不对儒学及孔子顶礼膜拜。

早在清军入关前，努尔哈赤之子多尔衮就曾"遣官祭先师孔子"。顺治二年（1645年）加封孔子为"大成至圣文宣先师"。顺治九年（1652年）九月，顺治帝亲赴太学观释典，还赐予衍圣公、五经博士、四氏子孙、祭酒、司业等学官衣物，《清史稿》载其敕书曰："圣人之道，如日中天，上之赖以致治，下之资以事君。学官诸生当共勉之。"[①]可见，"圣人之道"就是维系上下、君臣秩序之道，也是修身、齐家、治国、平天下之道，作为在学士子自然是必须率先学习的。康熙二十二年（1683年），康熙帝又御书"万世师表"的匾额悬于孔庙大成殿，这是历史上首次称孔子为"万世师表"，虽然之前帝王诏书及史学家的文字中多有褒奖之词，如宋真宗称之为"人伦之表"等，但没有"万世师表"这一称呼更能表达统治者对孔子及儒学的敬仰之情，也昭示儒学的普世价值。次年，康熙帝亲到曲阜祭拜孔子，《清史稿》载：

> 己卯，上诣先师庙，入大成门，行九叩礼。至诗礼堂，讲易经。上大成殿，瞻先圣像，观礼器。至圣迹殿，览图书。至杏坛，观植桧。入承圣门，汲孔井水尝之。顾问鲁壁遗迹，博士孔毓圻占对甚详，赐官助教。诣孔林墓前酹酒。书"万世师表"额。[②]

① 《清史稿·世祖本纪二》。
② 《清史稿·圣祖本纪二》。

康熙二十五年（1686年），康熙帝再次"诏天下学宫崇祀先儒"。喜好到各地察访的乾隆帝，更是9次到曲阜祭拜孔子，同样对孔子行三跪九叩之礼，对孔子的崇敬无以复加。

统治者对儒学的极力提倡，作为儒学载体的文庙不仅不被冷落，带来了全国各地文庙大兴之势。有学者统计，至清末各地所建文庙共计1740多所，比之明朝的文庙有所增加。在这种情况下，郑州文庙同样受到地方官要的重视，同样得以多次修复和完善。

顺治六年（1649年）知州王登联，顺治十五年（1658年）知州刘永清、学正戚若鳃及刘绅、训导李枢等，两次重修，文庙又再现英姿。至康熙三十二年（1693年），文庙内的建筑计有：大成殿七楹，东西两庑二十楹，戟门三楹，东角门一间，西角门一间，泮池半规，棂星门一座，启圣祠三楹，名宦祠三楹，乡贤祠三楹，土地祠三楹，金声玉振坊则废；儒学建筑有：明伦堂五楹，敬一亭三楹，尊经阁五楹。其他附属设施，如居仁门、由义门、祭器库、乐器库、射圃厅、进德斋、修业斋、存诚斋等皆废。

康熙三十九年（1700年），知州毛国瑞重修文庙，"规模壮丽，丹获晶莹"。但不久因风雨剥落，日渐倾圯。

康熙五十年（1711年）重修过，但此后数十年间又经风雨侵蚀，墙垣相继倒塌。

雍正七年（1729年），李洛莅任学正，次年重修文庙。据其所撰《文庙重修记》载："予于雍正己酉莅任，即闻有议及之者，逾年爰出俸钱，修补崇圣宫神龛一座，格扇四，东西两配，并名宦牌位一座，悉整修如式。"但两年之后，因为连日雨浸，文庙"黉门至西庑、土地祠、明伦堂，墙垣胥就倾颓，阶左右且不免羊马迹焉"。见此状况，李洛率学庙弟子王天植、张如铎等，"议捐六十余金，诸处修葺，焕然可观"。此次修复完工于雍正十一年（1733年）。①

乾隆三年（1738年）春，知州张钺对文庙进行较大规模重修。据其所撰《文庙重修记》载，他到任后"首谒学宫，乃见榱桷倾颓，廊庑不饰"②。后谋得费用六百余金，次第修葺，包括大成殿、东西两庑、敬一亭、尊经阁、名宦祠、乡贤祠等建筑逐一修整，又重建明伦堂、东西两斋房、射圃亭等。另据乾隆《郑州志》所附文庙图来看，此次修复基本上保持了康熙时文庙的风貌，尚未增建其他建筑。

光绪二十二年（1896年）五月，郑州文庙又遭火劫，几令文庙"毁坏殆尽"，地方官及时商议修复。对此，朱炎昭在其《重修大成殿记》中说："光绪丙申，老槐生火，大成殿灾事，上闻部议重修，爰按亩捐款，土木大兴，岁两度始克告成。"③光绪二十四年（1898年），知州汤以慈又建东院官厅三间，名宦祠三间。历时三年的持续修复，虽然保持着前庙后学、五进院落布局，但因前期毁坏严重，又财力所限，修复之后的殿宇廊亭60余间，占地约60余亩，较之元明之际大为缩减。

伴随着清末"新政"及"癸卯学制"的颁布，以及科举废除、书院改制等重大教育改革，全国各地掀起兴办新式学堂的热潮，旧式学校也一并加以改造。在这种情况下，"庙学合一"的体制日渐被打破，迫使学校与文庙分离。不过，在这场兴学运动中，文庙并没有像古代书院与科举那样遭到"灭顶"之灾，只是分别各行其是而已，不再与官学融为一体。

当时，郑州的兴学情形，如光绪三十年（1904年）出台的《创办郑州学堂议》中，提出郑州官立高等小学堂"就城内旧有之东里书院改作秉办"。同时，就州东莆田集、州南柴郭庄、州北京水镇的三处义学改为三所初等小学堂。光绪

① ［清］李洛：《文庙重修记》，见张钺修、毛如诜纂：乾隆《郑州志》卷10《艺文志》，乾隆十二年刊本。（注以下不再注明修纂者及版本。）
② ［清］张钺：《文庙重修记》，见乾隆《郑州志》卷10《艺文志》。
③ 朱炎昭：《重修大成殿记》，见民国《郑县志》卷16《艺文志》。

三十一年（1905年）河南省学务处颁布《创办学堂札》，要求"各府、厅、州、县广立中小学堂、传习所，及劝谕绅士，公立、私立学堂以期推广教育"。

新式学堂并没有影响到举国对"忠君尊孔"传统治国理念的认同，或者说"新政"并没有颠覆崇儒尊孔这一"政统"。如光绪三十二年（1906年），河南省学务处下发的《中小学堂注重读经札》中，对尊孔读经依然予以高度重视，文中提出：

> 外国学堂有宗教一门，中国之经书，即中国之宗教，若学堂不读经书，则是尧、舜、禹、汤、文、武、周公、孔子之道尽行废绝，中国必不能立国。故无论学生将来所执何业，在学堂时经书必宜诵读讲解，方足以定其心性，正其本源。自入小学堂至中学堂毕业，共读《孝经》《论语》《孟子》《易》《书》《诗》《左传》《礼记》《周礼》《仪礼》十经，并通大义。……如毕业时，所读经书不通大义，不明文理，纵他项科学均合程度，本院亦不准其毕业。[①]

仅此可以看出，作为儒学传播阵地的文庙始终与统治者的意志是一致的，不会因为政治革新而遭受人为的毁灭；相反，文庙作为传承儒家文化的物质载体依然留存，"所承载的儒家文化的精髓依然灌注于时代的精神之中，驻留在人们思想深处，儒家思想依然受到最高统治者乃至全社会尊崇"[②]。

因而，郑州文庙在清末兴学过程中，既没有被彻底改造以为他用，也没有遭到人为的或政治性的毁坏，这既是预料之中又是很难得的结局。

① 《中小学堂注重读经札》，见民国《郑县志》卷14《艺文志》。
② 唐红炬：《文庙的保护与利用：应在冲突中寻求和谐》，载《中国文物科学研究》2007年第2期。

学退庙存期：
由祭祀重地到废弃不用

有人认为文庙在新学制实施后"退出了历史的舞台"，这一表述是不恰当的。准确地说，文庙应该是退出了学校教育的舞台，由过去的祭祀和教学两大主要功能，从而蜕变为单一的祭祀功能，但不能否认其大教育功能的依然存在，那就是继续承担着社会教化的重任，并且依然是广大士子心仪向往的殿堂。不过，在剥离了教学活动之后，地方官员对文庙的重视程度有所改变，过去在"庙学合一"的时代，修庙就是修学，修学就是修庙，都是一回事，都一样看待和对待。如今则不一样，没有了"官学"这个光环，文庙自然要退其次。对于执政一方的地方官员而言，可作为，也可不作为。在这种情况下，文庙既要传承使命，又要在被政治边缘化及无法预料的灾乱中艰难地生存下去，遂开始走向独自求生的新征程。

郑州文庙同样面临着被时局主宰的命运。据朱炎昭《重修大成殿记》碑文所载，自光绪期间两次持续增修后，至1916年，文庙又有一定程度的毁坏，却无官员问津。郑州知事周海六上任后，目睹文庙卑陋不堪，便着意极力专修，成之"盛举"。同年，与文庙融为一体的魁星楼因焚毁殆尽，教育界人士李光华锐意重修而成。据刘瑞璘所撰《重修奎星楼记》所载："郑州绅学商界厚薄捐资有差，李君竟力担任，四年秋动工，五年夏工竣。"①然其后，长时间的军阀混战，中原乃至郑州又是重灾区，郑州文庙则经常被用作驻扎军队，不但得不到维修，殿宇廊庑反多被拆毁。

1935年，河南省第一区行政督察专员兼任郑县县长阮藩侪到任后，见文庙大成殿、戟门毁坏严重，东西两庑及明伦堂荡然无存，院落四周鞠为茂草，自感"余之羞，亦余之责"。于是号召地方士绅，组织重修文庙委员会，分股任事，予以全面维修，至1937年完工。他在《重修郑县孔庙记》中称：

> 首翻修大成殿五楹、戟门三楹，新建东西庑各九楹，戟门左右各见月门，缭以□垣。用□崇严大成主座暨四配十二哲，并列祀先贤名儒各牌位。同时，悉建置如式，复依旧制，创建棂星门三楹，门内两旁各建置耳房三楹，其西另辟便□筑室二楹，洒扫者居焉。泮池半规，亦从而新之。……全庙外筑长垣，共地积七十四亩有奇。凡空间之地，因势爬梳，分类造林，俾增天然风景。是役也，经始于二十四年五月，迄二十六年三月。②

就在这次维修完工不久，郑州文庙划归河南省立郑州工业职业学校（前身为1933年成立的郑县工业职业学校）来使用，也许仅仅是在资源贫乏的情况下占用文庙的地盘及房屋来办学而已，并没有实际性的弘扬儒学活动，完全不是古代"庙学合一"的运行机制。不过，也正因为有郑州工业职业

① 刘瑞璘：《重修奎星楼记》，见民国《郑县志》卷16《艺文志》。
② 阮藩侪：《重修郑县孔庙记》，碑刻现存于郑州文庙碑廊之内。

学校的占用，使得文庙在管理上有了临时的"监护人"，也起到了保护文庙的作用。

1941年在省政府的支持下，郑州工业职业学校也筹集部分资金，对文庙进行局部修葺，致使大成殿、棂星门、泮池、照壁等建筑物得以保存。然在抗战期间，日军的轰炸及攻陷，导致文庙建筑大部分被毁，仅存大成殿、戟门两座建筑，可谓损失惨重。

1949年后中国政府高度重视文物保护工作，但地方文物保护意识比较淡薄，以致郑州文庙没有得到有效修复。1953年包括郑州工业职业学校在内的中南5省6所高级工业学校的电机科合并，成立郑州电力工业学校，文庙遗存仍在校园管辖之内。1955年郑州市政府曾拨专款，郑州电力工业学校具体参与对大成殿的局部维修。1963年6月26日，文庙大成殿与城隍庙一起，被列为河南省人民委员会公布的第一批省级文物保护单位。

位于原轴承厂内的大成门

郑州文庙从被政治边缘化到列入省级文物保护单位，从积极参与社会生活的一个主体到成为被保护的文物对象，这一变化，既窥视出文庙一路走来的辛酸和尴尬，又充分表明文庙不能脱离民众的视线，也不能永久地被边缘化。列为省级文物保护单位后，在一定程度上给文庙带来新的希望和生机。

文庙复兴期：
入国保薪火相继

自从郑州文庙列为省级文物保护单位之后，曾一度引起世人的关注，有关部门也出台了一些管理举措，照此维护发展下去，文庙的命运将会得到不小的改变。但就在1969年，因郑州电力工业学校停办，文庙并没有像其他文庙那样用作资料馆或文史馆、博物馆等而得以有效保护，反被郑州轴承厂所占据，轴承厂进驻后很快将棂星门、泮池及照壁等文庙建筑彻底毁坏，大成殿或有遮风避雨的实用性能，得以侥幸地保存了下来，郑州文庙陷入发展中最为尴尬的低谷期。

面对文庙这一省保文物的破落不堪，1981年郑州市政府下发文件，将城隍庙连同文庙大成殿一起移交郑州市文物部门管理。1987年和1991年，河南省外办、郑州市政府先后筹集资金对大成殿和戟门进行落架大修和油漆彩画，但文庙周围的环境及生存状况依然没有改观，据记载："大成殿左右两侧，是残破的起脊瓦房，为郑州市轴承厂职工宿舍；大成殿前为轴承厂幼儿园、试验小工厂等建筑，后为轴承厂车间、厂房。这座珍贵的文化遗存被湮没在工厂建筑之中。"①

① 宋秀兰：《郑州文庙的保护与复建》，载《中原文物》2006年第4期。

从当年拍摄下来的图片可知，轴承厂内的大成殿及大成门（戟门）环境状况确实令人担忧。戟门两侧均为工厂用房，门柱风蚀严重。大成殿的前后院均为工厂家属的生活空间，荒草、垃圾、晾晒等，与孔门圣地形成巨大反差，但其环境及教化功能尚未予以重视。

有位记者也曾用相机拍摄了当时文庙的惨状，他在拍下的图片上写道：

> 位于河南省郑州市东大街23号郑州轴承厂厂区内的文庙大殿，是河南省1963年批准的首批河南省重点文物保护单位。这座始建于东汉明帝永平年间（公元58—75年）、后又经过多次重修的古建筑，如今已"风光"不再……大殿被一片破旧的简易棚房包围，残破的碑刻、古建筑构件散落院内。这是散放在殿门前的数十件明清时期的石坊、门墩、柱础、檐楣，其中不少已折断或破损。①

为保护和合理开发利用郑州文庙资源，2001年就有人大代表因为东大街改造而提出要复建郑州文庙，最终郑州市人大常委会作出《关于加强郑州商代遗址、郑州城隍庙、郑州文庙维修保护，尽快开发利用的议案》，提出要尽快把郑州文庙从轴承厂内分离出来，按历史原貌做出规划和维修方案，由政府投资尽快进行修复，并将商代遗址、文庙、城隍庙整合成"三点一线"的旅游景区，争取早日对外开放。对此，郑州市政府高度重视，计划投资2 000万元，从2003年开始规划设计立项。2004年，作为"郑州商城遗址保护及环境整治工程"的重点项目，郑州文庙恢复工程正式开工建设，这可

① 张晓波等：《郑州文庙：守护一个文明图腾》，载《郑州日报》2005年4月26日第15版。

以说是有史以来对文庙最大规模的一次修复。

这次修复依据国家《文物保护法》提出的"保护为主，抢救第一，合理利用，加强管理"的文物工作方针，主要做了如下几个方面的工作：

一是先将郑州轴承厂搬迁出去，拆除围绕在大成殿周围的轴承厂家属房、车棚、厂房、试验小工厂、幼儿园等60余间房屋。

二是征购土地12.66亩，不但使文庙面积增大不少，保护范围及建设控制地带也扩大许多。就保护范围而言，以大成殿为中心，西自大成殿西山墙向西50米，东自大成殿东山墙向东62米，南自大成殿槛墙向南116米至东大街路北沿，北自大成殿后檐墙向北100米。就建设控制地带来说，以保护范围为起点，北自保护范围边线向北100米，东自保护范围边线向东100米，西自保护范围边线向西120米至职工路，南自保护范围边线向南100米。

三是依照乾隆《郑州志》中的文庙图及中国文庙传统形制进行复建，以大成殿与戟门为中轴线，复建东西牌楼、棂星门、泮池、大成门（戟门）、尊经阁。在大成门两侧，分别复建名宦祠与乡贤祠。大成殿是文庙的核心建筑，就原址保护，并整体抬升1.7米，显得更为壮观。在大成殿前两侧，复建东西庑房。在尊经阁前两侧，亦复建东西庑房及古井亭等。

四是坚持"修旧如旧"原则，大多使用古建筑材料，如大木构架全部采用实木结构，屋顶用瓦全部采用传统瓦件，院内地用青砖平铺，建筑构件细部采用传统石雕、砖雕、木雕的方式来体现建筑的细节变化，等等。据有关负责人说，如此"完全采用传统手法进行恢复建设，在全国也不多见"①。置身其中，颇感文庙的大气稳重、典雅丰满、古朴庄严。

五是凸显文庙特色，即复建后的郑州文庙与全国各地文庙相比较而言，其规制有相同之处，但也注入中原文化的诸多元素。据有关人士称，大成殿原有的两山博风表现的玉皇大帝、三国演义、牡丹花卉等图案，均为三彩釉烧制而成的琉璃饰件，用这种艺术形式表现有故事情节的博风在全国极为罕见。另外，《孔子圣迹图》也在后院东厢房用砖雕的艺术形式来展现，砖雕高1.2米、长30多米，其中的人物、楼阁栩栩如生，对孔子倾心办学、著书立说的执着精神是最好的诠释。

2006年9月，郑州文庙修复工程完工，占地14亩，建筑面积3万多平方米，使千年古庙重焕青春，庄严肃穆，金碧辉煌，屹立于商城之中。文庙9月28日正式对外开放，是日，在这里举办了盛大隆重的千人祭孔典礼及揭碑仪式，此后每年都举办祭孔大典。

2013年郑州文庙大成殿与周围的城隍庙一起入选第七批全国重点文物保护单位。郑州文庙在历经沧桑1900年后，又翻开了新的一页，继续履行新的历史使命。

① 宋秀兰：《郑州文庙大成殿修复后的思索》，载《中国文物报》2006年9月29日。

郑州文庙的选址、布局及生态建构

郑州文庙选址

郑州文庙布局

郑州文庙生态

郑州文庙是一组遵循国家礼制的庙宇性建筑，在选址上，基于历史、环境及社会需求等因素，一直位居城市中心地带，周边有商城遗址、城隍庙、文昌祠、奎星楼、东里书院等丰富的人文景观。在布局上，讲究中轴对称，棂星门、泮池、大成门、大成殿、明伦堂及尊经阁等主体建筑均在中轴线上，中轴线两边有庑、斋、祠等辅助建筑，且与北京国子监孔庙一样，系五进院落，且呈"前庙后学"格局。再就从室内到室外，是从庙内到庙外，包括展示内容、植被、建筑风格及内涵、石雕画面场景、碑刻遗存、周边文化景观等，均凸显其独特的自然、政治及人文生态。

郑州文庙选址

文庙选在何地来建也是很有讲究的，且往往与政治密切相关。中国第一所文庙，亦即曲阜孔庙的选址比较特殊，是就孔子故居所建，这也是迄今为止保存最完整的一座孔庙建筑。发展至明清，文庙建筑已经遍及各个州、县，成为地域文化的一种象征，在国外更是远及韩国、日本、越南、新加坡等多个国家。文庙建筑对于中华民族来说，是一座神圣的文化殿堂，它有着独特的建筑风格、思想体系以及价值归属，同时又是礼制建筑，所以历史上对于文庙的选址尤为重视。从全国范围的文庙选址来看，无不受传统礼制及地理位置的影响，考虑到皇权与教化并重、自然与人文协调发展等多种因素，一般来说，文庙又处在城市的中心，会充分考虑到城市的自然条件，讲究因地制宜，体现出人文与自然、物质文明和精神文明的融合。

郑州文庙作为地方文庙的一个缩影，从建设时间上来看，仅次于曲阜孔庙，属于中原地区最早的祭祀建筑之一，其悠久的历史足以看出郑州文庙在中国历史长河中所发挥出的作用。只缘郑州地处中原，是全国重要的交通枢纽，直到今日依旧是商品人流集聚繁荣之地，如追溯到3600年前则是商文化发源地。被看作华夏文明发祥地的郑州，在清明节、中元节等重要的传统节日里依然保持着祭祖大典的习俗，这更有利于中华民族精神的凝聚。而文庙作为郑州这一区域的文化符号，有它自身存在的特征，对承载儒家文化的建筑在选址上自然就有特殊的要求。同时，特殊的地理环境也对文庙选址有很大的影响。如民国《郑县志》载："建置首城池，所以御侮保民也。次公署，所以临莅政事也。次孔庙，次学校，所以重圣教、敷文明也。"①从记载中，我们看出文庙在一个城市的建设中占据着重要的位置，是一个城市文明教化的载体，选址也就显得尤为重要，究其郑州文庙的选址，有着地方区域独特的特点。

历史渊源

据康熙《郑州志》载："庙在州治东，逼近东城。汉明帝永平年间建，元季兵毁，明洪武三年知州张奋重建。正统、天顺、成化、正德间，知州林厚、余靖、洪宽、刘仲和，嘉靖十一年知州稍腾汉相继修葺。本朝顺治六年知州王登聊，十五年知州刘永清，学正戚若鳃、刘绅，训导李枢协力重修，庙貌巍然。"②这是对郑州文庙所处位置的确切描述，历经朝代的变迁，依然伫立在中原大地。

通过记载可知，郑州文庙建立之初就选址在州治的东部，主要原因就是按照帝王要求来办理的，在行政中心设置官学的同时来设置文庙，以此来达到教化民众、稳定社会的作用。汉明帝刘庄继位后，继承西汉时期"独尊儒术"的传

① 民国《郑县志》卷3《建置》。
② [清] 何锡爵修、黄志清纂：康熙《郑州志》卷3《建置志》，康熙三十二年刊本。（注以下不再注明修纂者及版本。）

统而提倡儒学，上至皇子、诸侯及大臣子弟，下至百姓，都要读经学儒，又在南宫设立太学，聘请专门的经师来传道授业，甚至命令守卫的士兵也要懂儒学谙孝经。汉明帝虽然尊为皇帝，但对于自己的老师，依然遵循"以师礼"。既然当朝皇帝如此，各个社会阶层也就自然效仿，形成了崇儒尊礼的风气。郑州文庙作为践行崇儒政策的实物载体也就应运而生。在光武帝末年（57年），户籍的人口达到2100多万，到汉明帝时期，也就十多年的时间，人口增至3400多万，这在一定程度上也是推行以儒治国政策的成效，推动了社会的稳定与发展，也使得百姓能够安居乐业，各司其职。

不仅如此，孔子作为儒学的创始人与河南也有一定的渊源，他虽出生于鲁国，祖籍却在河南夏邑。他为实现自己的政治理想，携弟子周游列国，在长达14年之久的周游活动中，辗转于卫、宋、郑、陈、蔡、楚等诸侯国，且主要集中在今日之河南境内。从史料所载来看，孔子曾在郑国即新郑做短暂停留，今郑韩故城东门外的宣圣台，传为当年孔子停车处，因此也构成郑州儒学文化的一个重要组成部分。

正因为有如此渊源，在曲阜孔庙建成500年之后，至汉明帝永平年间，在中原大地又拔地而起一座郑州文庙，从创建的历史及现存遗迹来看，郑州文庙可以称得上全国第二座文庙，这已得到国内外学者的普遍认同。

环境因素

河南位于中原腹地，也是黄河文明的主要发源地，在政治、经济、文化、军事、交通等方面有着举足轻重的作用。而郑州又处在河南境内黄河流域的中心地带，其地理位置极

郑州城隍庙大门

为突出。就郑州市来说，文庙又处在城市的中心区域。从嘉靖《郑州志》所载舆图中，我们可以清晰地看到郑州文庙的选址位于州治的东部，文庙的北方为城隍庙、玄帝庙，西面则为开元寺、子产祠。之所以选择这样的一个地理环境，更多的是考虑到文庙的功能定位。从第一座文庙即曲阜孔庙建立之日起，发展到清末的数千所文庙，其功能定位从最初单纯的祭祀场所，发展到后来的祭祀与教学合一，也就是我们所说的庙学合一。同时从郑州文庙现在所处的地理位置来看，郑州市为河南省的省会，且位于河南省中部偏北，郑州文庙自东汉建立之日起，直到今日，依旧保留着核心的建筑物。北邻的城隍庙建于明朝，现在依然被看作民俗文化的象征。郑州文庙依托于城隍庙，更加深了文庙作为文化载体的内涵。随着城市规划的进一步完善，文庙所在区域交通也十分便利。北临商城路，南临东大街，西为职工路，东为商代

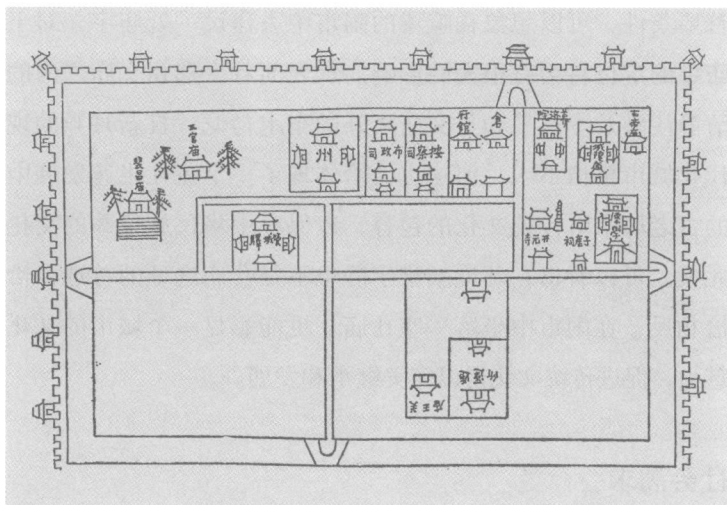

嘉靖《郑州志》中郑州文庙位置示意图（图片来源：徐恕修、王继洛纂嘉靖《郑州志》卷首"舆图"，明嘉靖三十一年刊本。）

都城遗址。这样，为社会各界民众拜孔祭孔、感受儒家传统文化等，在交通通达性上提供了便利。虽经多次翻修，位置依然没有变动，直到现在位于东大街东段，主体建筑物朝向依旧坐北朝南，这也更加提升了城市的文化内涵。

无论是地理位置还是经济文化，郑州都可以说是河南最具代表性的区域城市，带有浓厚的传统文化气息。就目前的情况来说，郑州文庙位于管城回族区东大街，北部是城隍庙，东面是商都文化广场，西面是中建文苑，文庙依然处在城市中心区域。单从文庙来看，其本身具有浓厚的传统文化气息，包括里面的建筑大成殿、尊经阁等，都是一种庄严神圣的象征，置身其中，内心多了几分敬畏。中国历来有"佛居深山，庙在闹市"的说法，这也进一步显现出庙宇的人文气息，与世俗的精神文化相连接。文庙的定位是庙学合一，既有祭祀的功能又有教学的功能，保证庙内环境幽雅静谧是首要条件，可以想象在喧嚣的闹市中去建设一处庙宇，对于庙宇的定位将会有很大的影响。从表面看，郑州文庙之内的清静淡雅及厚重平和与文庙之外的车水马龙、日新月异的现代化城市格格不入，但这也恰恰体现了一个正在飞速发展中的古老城市对传统文化的包容，以保存中华民族优秀的文化元素。可以看出，环境幽雅宁静也不是孔庙选址的首选，恰恰相反，在闹市中坐落一座孔庙，更能彰显一个城市的文化魅力，促进传统文化得以完美继承和发展。

社会需求

文庙的选址，除了讲求传统礼制及区域协调发展外，还要满足一个城镇社会功能的需求。在很大程度上，文庙选址寄托或蕴藏着深厚的文化内涵，考虑到社会现实的需要。郑州文庙所处位置交通比较便利，方便民众在重要的传统节日来到庙宇参观，在重要的祭祀活动中去缅怀先贤。这样一来，既推动了我国优秀传统文化的传播与发展，又为民众提供了更好的交流与交际的场所。何况，文庙作为公共建筑，其碑刻、壁画、楹联等都有着传统文化的印记，而这些都已经成为城市文化的标志，成为优秀传统文化的象征，有如此优秀的文化作为连接人们感情的纽带，不仅可以促进人们精神层面的提升，有利于规范社会行为，更促进了这一区域城镇的社会秩序稳定。尤其在物质飞速发达的今天，使得物质和精神在同一个轨道上得以平衡运行。

据康熙《郑州志》载："而独先葺子产庙，以渐葺郑州学及孔子庙，建企德、敷教二堂。及困馆于学，刻《大学要略》诸书，以便教兴学者。既又砻石于学，题科目之士之名，以风郑人。"①从这里我们可以看出，建文庙实乃兴学之要，对于净化这一区域社会风俗有着重要的作用，这也可以看作社会功能在选址上的一个重要体现。

康熙《郑州志·儒学箴》又称：

> 君国子民，教之育之。有育无教，或沦于豽。置史禆育，建学禆教。为教之方，本乎师道。静修实践，正学传闻。成已成物，师道用尊。为学之方，体仁由义。诵法周孔，亦致文艺。化民成俗，以善其乡。成德远材，以资于邦。本末循循，用臻实效，勖而师生，毋忝学敩。②

从文字记载上我们可以清楚地意识到，践行儒家思想可以改善乡里的风俗，使得邦国更加兴旺。那么，把文庙建于此处，其社会功能扩展到社会生活领域，形成一种改善民俗民风的"大众文化"，这样才是社会功能的真正体现。

---

① 康熙《郑州志》卷10《艺文志》。
② 同上

从建筑渊源来看，文庙最初只是祭祀孔子的家庙。据孔继汾的《阙里文献考》载："先圣殁世，弟子将其葬于鲁城北泗上。殁后二年，鲁哀公尊夫子为'尼父'，命将其居所改为庙堂，岁时祭奉。"此为孔庙之始，但当时的规模比较简陋，所谓"茔不过百亩，封不过三版，祠宇不过三间"。可以看出，孔庙建设之初，只是一般家族自身的祭祀场所，其影响范围相对狭小，布局也比较简单，只有一处三间房屋。但随着儒家思想被推上圣坛，文庙的影响也在逐渐扩大，逐渐演变成官方的祭祀场所，几乎每一州、府、县都设有文庙，在古代城镇建设中占有重要的地位。与此同时，儒家的"仁义礼智信"思想影响着社会文化及道德的塑造，对东方文明甚至世界文明的进程都带来深远的影响。这也使得文庙的布局渐渐受到重视。且文庙建筑在我国古建筑群中也占据十分重要的地位，如曲阜孔庙与北京的故宫、承德的避暑山庄并称为中国三大古建筑群，梁思成亦曾称曲阜孔庙为世界建筑史上的"孤例"，是古代乃至现代庙祠的典型，后来各地文庙的建设布局以及规制，基本上都是依循曲阜孔庙，但在建筑规模上需要符合礼制规范，如州府县一级的文庙布局不能超越上一级文庙，也就是说要做到尊卑有序、等级分明，这恰好与孔子所提出的礼制思想相吻合。

据《世界孔庙》一书所载："在孔庙系列中，太学国庙与曲阜祖庙处于最高等级，而府之庙学又高于县之庙学。但同位孔庙，无论级别高低，其精神如一。"[①]这也恰恰说明了，对于孔庙神圣感的尊重，从不因所在区域地位高低而有所区别，虽然各地域千差万别，时代也在变迁，各地的建筑布局及祭祀程序却始终遵循统一的礼制，这也是儒家文化代代相传、绵绵不息的主要原因。

中轴对称

从文庙建筑上来看，和其他古代建筑群一样，以一条南北方向的中轴线横穿其中，附属性的建筑布设在东西两边，左右对称，布局十分严谨，整个建筑风格极其庄严稳重。

郑州文庙依据曲阜孔庙的建制，亦体现出中轴对称的显著特点。据民国《郑县志》所载"孔庙"图，可以看出清朝修复后的文庙，中轴线上从前到后，依次是棂星门、泮池、戟门、大成殿、明伦堂、敬一亭和尊经阁等主体建筑。中轴线东侧自南向北则分布着金声坊、学正斋、名宦祠、东庑、斋房和启圣祠；西侧则依次是玉振坊、儒学、乡贤祠、西庑、训导宅、斋房、土地祠和射圃亭等。

---

① 陈传平：《世界孔庙》，文物出版社2004年版，第14页。

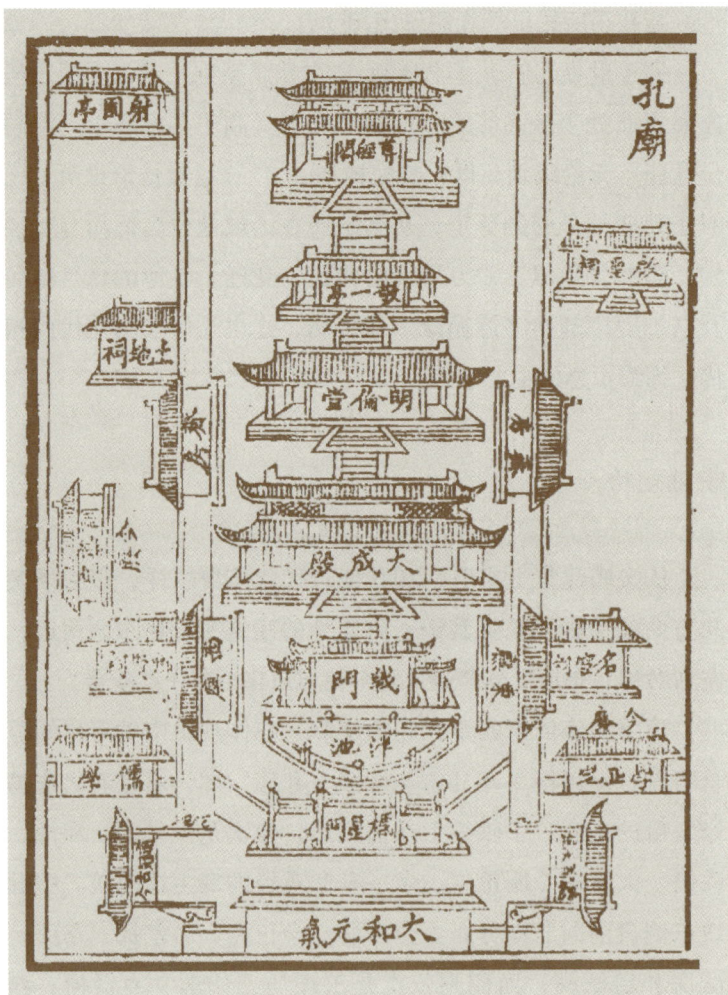

民国《郑县志》所载郑州文庙布局图（图片来源：周秉彝修纂民国《郑县志》卷首"郑志图"，民国五年刊本。）

前庙后学

文庙基本上都是庙学合一的布局，一般有前庙后学、前学后庙、左学右庙、左庙右学等几种形式。但也有一些比较特殊的情况，诸如庙中有学、学中有庙、中庙旁学、庙学独存及有庙无学等。但就整个情况来看，以前庙后学为主要流行布局，在所有文庙中占有相当大的比例。

据民国《郑县志》所载"孔庙"图来看，郑州文庙属于典型的前庙后学布局，即祭祀区在教学区的前面，而祭祀区包括大成殿及东西两庑所形成的空间布局，教学区即明伦堂及其东西两庑构成的空间布局。至康熙年间，形成以大成殿为主的祭祀建筑群位于以明伦堂为主的教学建筑区前面的一种建筑布局，这也是文庙布局中最典型、最具代表性的一种形式，甚至也被国外各地文庙所效仿。

五进院落

文庙的最高规格是九进院落，即以曲阜孔庙为代表。曲阜孔庙从最初的"故宅三间"，发展到明清已经成为规模最大的孔庙，期间经历过秦始皇的"焚书坑儒"、太平天国的"反孔"以及五四时期的"打倒孔家店"等，可谓命运多舛。就这样历时多个朝代，发展到现在占地14万平方米，前后九进院落，完全是仿照皇宫格局所建，步入其中，不得不肃然起敬，使人感受到一种文化及心灵的洗礼。

郑州文庙作为地方州一级别的文庙，在清初就已形成五进院落格局。中轴线第一进院落贯穿棂星门、泮池与戟门，而学正宅与儒学位于东西两侧。第二进院落以大成殿为主体建筑，东西两侧为东庑、西庑，名宦祠与乡贤祠位于东西两庑之后，而并非现在大成门的左右两侧，第三院落主体建筑为明伦堂，两侧分别为东西斋房。敬一亭位于明伦堂与尊经阁之间，这是第四院落的核心建筑，这种布局符合这一时期文庙的建筑规制，敬一亭东西两侧分别为启圣祠与土地祠，尊经阁则为第五进院落的核心建筑，射围亭在其西侧。这五大院落共同构成了郑州文庙较为完整的布局，从中我们也可以清晰地看出，文庙"前庙后学"，即教学区位于祭祀区之后的显著特点。

重修后的郑州文庙俯瞰（图片来源：《河南日报》2019年11月15日第15版《郑州文庙传承厚重文脉》）

而随着历史的发展，整体布局较前代有所不同，规模也无法与之相比。2004年开始修复之后的郑州文庙，虽依然保存着清代的建筑风格和布局，但变成三进院落。第一进院落是由乡贤祠、名宦祠分列于东西两侧，大成门位于中间方位。第二进院落是由碑廊、西厢房、东厢房分布于东西两侧，主体建筑大成殿位于中间方位，大成殿在整个文庙规划格局中也位于中间位置。第三进院落是西厢房、砖雕及"孔子圣迹图"分布于东西两侧，作为存储经书之地的尊经阁则位于中间方位。这三个院落组成的三条轴线，使得文庙建筑从整体上来看是依据一定的组织顺序来整合的，有一种空间纵向之感，在建筑布局上也凸显了中轴对称的格调。且每一进院落，在平面布局上都是采用中国传统建筑形式即四合院，依据主体建筑在中轴线上、辅助建筑在中轴线两侧的原则来布局，并呈对称分布，数进院落层层相连，呈渐次递进的空间，地理空间环环相扣，这种秩序井然的布局所构建的封闭式空间，也恰巧与儒家礼制所宣扬的思想相吻合，形成了尊卑有序及贵贱有分的"礼"的物化形式。这样把建筑的伦理功能与儒家的教化功能有机地结合在一起，只有遵从礼制才是真正"仁"的表现，虽然孔子所提倡的"礼"是封建等级制度的产物，但从本质上来看强调的是上下尊卑的等级秩序。

此外，郑州文庙的"庙学一体"空间布局，表现在以"大成殿"院落为核心的建筑群与以"尊经阁"院落为中心的学署建筑群融为一体。在"庙学合一"的规制中，历来文庙和教育始终是联系在一起的。尊经阁是在整个文庙建筑群中仅次于大成殿的一座建筑，主要贮藏儒家经典之作以及诸子百家之书，以供生员读取经籍，历史上称之为"儒学书院藏书楼"。而今尊经阁的用处，除藏书外主要是举办学术会议及讲座，营造一种浓郁学术的氛围，使郑州文庙成为真正意义上的"庙学合一"规制。

可以说，郑州文庙的每一处建筑，甚至每一个小摆件，都有其特定的使用价值，其本身也承载着传统文化的共识，正是这些建筑合理的布局才形成了具有文化意义的文庙体。分析其建筑要素的构成及背后的文化内涵，更有利于我们了解郑州文庙的发展样态。

影响郑州文庙建筑布局的主要因素，既有对传统礼制的承袭，又有对曲阜孔庙规制的借鉴。

首先是遵循传统礼制。自古及今，中国在进行城市规划时都很讲究方位的界定。《周礼·六官》中就曾提及过方位对于一个城市建设的重要作用，所谓"惟王建国，辨方正位，体国经野，舍官分职，以为民极"。可以说，"辨方正位"早在《周礼》中就已经出现，追溯到夏商周时期。天子在封邦建国之时，首先要确定地理位置，然后才能分管区域、管理百姓。一直发展到现在，"辨方正位"依旧在建筑设计中占据着重要的位置。

由于中国特殊的自然地理环境，冬季受西北风的影响较多，故建筑大都体现着坐北朝南的走向，"南面文化"成为中国特有的一种地理区域象征。《易经·说卦传》中称："圣人南面而听天下，向明而治。"《礼记》亦载："天子负南向而立。"可以看出，建筑的南面朝向体现着一种文化内涵，更多的是代表着一种统治意味。尤其是自古以来，中国就是一个礼制国家，"礼"的思想一直延续至今。孔子主张恢复"周礼"，也就是我们所说的"君君、臣臣、父父、子子"，这是究其人伦方面的伦理遵守，而是建筑的设计和布局尤其是带有中国传统文化象征的文庙建筑的布局，更需要考虑传统文化观念对其礼制的价值指向。所以说，无论文化还是建筑，只有遵循礼制，社会生活才能照常运转。

郑州文庙位于东大街，在整个郑州区域划分中处于中心位置，其建筑的总体格局是坐北朝南，把中国古代传统的礼制"辨方正位"融入其中，严格遵守了对传统礼制建筑的要求。在文庙的建筑布局中，采用的是四合院的建筑形式，大有"庭院深深深几许"的气势。这不仅仅体现了我国传统的等级观念，里面还蕴含着阴阳五行的元素，这就是中国特有的建筑文化。

其次是借鉴曲阜孔庙规制。自公元前478年曲阜孔庙初具规模，便成为各地文庙建筑的范本，在建筑规制上是不允许"僭越"的，这也充分地体现了儒家所提倡的"礼"之思想。曲阜孔庙所展现出来的庄严与神圣，都隐藏在浓厚的传统文化之中，而文化的体现则又物化于建筑规制，且随着时代的变化，其建筑礼制得以不断健全和完善。曲阜孔庙共有九进院落，布局十分严谨，左右对称，中轴贯通。而全国各地文庙建筑的布局，也依据曲阜孔庙的风格和样式来进行设计，也就是说以曲阜孔庙建筑布局与组群构造为基本模式，在布局的实际进程中又会因当地文化、风土人情等而略有差异。

诚然，郑州文庙在布局中也遵循儒家所提倡的礼制文化，仿照曲阜孔庙的规制，将其建筑特点、空间布局等因素融入其中，最终形成低于国庙的五进院落的庙宇布局，可以看作曲阜孔庙的缩小版。

　　"生态"一词起源于古希腊语，原意指"住所"或"栖息地"，从生物学上来讲，是指一切生物的生存状态以及它与环境之间的关系。不同领域、不同文化取向的人对"生态"的定义也有所不同。关于郑州文庙的生态，主要在自然生态、政治生态以及人文生态三个方面有充分的体现。

自然生态

　　史书对郑州文庙自然生态方面的记载不多，如据乾隆《郑州志》载："己亥冬，学宫泮池内结冰花，枝梗花叶如画。"[①]这是万历年间对泮池冬季景观的描述，展现了一幅冬季文庙泮池的景色，池中的水凝结成冰花，植物的枝叶在这个季节也变得幽雅起来，像是一幅会动的画，让人不禁联想到雪花轻飘飘地从天空中散落，散落在富有文化气息的文庙之中，是一种美的享受。可以看出早在乾隆年间，郑州文庙的景观已备受关注。而今修复后的郑州文庙，在文庙的四周

① 乾隆《郑州志》卷1《星野志》。

种植着白杨和小叶女贞，高低错落。在棂星门南面，种植着乔木银杏及低矮的金边黄杨。大成殿南部的广场，种植着一棵许愿树，来到郑州文庙游玩、祭祀的游客，不忘在此悬挂一个祈福结，绿色的植物上飘动着红色的纽带，而红色又是吉祥好运的象征，体现出中国的传统文化习俗。

值得称赞的是，郑州文庙虽历经风霜，然文庙中的柏树仍郁郁葱葱，这是文庙顽强生命力的象征。据清同治年间知州王莲塘所撰《文庙古柏行》载：

> 东城卑湿无老树，文庙老柏气弥固。突作龙拿劲骨盘，倚欲虎卧苍髯怒。
>
> 似此轮囷几何年，岁月消磨影不圆。禁地虽无牛羊扰，霜天难免蝼蚁穿。
>
> 我膺广文初到此，忽遭劫火惊欲死。芹宫鸳瓦烧乱飞，泮水鱼殃救不止。
>
> 烟焰直扑老蛟螭，赤舌乱缠黑铁皮。万斛翠涛翻碧海，波退祝融扔支离。
>
> 未几又遇怪风陡，云飞海立砂石走。学署老桐蔽牛粗，难敌狂风作狮吼。
>
> 霹雳一声桐挟断，此时老柏犹立战。冲突直立树将军，号呼排击云惨澹。
>
> 清帝东巡幸管城，草木欣欣也向荣。古干葱茏蒙御气，大材合抱含深情。
>
> 至今铁路亘城西，火轮震荡嚣尘迷。泮宫未许雷霆扰，翠盖仍安鸾凤楼。
>
> 噫嘻呼！天灾人事更迭见，老柏间中阅世变。内蕴文章不求知，高悬日月常垂鉴。[1]

① 民国《郑县志》卷16《艺文志》。

读完这首诗，可以感受到：虽然在历史长河中，文庙屡次遭受破坏，甚至遭受毁灭之灾，建筑瓦片乱飞，连泮池的鱼都无法得救，但文庙内的柏树依然枝干不朽，傲指长空，就像一位刚直的儒雅之士，在大是大非面前宁折不弯。诚如《论语》所言："岁寒然后知松柏之后凋也。"足以看出文庙中柏树在自然生态中的重要价值。

无疑，郑州文庙外部周围环境的自然生态与内部的自然生态有着千丝万缕的关系，共同促进了郑州文庙自然生态的良性发展与循环。在郑州文庙南门，书写郑州文庙的石碑下是群植的小叶女贞和四季青，并杂生出些许小乔木构树。除此之外，文庙的门前是整排并且是修整平齐的小叶女贞。女贞与四季青都属于常绿植物，象征着生命的永恒，有言："女贞之树，一名冬生，负霜葱翠，振柯凌风。"这也寓意着文

郑州文庙门前的门牌石

郑州文庙东古城墙遗址植物沙地柏

庙历经千年，命运坎坷不平，但时至今日依旧伫立于中原大地的文庙精神。同时，文庙西墙自上而下呈现植被分布特征，枸橘高居，枸骨次之，小灌木女贞形成底层绿化带，并由南向北依次纵深，层次分明的植被分布，更是增添了郑州文庙的建筑美感。文庙东墙之外，梧桐树由东向西与紧邻东面墙体的一排由南向北的梧桐树垂直相交，枝叶相映，自古便有凤栖梧桐的说法，这或许也是种植梧桐树的一种缘由。

值得一提的是，位于郑州文庙东边的古城墙遗址作为中原地区的一处文化象征，具有重要的价值意义，其本身的自然生态景观也提升了郑州文庙的景观生态。草坪和沙地柏依附于古城墙脚下，沙地柏本身耐旱性、适应性比较强，可以起到护坡固沙、净化城市空气的作用，减少古城墙因自然环境所受到的侵蚀，这无疑是保护古城墙最好的植被。古城墙西面与之相对的是一排乔木，由南向北，法国梧桐居多，中间还夹杂银杏、构树、香椿树、东北栎，在这些乔木的下面刺玫丛生，栅栏上爬满了绿藤，使生态布局更有层次感。在城墙周围种植高大的乔木，不仅可以作为古城墙遗址的植被装饰，增强美感，更重要的是这些乔木贮存水源、稳固土壤，对防护城墙遗址起着举足轻重的作用。可以说，郑州文庙内外的生态景观，共同为文庙自然生态的良性发展，提供了保驾护航的助推作用。

总的来说，郑州文庙整体植被配置的一个显著特点，就是采用孤植的方式，由人工借用自然植物所创造出来的一种美的、幽静的植物环境，一方面使得郑州文庙不仅仅是静止的建筑群，也是富有生命力的植被景观；另一方面也代表着郑州文庙自然景观是城市生态的一个缩影，在满足生态的前提下，起到了美化环境的作用。在当今社会，工业化进程加

郑州文庙的植物"许愿树"

郑州文庙大成门前的植物

快，自然生态的理论更具有现实的意义，人与自然是有机的
一体，更应该禁止借保护文物建筑之机而破坏自然，从而使
得社会真正成为人与自然的和谐统一。

政治生态

所谓政治生态，即能集中反映一个地方政治生活的现状
及其发展环境。政治生态在现实社会中最好的存在方式就是
追寻政治生态平衡，即政治体系与当前社会经济、文化、生
活都能达到一种稳定的状态。可以说，城市的每一处建筑都
有着深深的政治生态印记。文庙作为祭祀孔子的庙宇，无疑
在政治生态上烙印着儒家思想，从春秋战国时期发展到现
在，儒家思想已经渗入到中华民族的血脉之中，表现为"自
律尚仁"的和谐观念、"民为邦本"的亲民观念、"重义轻
利"的道德观念等。

郑州文庙作为传播儒家文化政治生态的一个重要载体，
以及地方"承流宣化"的文教中心，也毫无例外地与政治融
为一体。从多次重修的情况来看，可知凡新任地方官员，到
任后都会前往学宫拜谒圣贤，摆出一副崇儒重教的姿态。如
清乾隆时知州张钺，在其撰写的《文庙重修记》中，称自己
"首谒学宫"，发现文庙"榱桷倾颓，廊庑不饰"后，便筹
划如何修复，于是在他的运作下，"谋得费用六百余金，次
第修葺"①。还有，明清时期增置的"名宦祠"，将廉洁奉
公、勤政为民的官员事迹陈列于内，对后任或后世官员无疑
是一种激励和鞭策。

同时，在郑州文庙内，碑文是研究古代政治文化活动的
最直接的资料，从这里我们可以更好地了解到郑州文庙政治

① 民国《郑县志》卷18《艺
文》。

生态。在《郑州学田记》中记载，"刘子奉命莅郑之三日，祗谒学宫，修故事也"，呈现出"周览庙貌，垣墉朱甍，壮丽之盛"①的场景，奉训大夫刘汝锐到任郑州的首要去处，选择了文庙。此外，在《郑州重修庙学记》中，记载了明万历年间维修郑州文庙的情况，"郡侯俞父母公于戊戌冬来守郑，下车谒庙，一触目即尽然心伤，顾谓学恃诸君曰：兴学广效政之首务"②。可以说，官员为政之地，都十分重视当地文庙的发展，这也与其地方治理使命紧密相连。

尤其在郑州文庙内，名宦祠与乡贤祠的设置更是辅佐教化、服务政治最直接的体现。名宦祠与乡贤祠所祭祀的人物都是与当地有关的，或生于斯，或为官于斯，或教化于斯。诸如，名宦祠供奉的人物卓茂（？—28），在任县令期间大胆改革，废除了很多不合理的规定，整顿社会秩序。更始元年（23年），虽更始帝任命他为侍中祭酒，他却因朝政混乱而毅然告老还乡。光武帝继位后，对他加以重用，任命其为太傅，封褒德侯，食邑二千户，赐给手杖、车马、衣物、丝绵等。乡贤祠供奉的人物子产（？—前522），是春秋时期郑国一位杰出的改革家，他铸刑鼎，即把国家的法律条文铸在鼎上向民众公布，在一定程度上限制了奴隶主贵族的利益；同时在政治上反对强权外交，主张民众自由议政；在社会教化上，他更是以"不毁乡校"而被后人所称颂。还有，乡贤高拱（1513—1578），新郑人，在主持吏部期间极力铲除腐败，主张科贡与进士并用，还提倡各级官府官员的配备；在整顿防务方面也有一套方法，主张高级将领在下级军官中挑选。可见，从郑州文庙的名宦祠与乡贤祠设置初衷来看，无不与政治及儒学教化联系在一起。也正因为与政治的密切融合，使得文庙与政治同命运，大凡文庙颓废或毁坏之时，也

① 嘉靖《郑州志》卷16《艺文》。

② ［明］胡自化：《郑州重修庙学记》，碑刻现存于郑州文庙碑廊之内。

正是政治衰败之时，这从郑州文庙的兴衰史中都可以得到充分的佐证。

人文生态

人文生态是人类生存的精神环境，它在一定程度上彰显着民族文化。换句话说，人文生态孕育于自然生态之中，又依附于自然生态，但是与纯粹的自然生态已经有着本质的区别，主要是指一个国家的成员依据本民族特有的文化，在历史变迁中不断克服自然与社会环境带来的挑战，从而获得归属于本民族自身的人文属性。

从人文的角度来描述郑州文庙的生态，更多的是指文庙本身所蕴藏的几千年来的历史文化传统，带有历史继承性，从生活方式、民间习俗、建筑风格都可以很好地展现出传统文化所带来的人文生态。儒家所提倡的人文精神最突出的特点是对现世的关怀，不注重宗教鬼神，不注重自然科学。如孔子在《论语·雍也》中曾经提到："务民之义，敬鬼神而远之。"儒家文化之所以在漫长的封建社会中始终占据着主流位置，正是由于这种主流的人文生态观念适应社会的发展。从整个社会发展背景来看，秦朝的焚书坑儒对于儒家文化来说毫无疑问是一个沉重的打击。魏晋南北朝时期的玄学冲击，在一定程度上动摇了儒学在世人心目中的地位。唐代佛道盛行，使得儒家道统几经绝灭。五四时期的"打倒孔家店"也再度使得儒家思想陷入绝境，而作为传播儒家思想载体的文庙也遭到严重破坏。

郑州文庙作为文庙的一个缩影，也经历多次荒芜、破坏和修复。但从整体上来看，郑州文庙的人文生态一直是在曲

郑州文庙尊经阁基座上的《程门立雪》石刻

郑州文庙尊经阁基座上的《凿壁偷光》石刻

折地向前发展着，并延续至今。首先是体现在"天人合一"
的伦理思想，将个人伦理与天体宇宙相互贯通，诸如在尊经
阁四周台壁上，刻有"悬梁刺股""程门立雪""凿壁偷
光""目不窥园"等励志故事，以及蔡顺拾桑葚供亲等孝道
故事等。其次体现在儒家人伦道德秩序的稳定上，将"仁义
礼智信"贯穿其中，强调上下尊卑、社会和谐。

郑州文庙人文生态的具体呈现方式，可以分为文庙内部

的人文生态与文庙外部的人文生态。从郑州文庙内部来看，诸如泮池、棂星门、大成门、名宦祠、乡贤祠及其所展现的石刻故事等。泮池除了其本身"官学之意"外，其两端栏板上刻有"二十四孝"以及"吉花圣草"的图案，诸如"鹿乳奉亲""亲尝汤药""芦衣顺母""麒麟吐书""荷花鸳鸯"等图案。"麒麟吐书"在民间风俗中预示着祥瑞的降临，"荷花鸳鸯"则展现出鸳鸯在水面戏水悠然，与宁静的池水形成了鲜明的对比，这些栩栩如生的雕刻画面以及所蕴藏的古代伦理故事，给予世人更好的切身体验。

郑州文庙作为祭祀的场所，其建筑与楹联在形式与内容上都不是随意设计的，显示出儒家的文化内涵。诸如，棂星门象征着孔子为天上星宿下凡，可与施教化、育英才的天镇星相比，这无疑给郑州文庙增添了一些神话色彩。同时，楹联的内容也有着极高的思想境界，棂星门的楹联为"文光萦庙宇春秋在眼莫虚负绿树清风，儒圣重商都仁爱于怀最难忘克己复礼"，名宦祠的楹联为"追圣哲修身皆成显宦，以经纶立世并列名儒"。从这些雕刻楹联来看，展现出孔子"仁义道德"的人文情怀，字里行间流露出对养德修仁的推崇。

从郑州文庙的外部来看，周围有城隍庙、商代城墙，无疑给郑州文庙增加了丰富的人文色彩。城隍庙是保存比较完整的明清古建筑群落，建筑造型比较精致，大殿内外的雕刻也很有特色，刻有人物鸟兽、苍松翠柏等图案。在每年的农历三月十八日都会举行隆重的庙会，届时来自民间的经贸活动与各地名吃汇聚于此。而商代的城墙，更是验证了这一古老城市的存在，在这里曾经挖掘出大型的铜方鼎、青铜器铸造作坊遗址，以及早期的雕刻字骨和陶文符号。文庙周围这些标志性建筑的存在，在一定程度上为郑州文庙人文生态增加了一抹亮色。

　　总之，郑州文庙无论是选址、布局还是生态建构，目的都在于传承儒家文化传统，同时给人们提供一个祭祀孔子的建筑空间，以此来彰显其建筑的价值所在。从古至今，城市建筑空间的形成必须要与一个民族、一个时代的正统文化相匹配。郑州文庙作为地方文庙建筑的代表，其建筑也体现了文化、政治、社会全方位的整合。郑州文庙不仅仅是一个孤立的建筑个体，它与周围万物有着不可分割的联系。从其建立之日起，已经与中国的社会生态及文化传承紧密联系在一起，同时又将其融入现代和谐社会的构建之中，也许这才是成熟建筑的真正体现。

郑州文庙的祀制与礼仪

文庙受祀的人物

文庙祭祀的时日类别与祭品

文庙祭祀的程序

文庙祭祀的费用

祭祀是郑州文庙最为重要的一项活动，有关受祀人物、祭祀日期、祭祀程序、祭祀名目以及所使用的音乐、祭品、服饰等与其他文庙一样均依据国家礼制，体现着国家的意志。所不同的是，郑州文庙先贤祠、名宦祠内所供奉的人物，均与当地治理和籍贯有关，凡在郑州为官政绩突出的或生于斯的知名文人均供奉其中，突出了郑州元素。尤其是通过设置祭祀这一读"无字书"的庄严场景，让阅读"四书五经"之余的郑州学子和普通民众，能置身其中找寻人生的标杆，来感受、接受儒家文化的洗礼，坚定对中国传统文的自信。

　　祭祀起源于原始社会，最初是由人类对自然、祖先的敬畏与崇拜逐渐发展起来的，是华夏文明的一部分。祭祀的对象由三类构成：天神、地祇和人神。据《礼记·祭统》中载："凡治人之道，莫及于礼；礼有五经，莫重于祭。"可见，祭祀在古代礼仪中占据着十分重要的位置，且一直延续至今。诸如：大至文庙祭拜先圣先师，武庙祭拜关公，其他寺庙祭拜众多神灵，小到每个家庭在清明节、中元节、重阳节等祭拜自己的祖先，甚至在特定的时间、特定的地点开展的公祭先祖、英烈等。由此可以看出，祭祀已经成为中国传统文化的经典符号，更多的是人们心中信仰的一种寄托。

　　虽然祭祀的方式、受祀主体有很多种，但文庙的祭祀越来越受到人们的重视。在古代社会，庙的建立有着严格的规定，并不是任何人都有立庙的资格。从现实层面来说，庙的数量与立庙者生前的身份和地位有着很大的关系。据《礼记·王制》记载："天子七庙，诸侯五庙，大夫三庙，士一庙。"除了庙制数量上的差别外，寝庙的房间大小及结构也因等级不同而各有差异。在古代，能达到立庙资格的只是少数人，这也是我们常说的"庶人无庙"。孔子去世后，已经有"庙屋三间"的规格，在此对孔子祭祀，一方面是由于孔子的德行出众，受到人们的敬仰；另一方面则是尊崇孔子，有利于引领良好的社会风俗。所以，尊奉孔子并不是毫无根据的，而是有着很深的文化根源。

文庙最初的祭祀较为简单，在很长的一段时间内，文庙的祭祀都是在曲阜孔庙进行的。汉高祖十二年（前195年），刘邦路经曲阜，用太牢（或称"大牢"）祭祀孔子，所谓太牢包括牛、羊、豕三牲祭品，这在当时是最高规格的祭品，不仅开启了帝王祭孔的先河，且孔子的地位也是从这时候被官方所认可的，后世帝王便纷纷效仿。东汉建武五年（29年），光武帝刘秀派官吏到曲阜祭祀孔子。永平二年（59年），汉明帝下诏"郡、县、道行乡饮酒礼于学校，皆祀圣师周公、孔子，牲以犬"[1]。也就是说，从这个时候开始，各个郡县皆祀周公、孔子，用最高规格的祭品，地方祭孔也自此开始。汉章帝元和二年（85年），用太牢祭祀孔子以及七十二贤人，并作"六代之乐"[2]，这标志着祭孔奏乐之始，也就意味着祭祀孔子制度的进一步完善。舞乐的施行，又赋予了文庙更多的神圣之感。到桓帝永兴元年（153年），祭孔之日被定为春、秋两季，这一祭祀制度延续到民国时期。到唐贞观二年（628年），把孔子列为先圣，文庙祭祀进一步得到完善。到唐贞观四年（630年），皇帝下诏"州县皆作孔子庙"，这一政令的下达，使得文庙渐渐走出了阙里，成为分布最广、影响最大的礼制性庙宇。到元代，统治者对祭祀礼仪更为尊崇，并在官学与儒学传播之间建构了一条密切的通道，"学必有庙"。这样，文庙也不再是一种单纯的祭祀，而

---

① 《后汉书·礼仪上》。
② 所谓"六代之乐"，是指黄帝之《云门大卷》、唐尧之《大咸》、虞舜之《韶》、夏禹之《大夏》、商汤之《大濩》、周武王之《大武》，用于祭祀天地、山川、人神以及祖先等。

是借助对孔子的祭祀进一步巩固统治者的地位。

直到明洪武二十六年（1393年），朝廷专门给孔子颁发了"大成乐"，专门用于祭祀孔子，足以看出官方的重视。成化十三年（1477年），又进一步扩大了祭祀的规模，增加祭孔乐舞为八佾，同时在笾、豆的数量上增加至12个。在清代，顺治皇帝专门举行一年一度的祭孔典礼，祭祀的规格自然也上升为三拜九叩的大礼，祭祀规模也达到了顶峰，称之为"国之大典"。到近当代，文庙祭祀活动虽受到一定的冲击，但民间自发的祭祀活动也依然保留着。直到1984年，曲阜孔庙作为文庙的代表恢复了祭孔典礼，在此之后，其他地区也慢慢开始了祭孔活动，人们逐渐意识到祭孔的文化价值所在。

郑州文庙和全国各地文庙一样，其祭祀的制度、礼仪以及从祀人员的安排都是按照国家定制进行的。如乾隆《郑州志》所载："先王制礼作乐，正民志，宜民和，端本垂型，纳诸轨物也。郑虽褊小，凡胶黉坛庙，祭菜报祈，以及讲射读法，养老燕宾，莫不彬彬具在。有典有则，使循而行之，不即于漓，揖让相先，弦歌继起，风气蒸蒸日上，安见其不可媲美于武城，而动辀轩之采也，志礼乐。"[①]

郑州文庙有一系列较为规范的祭祀礼制，祀奉的人物、祭祀的等级、祭祀的名目，以及在祭祀过程中所使用的祭品、音乐、礼节、祭器等都有严格的规定，遵循基本的规范使其各行其是。事实上，创办文庙或在文庙中祭祀圣人，都不仅仅是自然情感的直接流露，而是试图将这些情感从局限中升华出来，将这种高尚的道德进行智慧地发挥，形成一种典范用以感染世人，使世人能以之为榜样，以达到教化世人的效果。

---

① 乾隆《郑州志》卷5《礼乐志》。

文庙受祀的人物

　　文庙最初用来祭祀孔子，其弟子依孔宅而设祠，开启了文庙祭祀文化。随着统治阶级对儒家思想的重视以及儒家文化自身影响力的不断提升，祭祀的人物也在不断增多。除了祭祀孔子，还包括四配、十二哲、先贤、先儒、乡贤、名宦以及孔子的先辈等，形成了一个庞大的受祭群体，这几乎是天下所有文庙的惯例。祭祀孔子是为了尊崇其思想，而祭祀孔子以外的后儒则是为了延续儒家道统，使儒家思想能够渊源不断地传承下去。宋儒张载所提倡的"为天地立心，为生民立命，为往圣继绝学，为万世开太平"，就是要使儒家这一"绝学"不能中断，而祭祀就是一种能够让这种"绝学"继续传承下去的重要方式。祭祀在表达对孔子的崇敬之外，更是让后人铭记传承孔子所提倡的优秀文化，是让世人感受主流文化的价值所在，这也是孔庙祭祀能够延续下来的主要原因。

大成殿的奉祀

郑州文庙主祀孔子，其他人物均为配享、从祀。这样，孔子自然是文庙中最灵魂、最核心的人物，所谓"天无二日，民无二王。宣尼以素王褒贬之笔，而代天子命计之柄，所以撑持世运而享祭万祀者"[①]。

孔子被供奉于大成殿的正中央，坐北朝南，从供奉位置可以看出孔子举足轻重的地位。不同的朝代对孔子的称号不尽相同，从这里我们也能看出人们对孔子的尊崇，"尼父"是孔子逝世后最先获得的官方称谓。除外，孔子还有"圣人""素王""大成至圣文宣王""大成至圣先师""万世师表"等多种赞誉。但孔子也是现实中的人物，不乏有"孔丘""孔老二"等普通称谓，这样也更好地赋予了孔子活的化身，展现出一个真实的孔子。现在悬挂于孔子雕像上方的依然是康熙皇帝亲题的"万世师表"金字匾额。

大成殿除主祀孔子外，还逐渐形成了四配、十二哲等完整的配享、从享体系。按照尊卑有序，分布在大成殿孔子像左右两侧，排列的顺序也是根据与孔子的亲疏关系以及对儒学的贡献来决定的。

---

① 乾隆《郑州志》卷10《艺文志》。

郑州文庙大成殿内的孔子像

郑州文庙研究

大成至圣先师孔子			
东配二圣		西配二圣	
复圣颜子	颜回，孔子弟子	宗圣曾子	曾参，孔子弟子
述圣子思	孔伋，孔子之孙，曾子之弟子	亚圣孟子	子思门人之弟子
东侧六先贤		西侧六先贤	
闵子	闵损，即子骞，孔子弟子	冉子	冉耕，即伯牛，孔子弟子
冉子	冉求，即子有，孔子弟子	宰子	宰予，即子我或宰我，孔子弟子
端木子	端木赐，即子贡，孔子弟子	冉子	冉雍，即仲弓，孔子弟子
仲子	仲由，即子路，孔子弟子	言子	言偃，即子由，孔子弟子
卜子	卜商，即子夏，孔子弟子	颛孙子	颛孙师，即子张，孔子弟子
有子	有若，孔子弟子	朱子	朱熹，南宋哲学家、教育家

（表据：民国《郑县志》卷5《礼乐志》整理。）

四配是文庙陪祀的第一个等级，分列于孔子像的左右两侧，左侧是宗圣曾子、亚圣孟子，右侧是述圣子思子、复圣颜子。此四人在祭祀等级中属于配享，从配享的地位来看，依次是颜子、曾子、子思、孟子。

颜子，即颜回，因字子渊，又称颜渊。他是孔子七十二弟子中最为得意的弟子，从孔子作主祀之日起已经成为配享，被后世称之为"复圣"。因颜回自身的道德修行比较突出，从汉代起就被列为七十二贤之首，也是在这时颜回的影响力开始凸显。汉明帝、章帝、安帝祭祀孔子时，都是以

大成殿内颜回与子思像   大成殿内孟子与曾子像

七十二弟子从祀。随着颜回学识品性逐渐被人们所认可，到了汉顺帝后，只颜回一人配享，这是对颜回认可度最有力的佐证。虽然发展到唐代，颜回不再独享配祀，但是作为配祀中的第一人是无人可取代的。

有"上承孔子之道，下开子思、孟子学派"之称的曾子，以仁孝而出名，但在孔门七十二弟子中地位原本不是很高，一直到颜回配享孔子之后才升为"十哲"之一。唐高宗时，太子李弘提议将曾子与颜回一起行释奠礼，最终在唐睿宗太极元年（712年），曾子与颜回配享于孔子庙，这是把曾参作为配享之始。曾子在文庙之所以有很高的赞誉，除其德行外，更多的是被后人广为传诵的"修身、齐家、治国、平天下"的宏大理念，故被后世尊称为"宗圣"。

子思，即孔伋，孔子之孙，孔鲤之子，其学术尤为突出，最有名的是编写《中庸》一书，与《论语》《大学》

《孟子》合称为"四书"，故在传统文化中占据十分重要的地位。在宋徽宗时，子思才列为从祀贤人。宋度宗咸淳三年（1267年），子思开始进入配享的行列。

孟子，即孟轲，山东邹县人，其地位在唐以前不是很高，韩愈却把孟子称之为先秦儒家中唯一继承孔子"道统"的人物，自此之后，孟子的地位逐渐上升。宋神宗元丰七年（1084年），孟子进入配享之列，被后世尊称为"亚圣"。

十二哲是孔庙陪祀的第二个等级，在大成殿内列于四配之后，相向而对。在这十二哲中，除了朱熹是南宋理学大师之外，其余均为孔子的弟子。起初，配享是由"十哲"组成，"十哲"的由来出自《论语·先进》，书中记载："德行：颜渊、闵子骞、冉伯牛、仲弓；言语：宰我、子贡；政事：冉有、季路；文学：子游、子夏。"这十人是孔门中最为优秀的弟子，是从三千弟子、七十二贤人中脱颖而出的，且在德行、言语、政事及文学上尤为突出。在唐开元八年（720年）时，唐玄宗李隆基发布诏令，在祭祀孔子时让这十人配享，"十哲"的选定也就源于此。自唐代之后，"十哲"的地位被官方所认可，虽然四配跃居于殿前，但是"十哲"仍居其后。

在这十人中，颜回位列首位，在孔子作为主祀时，颜回就已经配祀其右，其他九人无此机会。虽然在开元八年（720年），十人均列于从祀的地位，给颜回的封号与其九人有所区别。一直到宋理宗端平二年（1235年），又把子思升于十哲之内，这时人数已经变为十一人。但是，到度宗咸淳三年（1267年），曾参、子思两人又升为配享，把孔子的弟子子张作为替补列为十哲之内；同年，颜回升为"四配"之首，这就意味着颜回脱离了"十哲"之列。这时，子张自然补进十哲之列。清康熙五十一年（1712年），增祀宋代理学大师朱熹为"十一哲"，这也开启了文庙祭祀人物除孔门弟子之外的先河，虽然是特例，但朱熹所集大成的理学，被元代以后的各个朝代用来理国治世，对整个国家的思想文化产生了深刻的影响。清乾隆三年（1738年），有若增补为第十二哲。在《论语》一书中，只有曾参与有若两人被尊称为"子"，甚至在孔子逝世后，一度被孔子弟子推举为"先师"。且在有若去世后，鲁悼公曾对其吊念志哀。由此可见有若的名望非同一般，入祀文庙也名副其实。至此，"十二哲"的人员经过数个朝代更替变换而趋于稳定。

东西两庑的奉祀

在文庙的从祀等级中，先贤、先儒是位居于四配、十二哲之后的，分别为第三等级、第四等级，从祀人员的数量也较为庞大。先贤先儒奉祀在大成殿之外东西两侧的厢房内，一般我们称之为东西两庑，先贤先儒都是在当时有影响力的社会文人，其中先贤主要是指孔子及其门人的弟子，先儒主要是指对儒家学说有杰出贡献的学者。据民国《郑县志·凡例》载：

> 化民成俗，礼乐为先。祀天祀孔乐章祭器，颁修明备，故首列之，而余以次及。若孔庙两庑，诸先贤先儒，天下大同，后世学古者希，竟有不能举其姓字者。余自燕赵归来，晋谒圣庙，见木主且有缺焉，兹据河南省长所颁，备考成案，详列姓氏属籍，以为文人一助。嗣后如有缺漏，希即随时绩入云。

　　从记载中可以看出，文庙的东西两庑祀奉人员的选定，都有着一定的标准，只要符合一定的标准，都会通过一定的程序，使之实至名归。

郑州文庙东庑、西庑供祀人物一览表

东庑先贤					
姓名	时代	从祀时间	姓名	时代	从祀时间
公孙侨	东周	清咸丰七年（1857年）	左人郢	东周	唐开元八年（720年）
林放	东周	宋初	郑国	东周	唐开元八年（720年）
原宪	东周	唐开元八年（720年）	原亢	东周	唐开元八年（720年）
南宫绦	东周	唐开元八年（720年）	廉洁	东周	唐开元八年（720年）
荣旗	东周	唐开元八年（720年）	叔仲会	东周	唐开元八年（720年）
商瞿	东周	唐开元八年（720年）	公西舆如	东周	唐开元八年（720年）
漆雕开	东周	唐开元八年（720年）	封巽	东周	唐开元八年（720年）
司马耕	东周	唐开元八年（720年）	陈亢	东周	宋初
梁鳣	东周	唐开元八年（720年）	琴张	东周	宋初
冉儒	东周	唐开元八年（720年）	步叔乘	东周	唐开元八年（720年）
伯虔	东周	唐开元八年（720年）	秦非	东周	唐开元八年（720年）
冉季	东周	唐开元八年（720年）	颜哙	东周	唐开元八年（720年）

东庑先贤					
姓名	时代	从祀时间	姓名	时代	从祀时间
漆雕徒父	东周	唐开元八年（720年）	颜何	东周	唐开元八年（720年）
漆雕哆	东周	唐开元八年（720年）	县亶	东周	清雍正二年（1724年）
公西赤	东周	唐开元八年（720年）	牧皮	东周	清雍正二年（1724年）
任不齐	东周	唐开元八年（720年）	乐正克	东周	清雍正二年（1724年）
公良儒	东周	唐开元八年（720年）	万章	东周	清雍正二年（1724年）
公肩定	东周	唐开元八年（720年）	周敦颐	宋	明崇祯十五年（1642年）
邬单	东周	唐开元八年（720年）	程颢	宋	明崇祯十五年（1642年）
罕父黑	东周	唐开元八年（720年）	邵雍	宋	明崇祯十五年（1642年）
西庑先贤					
姓名	时代	从祀时间	姓名	时代	从祀时间
蘧瑗	东周	清咸丰七年（1857年）	句井疆	东周	唐开元八年（720年）
澹台灭明	东周	宋初	秦祖	东周	唐开元八年（720年）
宓不齐	东周	唐开元八年（720年）	秦祖	东周	唐开元二十七年（739年）
公冶长	东周	唐开元八年（720年）	县成	东周	唐开元八年（720年）
公皙哀	东周	唐开元八年（720年）	公祖句	东周	唐开元八年（720年）
高柴	东周	唐开元八年（720年）	燕伋	东周	唐开元八年（720年）

西庑先贤					
姓名	时代	从祀时间	姓名	时代	从祀时间
樊须	东周	唐开元八年（720年）	乐咳	东周	唐开元八年（720年）
商泽	东周	唐开元八年（720年）	狄黑	东周	唐开元八年（720年）
巫马施	东周	唐开元八年（720年）	孔忠	东周	唐开元八年（720年）
颜辛	东周	唐开元八年（720年）	公西蒇	东周	唐开元八年（720年）
曹恤	东周	唐开元八年（720年）	颜子仆	东周	唐开元八年（720年）
公孙龙	东周	唐开元八年（720年）	施之常	东周	唐开元八年（720年）
秦商	东周	唐开元八年（720年）	申枨	东周	宋初
颜高	东周	唐开元八年（720年）	左丘明	东周	明崇祯十五年（1642年）
壤驷赤	东周	唐开元八年（720年）	秦冉	东周	唐开元八年（720年）
石作蜀	东周	唐开元八年（720年）	公明仪	东周	清咸丰三年（1853年）
公夏首	东周	唐开元八年（720年）	公都子	东周	清雍正二年（1724年）
后处	东周	唐开元八年（720年）	公孙丑	东周	清雍正二年（1724年）
奚容蒇	东周	唐开元八年（720年）	张载	宋	明崇祯十五年（1642年）
颜祖	东周	唐开元八年（720年）	程颐	宋	明崇祯十五年（1642年）
句井疆	东周	唐开元二十七年（739年）			

东庑先儒					
姓名	时代	从祀时间	姓名	时代	从祀时间
公羊高	东周	唐贞观二十一年（647年）	何基	宋	清雍正二年（1724年）
伏胜	汉	唐贞观二十一年（647年）	谢良佐	宋	清道光三年（1823年）
毛亨	汉	清同治二年（1863年）	文天祥	宋	清道光二十三年（1843年）
孔安国	汉	唐贞观二十一年（647年）	王柏	宋	清道光二十二年（1843年）
毛苌	汉	唐贞观二十一年（647年）	黄榦	宋	清雍正二年（1724年）
杜子春	汉	唐贞观二十一年（647年）	刘因	元	清宣统二年（1910年）
郑玄	汉	唐贞观二十一年（647年）	陈澔	元	清宣统二年（1910年）
诸葛亮	三国	清雍正二年（1724年）	方孝孺	明	清同治二年（1863年）
王通	隋	明嘉靖九年（1530年）	薛瑄	明	明隆庆五年（1571年）
韩愈	唐	宋元丰七年（1084年）	胡居仁	明	明万历十二年（1584年）
胡瑗	宋	明嘉靖九年（1530年）	罗钦顺	明	清雍正二年（1724年）
韩琦	宋	清咸丰二年（1852年）	吕枏	明	清同治二年（1863年）
辅广	宋	清光绪三年（1877年）	刘宗周	明	清道光七年（1827年）
杨时	宋	元至正十九年（1359年）	孙奇逢	明	清道光七年（1827年）
尹焞	宋	清雍正二年（1724年）	黄宗羲	清	清光绪三十四年（1908年）

续表

东庑先儒					
姓名	时代	从祀时间	姓名	时代	从祀时间
胡安国	宋	明正统二年（1437年）	张履祥	清	清同治十年（1871年）
李侗	宋	明万历四十一年（1613年）	陆陇其	清	清雍正二年（1724年）
吕祖谦	宋	宋景定二年（1261年）	汤斌	清	清道光三年（1823年）
袁燮	宋	清同治二年（1863年）	张伯行	清	清道光三年（1823年）
西庑先儒					
姓名	时代	从祀时间	姓名	时代	从祀时间
穀梁赤	东周	唐贞观二十一年（647年）	魏了翁	宋	清雍正二年（1724年）
高堂生	汉	唐贞观二十一年（647年）	真德秀	宋	明正统二年（1437年）
董仲舒	汉	元至顺元年（1330年）	陆秀夫	宋	清咸丰九年（1859年）
刘德	汉	清光绪二年（1876年）	蔡沈	宋	明正统二年（1437年）
后苍	汉	明嘉靖九年（1530年）	赵复	元	清雍正二年（1724年）
许慎	汉	清光绪元年（1875年）	金履祥	元	清雍正二年（1724年）
赵岐	汉	清宣统二年（1910年）	许衡	元	元皇庆二年（1313年）
范宁	晋	唐贞观二十一年（647年）	吴澄	元	清乾隆二年（1737年）
陆贽	唐	清道光六年（1826年）	许谦	元	清雍正二年（1724年）
范仲淹	宋	清康熙五十四年（1715年）	曹端	明	清咸丰十年（1860年）

西庑先儒					
姓名	时代	从祀时间	姓名	时代	从祀时间
欧阳修	宋	明嘉靖九年（1530年）	陈献章	明	明万历十二年（1584年）
司马光	宋	宋咸淳三年（1267年）	蔡清	明	清雍正二年（1724年）
吕大临	宋	清光绪二十一年（1895年）	王守仁	明	明万历十二年（1584年）
游酢	宋	清光绪十八年（1892年）	吕坤	明	清道光六年（1826年）
罗从彦	宋	明万历四十一年（1613年）	黄道周	明	清道光五年（1825年）
李纲	宋	清咸丰元年（1851年）	陆世仪	清	清光绪元年（1875年）
张栻	宋	宋景定二年（1261年）	顾炎武	清	清光绪三十四年（1908年）
陆九渊	宋	明嘉靖九年（1530年）	王夫之	清	清光绪三十四年（1908年）
陈淳	宋	清雍正二年（1724年）			

（表据：民国《郑县志》卷5《礼乐志》，董喜宁《孔庙祭祀研究》，中国社会科学出版社2014年版，第209—211页。）

从上述民国《郑县志》所载，可以看出郑州文庙东西两庑奉祀先贤共计79人、奉祀先儒共计75人，比起四配、十二哲相对大众化些，但并不意味着入选资格的放低。虽然历朝历代贤儒进退经常飘忽不定，时常罢祀、入祀，但所当选者无论是孔门子弟或诸儒，首先不能引起公议，其次先贤者须以明道修德为主，先儒者须以传经授业为主。先贤作为受祀文庙的第三等级，开始于东汉，汉明帝祭祀孔门七十二弟子，但在当时并没有延续下去。到唐开元二十七年（739年），其他弟子位于十哲之下从祀，先贤的从祀地位才逐渐确定下来。先儒作为受祀文庙的第四等级，始自唐贞观二十一年（647年），最初由唐太宗命左丘明、公羊高、伏胜等22人，在每年的太学祭祀时将其作为文庙的配享，其地位在先贤之后，此后人数不断增加和更换。可以说，各个朝代对于先贤先儒的去留争论不断，但毋庸置疑的是，所供奉的人物显示了各个时期对于儒家文化的态度以及社会的政治动向。

乡贤祠及名宦祠的奉祀

在郑州文庙的整个布局中，名宦祠、乡贤祠位于泮池的北部，名宦祠内祭祀的是在当地有政绩的官员，而乡贤祠内则是祭祀当地对儒家学说有突出贡献的文人。这些受祀的官员和文人履历，都被刻在室内的墙壁和屏风上，以彰显其事迹和贡献，供后人学习瞻仰。

乡贤祠			
姓名	主要事迹	姓名	主要事迹
韦思谦	唐朝三品丞相	乔亮	贵州清平卫教授
韦嗣立	唐参知政事	李国瑞	清江苏淮阳兵备道
韦承庆	唐同平章事	胡培元	举人，宁陵县训导
李日知	唐丞相	李常华	江苏常州通海道
裴度	唐丞相	魏文翰	进士，高唐知州
李及	宋代御史中丞	刘培之	敕封承德郎

乡贤祠			
姓名	主要事迹	姓名	主要事迹
王德用	宋枢密使	罗起凤	举人，临颍县训导
王彰	明资政大夫	马汝骏	训导
冯广	进士，监察御史	罗执桓	恩贡
陈纪	翰林院检讨	李师百	凤翔府知府
邢恭	明翰林院编修	张庆发	举人
毛文炳	清府学教授	张应辰	临漳县训导
弓省矩	明中书舍人	王国柱	平凉府教授
张鸿勋	知州	宋醇儒	候选训导
刘得寿	举人	程庆	苏州府训导
阴化阳	举人	孟学孔	清进士
刘体智	宜君县知县	陈一太	进士
弓盖	安定县训导	赵翀	苏州知州
魏尚贤	进士	赵耀奎	泉州府同知
卢琚	德州知州	李敬勤	青州府知府
李思孝	山阳县知县	于世恩	高邑县知县
名宦祠			
姓名	主要事迹	姓名	主要事迹
罕虎	郑大夫	张奋	监生
公孙侨	郑大夫	凌贤	举人
游吉	郑大夫	裴俊	训导
裨谌	郑大夫	潘岳	训导
公孙挥	郑大夫	郭明郁	训导
考叔	郑大夫	夏思齐	

续表

名宦祠			
姓名	主要事迹	姓名	主要事迹
烛之武	郑大夫	林厚	进士
郎基	郑州刺史	史彬	进士
陆贽	监察御史	余靖	监生
狄兼谟	郑州刺史	赵仲寿	监生
柳仲郢	郑州刺史	姚旭	谪判
王彦章	郑州防御史	沈衡	举人
王旦	州通判	洪宽	举人
祖无择	龙图阁学士	聂濂	吏员
宋祁	翰林学士	郭宏	举人
宋庠	枢密使判州	林文奎	举人
富弼	司空侍中平章事	萧渊	进士
陈尧佐	平章事	陈禹谟	举人
曾公亮	端明殿学士	俞乔	举人
杨绘	御史中丞	王弘祖	进士
王岩叟	知州	贾性愚	岁贡
郑雍	知州	鲁世任	举人
梁适	知州	韩晟	贡生
章卫	知州	李荫祖	总督直隶
黄廷佐	知州	朱昌祚	都察
蒲理翰	外籍进士，知州	何锡爵	知府
刘永祚	知州	孙敏	工部尚书
刘可任	知州	苏璃	南安知府

（表据：民国《郑县志》卷10《人物志》。）

可以说，乡贤祠中奉祀的每一位人物都有一定的才学、功德，理应受到人们的尊崇。如民国《郑县志》对魏文翰事迹的记载，可以让我们更加清楚直观地明白这些人为治理地方所展现出来的才智与品格，被列入乡贤祠也是实至名归的。史称：

> 魏文翰，世居东街。明魏忠烈公十世孙也。性纯孝，长通经史，慕孔孟成仁取义之训，喟然曰："临难而苟免，非人也。"道光八年戊子举乡试，十五年乙未成进士，以知县分发湖北，补黄梅，署郧县。到县一载，民歌颂之。闻讣，丁母忧，接丁艰，辍粥七日，哀毁成疾。服阕，授山东曹州府郓城县。郓城民俗强悍，莽葭多盗。公亲出严拿，闾阎安堵如故。二十七年，发逆过境，公带兵勇战，剿抚兼施，旋得朝命以知州升用。二十八年，调署阳谷。三十年，任高唐州。高唐为东昌要路，山东咽喉，承平日久，民不知兵。发逆渡河，州县望风瓦解。州城残破，守御为难。公进军民而申儆之，曰："官任守土，效死勿去，忠臣事君，有死勿贰。"①

关于名宦的生平史实，地方志中有不同程度的记载，同那些乡贤一样受到世人的推崇。如民国《郑县志》中有对鲁世任担任郑州知事时为民除害、舍生取义事迹的描述，称其：

> 山西垣曲举人，崇祯十年知郑州事。时闻流寇猖獗，率乡绅父老，砌城以砖，贼数攻不能破。又五年，

① 民国《郑县志》卷10《人物志》。

贼复薄郑，居民望风远遁。公率士民之未去者坚拒之，及东门，守闾者开门揖贼。闻变仰天号泣曰："封疆已失，何以生为！"拔剑自刎。百姓不忍，夺刀掷地，拥之去，抵黄河，投身激流，数十辈力为救援。复不获死。因寄居原武县。郑之原武渡河者，公分别之，俟其家人领收，各得完聚。旋移至河南花园者，时土寇蜂起，倚山傍谷为害甚。公招集力士擒获，立毙于法。越明年，流寇自南而北，大河一带，连营百里。公复北渡，谋守河朔，夜遇贼于途，执而系之舟。以公清正，不忍加兵，欲授一官。公挺身不屈曰："破之日，已誓一死。事已至此，死复何憾！"城贼怒，杀而投诸河。

郑州文庙内乡贤杜甫和名宦童宽像（图片来源：郑州市商城遗址保管处编《郑州文庙》，科学出版社2015年版）

2006年重修之后的郑州文庙乡贤祠、名宦祠内，分别供奉着15位有代表性人物的木主造型。

郑州文庙木主造型一览表

木主乡贤			木主名宦		
姓名	人物户籍	主要成就	姓名	人物户籍	主要成就
子产	郑人	郑相	颍考叔	郑人	官史
列子	郑国圃田人	隐居郑国40年	卓茂	南阳郡宛县人	县令
申不害	郑国京邑人	韩相	李商隐	怀州河内人	刺史
韩非	韩人	法家集大成者	柳仲郢	京兆华原人	河南尹
郑国	韩人	水利家	宋庠	安陆人	枢密史
嵇含	晋亳人	植物学家	宋祁	安陆人	龙图阁学士
白居易	新郑城西东郭宅人	河南尹	富弼	洛阳人	枢密副使
杜甫	巩义站街南瑶湾人	检校工部员外郎	陈尧佐	阆州阆中人	翰林学士
郑虔	荥阳人	左监门录事参军	曾公亮	泉州晋江人	县令
李诫	郑州管城县小乔人	县尉	郭守敬	顺德府邢台人	太史令
许衡	河内人	国子祭酒	贾鲁	河东高平人	监察御史
史可法	河南祥符县后史庄人	太子太保	刘永祚	洛阳人	知州
高拱	新郑人	文渊阁大学士	刘可任	宣德府人	知州
景日昣	登封大冶人	知县	黄庭佐	东昌人	知州
耿介	登封人	检讨	童宽	浙江人	知州

（表据：郑州市商城遗址保护管理处编《郑州文庙》，科学出版社2015年版。）

郑州文庙研究

总之，在文庙设乡贤祠和名宦祠，让当地的乡贤、名宦同孔子一起享受祭祀，虽然不能与孔子等同视之，但其地位也是不容小觑的。我们可以看出，与四配、十哲相比较，乡贤祠、名宦祠奉祀的都是对当地社会治理、文教发展方面颇有影响的人，或者是在本地出生而为官他乡，政绩或学术贡献颇大，足以让家乡父老引以自豪者。虽然在选择入祀人员时，可能会受到政治环境、生活背景以及个人见识等因素的影响，但所入祀者都必须是文行兼备、名副其实，在道德、治学、政事上有突出贡献，且能成为世人标杆的人才能入祀，以供世人祭拜和学习。

启圣祠的奉祀

在郑州文庙的享祭者中，除四配、十二哲、先贤、先儒外，还有追祀人员被供奉于启圣祠即崇圣祠内，主要祭祀孔子先祖及四配的父辈。

郑州文庙启圣祠供祀人物一览表

启圣祠			
主要受祀者		主要受祀者	
叔梁公	封启圣王，孔子之父	颜无繇	颜回之父
伯夏公	封昌圣王，孔子之祖	曾点	曾参之父
防叔公	封诒圣王，孔子曾祖	孔鲤	子思之父
祁父公	封裕圣王，孔子高祖	孟孙激	孟轲之父
木金父	封肇圣王，孔子五世祖		

启圣祠				
东庑祀奉			西庑祀奉	
周辅成	周敦颐之父		张迪	张载之父
程珦	程颢、程颐之父		朱松	朱熹之父
蔡元定	蔡沈之父			

表据：民国《郑县志》卷5《礼乐志》。

　　中国自古以来就讲究"长幼尊卑有序"，而儒家又是这一理念的倡导者，所以设立启圣祠的初衷就是为了解决这一问题，防止"尊卑失序""子处父上，父处子下"的位序冲突，以此来维护传统的宗法秩序。

　　从郑州文庙祭祀的所有人物来看，从主祀孔子，到从祀先哲先贤先儒，从东汉时的奉祀孔门七十二弟子，到民国时期增置172人，都是儒家学派的著名人物以及在德行方面有突出贡献的人。从所列的名字来看，几乎涵盖了中国各个朝代的文化精英，是中国传统文化的领军人物，如将他们的事迹整合起来，就是一部华夏民族的文化史或思想史。

文庙祭祀的时日
类别与祭品

对文庙中所供奉的人物，政府往往会在一年当中的某一个节点陈设祭品来进行祭祀活动，以此来增强民众的文化认同与自信，增强民众的凝聚力，以求社会与家庭的稳定及和谐。

祭祀时日及类别

文庙祭祀的种类很多，祭祀的时间也不尽相同，彰显出祭祀的丰富多样性，同时也反映出民众对文庙发展的一种厚望。

和其他文庙一样，郑州文庙最为重要的祭祀活动就是丁祀。据民国《郑县志》载："每岁春秋上丁日，致祭正殿至圣先师孔子神位。"[1]春秋丁祀是指春秋两季在农历的二月和八月举行的祭孔活动，最早始于唐贞观二十一年（647年），唐太宗亲自下令丁祭，从此便固定下来。

诞辰祭最初有世俗庆祝之意，在上层社会逐渐流行，后

---

① 民国《郑县志》卷5《礼乐志》。

来才运用到孔子祭祀之中。孔子的诞辰祭在雍正时开始受到重视，所谓"圣祖仁皇帝圣诞，旧例禁止屠宰。至圣先师孔子，师表万世，圣诞日亦应虔诚致祭。朕惟君师功德，恩被亿载，普天率土，尊亲之戴，永永不忘，而于诞日，尤当加谨，以展恪恭思慕之忱，非以佛诞为比拟也"[①]。于是，开始在孔子诞辰日这一天，在全国各地文庙举行祭孔活动，一般公认的祭孔日是每年公历的9月28日。而在1934年，由国民政府颁布的《先师孔子诞辰纪念办法》中，规定农历八月二十七日为孔子的诞辰日，要求在这一天全国各地开展祭孔活动。孔子确切的诞辰是在哪一天至今仍有争议，成为确定祭祀日期的一大难题。在2010年世界儒学大会上，长期从事非物质文化遗产研究的民俗学者王霄冰针对这一难题发表了自己的看法，提出"对于祭祀日期的选择，也可做进一步的探讨，以摸索出一套既符合传统又切合实际的当代祭孔方式"[②]。

郑州文庙修复后的第一年，就在9月28日这一天举办了祭孔大典，此后每年都举办一次，且与教师节以及重要的颁奖活动联系在一起，仪式隆重而又盛大，显示出教育界及广大民众对这一节日的期望，以及参与的激情与热情。

除此之外，文庙祭祀依据其祭祀的时间、礼仪的简易程度以及祭祀目的，还可以划分不同的名目，如释奠、释菜、行香、告祭等。这些祭祀的种类，并不是从文庙建立之日起就已设立，有的是从古代流传下来的，有的是后世慢慢兴起的，在推行的过程中形成一种惯例，也就是我们常说的因时设礼和因事设祭。历经各个朝代之后，出现了种类多样的祭孔名目，既反映出世人祭孔形式的多样性，也说明儒家思想作为社会的主流思想已深入人心。

① 《钦定大清会典则例》卷82。
② 王霄冰：《孔子庙祀期考》，载《第三届世界儒学大会学术论文集》，文化艺术出版社2011年版，第473页。

郑州文庙祭孔仪式（图片来源：2018年9月28日《河南日报》客户端）

释奠礼最早见于《礼记·文王世子》所载："凡学，春官释奠于其先师，秋冬亦如之。凡始立学者，必释奠于先圣先师。"这里的先圣先师并不是指孔子，而是指在文化教育领域有突出贡献之人，通过这种方式来对民众进行教化训导。释奠与释菜最大的区别，除祭品的丰富性有所不同外，还体现在释奠有乐而释菜无乐。在祭品的摆放上二者也有所区别，"释菜惟释苹藻而已，无牲牢，无币帛"[1]。宋代学者欧阳修也曾对二者作过比较，说："释奠有乐无尸；而释菜无乐，则其又略也。"[2]可以说，释奠在文庙祭祀中规格最高，是最具代表性的祭祀活动，历代对此尤为重视。最初的释奠礼每年只设秋季一次，后来改为每年春秋两次。后齐

[1]《礼记·文王世子》。
[2] [宋]欧阳修：《文忠集》卷39《居士集》。

时，每月朔日即初一日，国子祭酒要带着博士及国子诸生到大成殿，对孔子参拜祭祀。后来，世人又在孔子诞辰这一天即阴历八月二十七日举行大祭，祭祀场景尤为隆重。唐开元二十一年（733年），曾诏命刺史、县令主祀孔子，并且按照朝廷规定的祭祀制度颁发"明衣"，这一举措无疑显示出统治者对文庙祭孔的高度关注。唐代的释奠礼还有一个特点，就是不仅有雅乐之音，而且还伴有京兆府供食以及教坊杂乐助唱，以表示对孔子尊重之意。这一举措一直延续到宋朝。也是在唐代，将释奠确立为区别于天神、地祇、人鬼之外的祭祀之礼，如《太平御览·职官部》所称："凡祭祀之名有四：一曰祀天神，二曰祭地祇，三曰享人鬼，四曰释奠于先圣先师。"①这等于是给释奠礼以独立的身份。到了宋代崇宁四年（1105年），朝廷专门制定祭服制度，并将这一制度颁发给各个州县，规定各州县在祭祀孔子时一律用"法服"行礼，再次提高了祭孔的规格。到元至元四年（1267年），朝廷要求在释奠礼时，各执事官依照品序公服进行配位。清康熙四十九年（1710年），规定在当地文庙释奠时，直省同城的武职官员按照文职官员制度一律到文庙行礼。从这里可以看出，释奠有一定严格的程序，不愧为祭祀先圣先师的一种大型礼仪。

在文庙祭祀中，还有一种朔望礼仪，指的是在每月的初一、十五两日，在校师生需要到文庙去祭拜先师，这种祭祀的方式分为两种：一种为释菜，另一种则为行香，二者也是有一定区别的。从祭祀的时间上来看，一般情况下是月朔举行释菜礼，即农历的每月初一这一天来祭祀孔子，月望则举行行香礼。但彼此界限并不是很严格，有时候行香礼会在每月的初一、十五两天举行。而在清顺治元年（1644年），将

①［北宋］李昉：《太平御览》卷16《职官部》。

郑州文庙研究

文庙上香时日改为每月一次。我们可以看出，随着历史的变迁，朔望祭祀的时日也没有太严格的规定。

所谓告祭，是指国家遇到重大事件时，皇帝会派遣官员到文庙行礼祈福，以寻求先圣先师的保佑，地方官员也会到所辖文庙里进行祈愿。祭祀时日也不确定，同样可分为两种：一是遣祭；二是遣告。遣祭只是单纯地例行祭祀，最早可追溯到东汉，如在建武五年（29年），光武帝刘秀经过阙里，即派遣大司空去祭拜孔子，此后逐渐程序化。而遣告，是指每逢国家遭遇重大事件时，便遣人前往祭拜孔子。随着遣祭、遣告次数的增多，彼此之间也渐渐消除了本质上的区别。

在文庙祭祀中，还有一种重要的祭祀就是献功，献功由来时间较晚，可说是清代的首创，如有重大喜庆之事，会将御制的碑刻立于文庙之内，即献功文庙以彰显功德。在进行献功时，有清一代如康熙、乾隆都不是亲自去文庙祭祀，而是遣官致祭，只有道光皇帝亲临文庙。在郑州文庙内立有乾隆二十四年（1759年）的《御制平定回部告成太学碑文》、乾隆二十五年（1760年）的《御制平定准噶尔告成太学碑文》等就是献功的有力证明。

众多的祭祀名目，因为不同的祭祀缘由，上至帝王下至百姓都到文庙祭拜孔子，以表达敬仰与怀念之情，这也符合孔子生前所提倡的"生，事之以礼；死，葬之以礼，祭之以礼"的礼制要求。随着民众对祭祀这一传统文化的认同，无论是祭祀的时间还是名目越来越规范。在中国重要的传统节日里，仍带着虔诚的心去祭拜先祖，缅怀追思，这本身就是一种文化和正能量。何况，我们在日常生活中也在追寻一种仪式感，而文庙通过这种祭祀活动来深化民众的文化信仰，让儒家思想更好地驻足在民众心中，让优秀文化得以传承，这才是文庙祭祀充满生命力的关键所在。

祭器及祭品

祭祀使用的工具即祭器则是不可缺少的物件，郑州文庙亦仿效曲阜孔庙等，祭祀时的祭器一应俱全。对此，康熙《郑州志》所载甚详，包括：爵、铏、笾、豆、牲盘、毛血碟、馔盘、供案、香鼎、花瓶、烛台、烛檠、太尊、云雷尊、牺尊、象尊、壶尊、供尊案、祝版、献尊案、福爵、胙盘、罍、洗、罍洗案、盥盆、燎炉、畢、茅沙池、高照灯、吊灯、庭燎、路灯、燎义、瘗锹、斋牌、戒牌、誓牌、宿牌、班位牌、昭穆牌、拜席。除此之外，还包括各种乐器，诸如：编钟十六枚、编磬十六枚、琴二张、瑟二张、箫二管、笛二管、排箫二件、笙二攒、埙二个、篪二管、大鼓一面、搏拊鼓一面、柷一座、敔一座、麾幡二杆、旌节二杆、龙翟六十四柄、籥三十六管、凤箫二座、楹鼓一座、应鼓一座等。①

祭品同样是不可缺少的物品。孔子去世之日至汉初，期间两百年的时间，史书对祭品没有详细记载。自汉高祖刘邦开始用"太牢"（牛、羊、豕）来祭祀孔子，祭品制度也逐渐走向完善。既然帝王祭孔使用太牢，而地方学庙祭孔的规格则必然要低于太牢，即为"少牢"（羊、豕）。祭品规格除了牲牢的种类有所区别外，还体现在配备笾、笾、豆的数量上，国学释奠一般用十笾、十豆，地方庙学释奠则为八笾、八豆。

在祭祀孔子、四配、十二哲、先贤、先儒以及追祀先辈

① 康熙《郑州志》5卷《学校志》。

者时，所摆放的祭品同样呈现出等级差别。据乾隆《郑州志》记载，郑州文庙在祭祀孔子神位时，摆放的祭品最为丰盛，帛一（白色）、牛一、羊一、豕一、登一、铏一、簠二、簋二、笾十、豆十、酒樽一、白磁爵三。毫无疑问，这在所有受祀者中所享用的祭品等级是最高的。

如果说祭孔用的是太牢，那么祭四配用的则是少牢，即豕、羊二物，且笾、豆的数量也相对减少。具体摆放的祭品有：帛四（白色）、豕一、羊一、铏一、簠一、簋一、笾八、豆八、酒樽一、白磁爵三。从摆放的祭品，我们可以看出，在簋、笾、豆以及牲祀的种类上已经有了明显的差距。

在十二哲神位前摆放的祭品有六案：帛一（白色）、豕一、铏一、簠各一、簋各一、笾各四、豆各四、豕首一、白磁爵三。

东庑先贤先儒中，祭品种类明显减少，且牲祭只有豕，笾和豆的数量与配祀相同，即：帛一（白色）、豕三、簠一、簋一、笾四、豆四、铜爵各一。西庑先贤先儒摆放的祭品与东庑相同。

在崇圣祠内，对于牲祀则配用的是少牢，笾和豆的数量与主祀孔子相同，算是给予了很高的等级及待遇。对于孔子父亲叔梁公，祭品五案，即：帛五（白色）、羊一、豕一、铏一、簠二、簋一、笾八、豆八。而四位配祀先贤的祭品每位一案，有：帛二（白色）、豕首一、簠一、簋一、笾四、豆四、豕肉一，每位铜爵三。在崇圣祠东西两庑摆放的祭品是：帛二（白色）、簠一、簋一、笾四、豆四、豕肉一，每位铜爵三。

从郑州文庙祭器及祭品的筹办上，无论是祭器及祭品的种类还是数量，都体现着严格的等级制度，所属的祭品与配位的身份相吻合，而祭品的本身也彰显了对圣贤的敬畏。

文庙祭祀的程序

祭祀是文庙中的一项重要活动，祭祀程序又是祭祀礼制的具体体现，因而在祭祀中就显得尤为重要。诚然，自儒学被推向政坛，祭孔的程序也都是由官方颁布实施的，且较为烦琐，这在各地方志中也都有记载。

据郑州史志记载，在文庙大成殿中的祀孔礼节或程序，分为五个乐章，即迎神、初献、亚献、终献、送神。所谓初献、亚献、终献是指古代祭祀的三次献酒，合称"三献"。整个祭祀活动是由歌、舞、乐、礼等融合在一起的，贯穿于祭祀的全过程，场面颇为隆重和震撼。

尤其是祭祀中的乐舞表演，一般都为八佾舞，这在整个祭祀中占据着十分重要的位置。为此，早在康熙年间，就有地方官员专就乐舞问题上奏皇帝，请求衍圣公的支持。康熙《郑州志》对此有详细的记载，称因"名存器敝，老成凋谢，无所取法，因奏记于衍圣公，发乐舞生六人，《阙里志》及埙篪等器，复取州县所选，合教于省学。又虑无以示后，纂修《礼乐志》颁示学宫，俾朝夕而习复之。每逢春秋二仲，声容缀兆，肃雍和平，彬彬乎文雅之盛矣"①。在得到衍圣公的支持后，地方官员便计划招收乐舞生64人，要求各县选拔优良子弟，免其差徭，进行专门训练。乾隆《郑州志》对文庙乐舞亦有记载，称："乾隆六年，奉部文饬定佾舞生名数，乐用二十二人，又执麾一人，持节一人，歌章四人，再外备事故更替四人，共需三十二人。舞生三十六人，外加四人，共七十二名。"②中央颁布的诏令，都会及时下达到各州县，对地方文庙祭祀起到重要的规范与指导作用。

就郑州文庙的整个祭祀过程来说，大致要经过如下六个环节。

迎神

据史志所载，在祭孔当日，正献（向受祭者行献爵献帛之礼者，与分献相对）及以下人员都要身穿祭服，待所有参祭者全部到位之后，正献盥手，以示对孔子的敬重。掌管祭祀者要当众阅读祭祀的相关事宜，并将其进奉于祝案。与此同时，"赞引"引导正献从大成门的右门，"分赞"引导分献，"傅赞"引导其他陪祀人员一同进入大成殿。这时，司仪高喊："乐舞生就位！"随着声音落下，执事员各行其是。随着"献官就位"的呼声落地，正献、分献以及陪祀人员面朝北方孔子神像拜位。赞："辟户，有司辟户讫！"赞："迎神！"司乐高呼："举迎神乐！"奏《昭和之章》："大哉孔子，先觉先知。与天地参，万世之师。祥徵麟绂，韵荅金丝。日月既揭，乾坤清夷。"伴随音乐的响起，祭孔也增添了神圣之感，祝傅钟鸣，击打编钟。这时音乐开始奏起，场

① 康熙《郑州志》卷5《学校志》。
② 乾隆《郑州志》卷5《礼乐志》。

面尤为庄重。但是奏《昭和之章》，并没有舞蹈作乐。赞引赞："四拜！"众官皆拜，此时正献、分献以及陪祀人员全部行四拜礼，分别为：跪拜、再拜、三拜、四拜。音乐随之停止，开始打击特磬戛敔。[①]

初献

伴随着特磬戛敔的声响，礼仪官赞："献帛爵，行初献礼！"各祭祀人员手捧帛爵向前跨越。司乐赞："初献乐！"奏《雍和之章》："予怀明德，玉振金声。生民未有，展也大成。俎豆千古，春秋上丁。清酒既载，其香始升。"伴随着音乐之声，且有舞蹈相伴，更为壮观。各司帛爵站立于神位之前，祝傅钟鸣，击打编钟。担任赞礼的人曰："诣奠帛位！"引导正献进入殿的右门，到达帛案的前面，礼仪官随之曰："献帛！"正献受帛，奠于案的正中，正献退却。赞："诣献爵位！"引领正献诣爵案前立。赞："献爵！"正献接受爵位，退于案前。赞："复位！"从大成殿的右门引正献复拜位立。与此同时，分赞引领分献进入殿的左右门，分别站立于四配十二哲以及东西两庑先贤先儒神位之前。受帛爵，双手拱举帛爵，献于案上，人员退去。致祷词者站立于祝案前面，手捧祝版，放于案的左侧，这时音乐暂时停止。赞引赞："诣读祝位！"礼仪官引正献进殿右门，诣读祝位正立。典仪赞："读祝！"司读祝举，正献受祝版，拱举仍授司祝，司祝奉祝版至至圣先师孔子位前，退离。正献宣读祭文：

惟先师德隆千圣，道冠百王。揭日月以常行，自生民所未有。属文教昌明之会，正礼乐和节之时，辟雍钟

① 民国《郑县志》卷5《礼乐志》。

鼓，咸恪荐于馨香，泮水胶庠，益致严于笾豆。兹当仲秋，只率彝章，肃展微忱，聿将祀典。尚飨！

之后，音乐重起，赞引赞："复位！"礼仪官引领正献出大成殿的右门。赞："四拜！"随之正献、分献以及陪祀人员全部行四拜礼，分别为：跪拜、再拜、三拜、四拜。随之音乐停止，开始打击特磬戛敔。[1]

亚献

初献礼完成之后，开始行亚献礼。司爵手捧爵器向前立。司乐赞："举亚献乐！"奏《熙和之章》，随之震耳而有节奏的音律开始响起，并伴随着舞蹈，一片歌舞升平："式礼莫愆，升堂再献。响协鼓镛，诚孚罍甒。肃肃雍雍，誉髦斯彦。礼陶乐淑，相观而善。"司爵各进神位前立，随之击打编钟，音乐奏起。赞引赞："乐作！"担任赞礼的人赞："诣献爵位！"这时礼仪官引正献进入大成殿的右门，在爵案前面站立，庄严神圣。随之，赞礼之人赞："献爵！"正献开始接受礼仪的册封、接受爵，拱举仍授司爵。赞："复位！"引导正献出大成殿右门，再次参拜神像。正献礼节完毕之后，分赞引分献在祭品案前准备，献爵，奠于左，分献退去。奏乐在这时也停止，击打特磬戛敔。[2]

终献

亚献礼仪完毕之后，典仪一声赞："行终献礼！"于是，开始终献礼的礼仪流程，司爵手捧爵往前站立。司乐赞："举

---

[1] 民国《郑县志》卷5《礼乐志》。
[2] 民国《郑县志》卷5《礼乐志》。

终乐！"奏《湄和之章》，伴随着舞蹈，整个氛围一片庄严，传来"自古在昔，先民有作。皮弁祭菜，于论思乐。惟天牖民，惟圣时若。彝伦攸叙，至今木铎"的乐章。司爵走进神位的前面，击打编钟，伴随着乐章，指导礼仪的乐赞："诣爵位！"引领正献从大成殿的右门进入，走到爵案的前面。赞："献爵！"正献接受爵，退下。随着一声"复位"，礼仪官引领正献从大成殿的右门出去。

正献的礼仪完毕之后，分赞引分献在案前献爵，慢慢退去，礼乐停止，随之击特磬戛敔。典仪进入大成殿，立于东西两个方向。赞："赐福胙！""福胙"是指祭祀孔子所用的肉类，把福胙用于祭祀，可以看出其礼仪规格的重大。监督典礼仪式的侍卫官退去。赞引赞："诣饮福受胙位！"引领正献出大成殿的右门，手捧福胙的二位侍官到神位前。编钟再一次敲响，音乐响起。赞引赞："诣献爵位！"礼仪官引领正献进大成殿的右门，在爵案前停立。赞："献爵！"正献接受过爵，退去。礼仪官赞："复位！"并引领正献出大成殿右门。正献礼仪完毕后，分赞引分献到案前献爵，奏乐停止，击特磬戛敔。典仪进殿的东西向立，接着礼仪官高呼一声："赐福胙！"退去。赞引赞："诣饮福受胙位！"在赞引引领下，正献出大成殿的右门，诣饮福受胙位正立。接着捧福胙二员捧着福胙至神位前拱举，退去，站立于正献的右面。接受福胙二员的进来，站立于正献的左边。赞引赞："饮福酒！"正献接受爵位。赞："受胙！"随之接受胙。赞："复位！"礼仪官引正献出大成殿右门再次参拜神位。赞："四拜！"傅赞赞："众官皆拜！"之后所有的在场人员包括正献、分献以及陪祀员谢福胙，全部行四拜礼：跪拜、再拜、三拜、四拜。[①]

---

① 民国《郑县志》卷5《礼乐志》。

撤馔

终献礼仪完毕后，进入撤馔流程。司乐赞："举撤馔乐！"乐官们一声令下，《昌和之章》音乐响起，并伴随着舞蹈，场面一片歌舞升平。赞："先师有言，祭则受福。四海黉宫，畴敢不肃。礼成告彻，毋疏毋渎。乐所自生，中原有菽。"击打编钟，音乐响起，司爵进入神位前，案桌上的祭品包括笾、豆都有条不紊地被撤下。随之，奏乐停止，礼仪官击打特磬戛敔。①

送神

祭祀物品撤下之后，典仪赞："送神！"接着司乐赞："举送神乐！"《德和之章》的音乐响起："凫绎峨峨，洙泗洋洋。景行行止，流泽无疆。聿昭祀事，祀事孔明。化我蒸民，育我胶庠。"接着编钟响起，但没有舞蹈相伴，预示着祭祀进入到最后一个流程。音乐再次响起。礼仪赞："四拜！"傅赞赞："众官皆拜！"所有的祭祀人员，包括正献、分献及陪祀员皆行四拜礼，即跪拜、再拜、三拜、四拜。四拜之后音乐停止，击打特磬戛敔。典仪赞："奉祝帛送燎！"司祝帛爵各神位前恭捧祝帛酒馔，依次送往燎炉。这时，赞引引领正献转立西旁，俟祝帛过毕，仍引复拜位立。司燎数帛。典仪赞："合户！"有司合户讫。赞："礼成！"赞引引正献出大成右门，分献以下一起随出，至致齐所更衣。祭祀人员退出，整个祭祀流程宣告结束。②

除此之外，郑州文庙内的崇圣祠也是极为重要的祭祀区域，它在建立之初称之为启圣祠，主要祭祀孔子的父亲。到

① 民国《郑县志》卷5《礼乐志》。
② 民国《郑县志》卷5《礼乐志》。

清雍正元年（1723年）又追封孔子的五代先祖为王爵，并入祀，这时更名为崇圣祠，五世祖木金父稳坐中间位置。作为文庙自明代新增的祭祀建筑主体之一，其祭祀程序也有其自身的特点，与大成殿的祭祀相比虽然简单，但也不失庄重和神圣。

在祭孔当日，负责礼仪的人员有序地引导正献入崇圣祠的右门，到台阶下，用清水洗一下手，这也意味着以手洁表示敬重，更显得内心对先祖的尊崇之意。随之分赞引领分献进入祠堂内。正献、分献都准备就绪后，这时典仪便高喊一声："执事员司其事！"随着这一声呼出，各个在场人员也就各就其位，各行其是。礼仪官又赞："献官就位！"各个献官也就到齐，接着礼仪官引领正献、分献各就拜位北向立。典仪赞："辟户！"官吏打开门户。赞："迎神，四拜！"随着礼仪官们"四拜"的口令，正献以及分献都开始施行四拜礼，即跪拜、再拜、三拜、四拜。

在古代的礼节中，即使是人臣对君主，一般也只是两拜即可，在文庙的祭祀中都沿用四拜礼，可见行四拜礼已经是最高的礼仪规格，同时民间又有这样一个说法，即"人三鬼四"，已经逝世的先祖沿用四拜礼，也能被大众所接受。行四拜礼之后，礼仪官赞："奠帛爵，行初献礼！"司帛爵各捧帛爵进神位前立，依次在各神位前献供丝帛、祭酒。担任赞礼的人这时向全员发出祭祀礼程："就奠帛位！"接着，礼仪官引正献入殿的右门，立于肇圣王案前①。担任礼仪的官员赞："献帛！"正献接过丝帛，拱举仍授司帛，奠于案正中，慢慢退去。这时赞引赞："就献爵位！"礼仪官引导正献前往肇圣王爵案前。礼仪官一声赞："献爵！"随之正献受爵，拱举仍授司爵，奠于爵正中，各献爵之人依次退出崇圣祠。按

① 在崇圣祠祭祀礼仪中，孔子的五世祖木金父，也就是"肇圣王"处于殿中居中位置，自然是最主要的祭祀对象，这也准从了传统的礼仪，符合传统礼制。

照肇圣王祭祀的礼仪程序依次就左裕圣王、右诒圣王、次左昌圣王、次右启圣王位前进行奠帛献爵，礼仪都是相同的。

赞引赞："复位！"随着引赞的一声呼出，礼仪官引正献由殿的右门出复拜位立，同时分赞引分献入殿左右门，正献与分献分别就位于祭祀的配位前，礼仪官引两庑分献分就两庑从位前奠帛献爵，复位均如正献仪。我们一般称呼祭祀中致祷辞的人为司祝，作为司祝人员，来到祝案前捧祝版，走到祝案的左侧，这时祝版也竖立了，以示对祭祀的尊重。赞引引正献进殿右门，就读祝位正立。典仪赞："读祝！"①正献开始宣读祭文："惟王奕叶钟祥，光开圣绪。圣德之后，积久弥昌。丸声教所覃敷，率循源而溯本。宜肃明祀之典，用申守土之忱。兹届仲春（秋），聿修祀事。尚飨！"祝词的程序完毕之后，担任赞礼的人呼声而下："复位！"听到复位的传达，引领正献出殿的右门复拜位立。典仪赞："四拜！"正献、分献都行四拜礼，即跪拜、再拜、三拜、四拜。

初献的礼仪完毕后，随之典仪赞："行亚献礼！"司爵各捧爵到各神位前站立。赞引赞："就献爵位！"礼仪官引领正献从由殿右门入，在肇圣王的爵案立。礼仪准备就绪。赞："献爵！"正献接受这一饮酒的容器——爵，拱举仍授司爵，奠于爵左，退去。献爵的顺序也是遵照左右上下尊卑的次序，故依次就左裕圣王、右诒圣王、次左昌圣王、次右启圣王位前献爵，虽然祭祀的顺序有所不同，但都是遵从相同的礼仪。赞引赞："复位！"引正献仍由殿右门出复拜位立，分赞引分献分就配位，从祭祀牌位的前面奠帛献爵，复位均按照形式来实施。

有序的亚献礼仪至此结束，随之典仪赞："行终献礼！"司爵各捧爵进神位前立。赞引赞："就献爵位！"引领正献进

---

① 所谓"读祝"，是指祭祀时宣读祝告文，也是祭祀中不可或缺的一部分。司祝读祝举，正献接受祝版，拱举仍授司祝，这时司祝把祝版放置正位前的筐内，司祝也慢慢退去。

入殿右门，按照礼制传统首先在孔子的五世祖肇圣王爵案前立。执行礼仪的官员赞："献爵！"正献受爵，拱举仍授司爵奠于爵右，以次就左裕圣王、右诒圣王、次左昌圣王、次右启圣王位前献爵，虽然祭祀的顺序有所不同，但是都是遵从相同的礼仪。赞引赞："复位！"引正献仍由殿右门出复拜位立，分赞引领分献分就配位，从祭祀牌位的前面奠帛献爵，复位均按照形式来实施。

终献礼完毕后，仪赞撤馔，司爵到各个神位前撤离笾豆，少移故处，退出。掌管礼仪的官员这时一声高呼："送神，四拜！"正献、分献皆行四拜礼，即跪拜、再拜、三拜、四拜。典仪赞："奉祝帛送燎！"司祝帛爵各进神位前恭捧祝帛酒馔，依次送往燎炉。时正献避立西旁，俟祝帛过举，仍复拜位立。司燎数帛。典仪赞："阖户！"[①]礼仪官则赞："礼成！"赞引引领正献仍由祠垣右门出，分献也跟随其次，人员依次退却，至此祭祀的礼节已完满结束。[②]

祭孔活动所需的时间一般为80分钟，各地方文庙的祭孔时间也不是完全吻合的，这与文庙规模大小和当地习俗有关。2016年9月28日纪念孔子诞辰2567周年这一天，在郑州文庙举行了祭孔大典，这是郑州文庙连续11年举办的活动，参会的人员有全国各地教育文化界的代表和学生代表，同时还有很多民众参与了这场活动。活动采用了三献礼祭祀孔子，表达对孔子的尊崇，内容上包括上香迎神、代表致辞、初献、奠帛、献爵、读祝、诵孔子赞、亚献终献献爵；同时在祭祀过程中，全体在场人员用行传统的揖拜礼、齐唱大同文等方式进行祭拜。

----

① 所谓的"阖户"，则是指关上门户，预示着祭祀礼的终结，有司阖户讫。

② 民国《郑县志》卷5《礼乐志》。

文庙祭祀的费用

文庙作为一种上层建筑的物质实体，需要有经济基础作为支撑。不仅文庙的建设需要资金支持，文庙的维持同样需要资金的投入作为运行保障。只有经费充裕，文庙的各种活动尤其是祭祀才能正常地得以展开。纵观历史上保存较好的文庙，往往是有经费保障的，经费可以说是文庙赖以生存的主要保证。

在庙学合一的情况下，学田制不失为文庙经费的一项主要支撑。学田来源，除政府拨给外，也靠社会各阶层的捐助。在郑州文庙碑文中，以捐学田促进地方儒学发展的事例很多，如明代碑文《义输学田记》中详细记载了设学田以赡学以及为奉祀提供费用的情况：

> 迫接壬午凤翅，噬仕令苏之常熟，因怀向之失学寡传授，乃罄俸遍访儒硕，走匦四方，求五经四书义各一部，共若千篇，发郑庠中。复铸铜爵二十、朱红筐箱九，供孔庙中祭仪。及挂冠归，思效前释之报本，虑

身后如或坠，非常久计。越明年，买郑乾隅附郭良田一百八十二亩，送诸学为义田，计收获岁供吾夫子诞辰仪并修葺事。[①]

又据州学学正李遇春撰文《儒学新增义田记》载，明弘治年间，郑州人士黄元吉致仕还乡后，捐田二顷"以供先师诞辰之奠"；明正德十三年（1518年），州人常美置义田二顷"以备修祀丰洁之助"。如史志所载：

> 昔有宋范文正公，尝以俸资置义田，以周给族人，相宅地为学，以养苏士。民到今感叹其贤，此义田之一见耳。至我朝弘治初，郑人黄元吉先生，自苏之常熟致政还，亦以俸资置义田二顷于州庠，以供先师诞辰之奠，余为养士之资，此义田之再见耳。元吉盖得之文正，而复重圣诞，又报本之义举也。延今复有新郑邑人常氏美者，居郑州南，以尝置买州民张赞地二顷，并送契书，为郡庠义田，以备修祀丰洁之助，而养士亦均有所赖。[②]

至明嘉靖三年（1524年），亦有进士刘汝锐购学田资助州学事宜。据《郑州学田记》碑文载：刘汝锐在幼时就已显现出乐善好施的品质，时奉命莅郑，上任伊始便去拜谒文庙、学宫，而此时学宫倾圮，文庙祭器残缺，不禁黯然长叹："吾先业足以食子孙，吾弗益之矣。尊吾道以风后人，吾独不当为耶？"这寥寥几语，道出了他忧国忧民的心境。于是他立即采取措施，出资兴建庙学，"使士之游歌其间者，不唯道德功名之是务"。如碑文所言："出资鸠工，为之卓，为之帛筐，为之鼎若瓶。独计宫宇废奢，须以渐次。乃市州负郭之

① 乾隆《郑州志》卷10《艺文志》。
② ［明］李遇春：《儒学新增义田记》，碑刻现存于郑州文庙碑廊之内。

田三百亩,岁入其租若干,积久而裕,始大成之"[1]。

从以上碑文的记载中,我们可以清晰地看出,文庙自建立之日起,一直到明清时期,知州官员留任此地以及文人志士途经此地看到文庙摧毁的现状,都力图捐献田亩金额加以修复,为文庙的持续发展提供强大的资金支持。至今在文庙内还保留着不同时期留下的碑刻,借以鼓励及警示后人。

郑州文庙奉祀的资金来源,除以捐献学田的方式外,还有捐献钱粮来支持文庙修复的,这应该是最直接最有力的一种方式。如清雍正七年(1729年),李洛莅任知州后,看到文庙"风雨剥落,渐多倾圮"的惨状,于次年自捐薪俸重修文庙,还鼓动州学生议捐六十余金。如其所撰《文庙重修记》载:

> 按郑郡学宫,修于顺治六年,再修于康熙三十九年,规模壮丽,丹腹晶莹,嗣历三十余载风雨剥落,渐多倾圮。予于雍正己酉莅任,未闻有议及之者。逾年,爰出俸钱,修补崇圣宫神龛一座,格扇四,东西两配并名宦牌位一座,悉整修如式。阅两载,霆雨瀑布,黉门至西庑、土地祠、明伦堂,墙垣胥就倾颓,阶左右且不免羊马迹焉。用裁尺一疏,率吾庠弟子王天植、张如铎辈,议捐六十余金,诸处修葺,焕然可观,时雍正癸丑年也。[2]

国民政府对文庙的修葺力度也是比较大的。如1916年郑州知事周海六对大成殿的维修,所谓"爰按亩捐款,土木大兴,岁两度始克告成"[3]。中华人民共和国成立之后,郑州电力学校入驻郑州文庙,学校出资对郑州文庙的主体建筑进行了维修。改革开放后,郑州市政府不断投资加以维修。尤其是在2004年开启对郑州文庙的复建工程,安排建设资金高达

---

① 嘉靖《郑州志》卷6《艺文志》。
② 乾隆《郑州志》卷10《艺文志》。
③ 朱炎昭:《重修大成殿记》,碑刻现存于郑州文庙碑廊之内。

1420万元。2006年主体修复工程基本结束，2008年郑州文庙与郑州城隍庙一起被国家批准为3A级景区。

由上可知，郑州文庙奉祀经费的来源主要有两种方式：一种是官员或者是当地人士，以义捐学田及钱粮方式来筹集费用，用于文庙的各项支出；另一种则是通过州县官或者政府直接提供财产金额支持。这两种方式，保证了文庙奉祀活动的正常运行。现如今，郑州文庙已经作为非物质文化遗产及全国重点文物保护单位免费对民众开放，文庙所需的经费在很大程度上要靠政府的财政拨给。同时文庙作为一个地域文化的象征，各界对文庙的重视度也越来越高，也为文庙资金来源提供了一个新的渠道。

总的来说，祭孔大典在古代称为"国之大典"。在文庙举行的祭孔典礼，从孔子逝世后第二年开始，2000年来从未间断过，不得不说是中国乃至世界祭祀史上的一个奇迹。在祭祀程序中，所采用的音乐、舞蹈、祭词等形式集中展现了儒家文化，形象地阐释了孔子所倡导的"礼"制内涵，并且将艺术形式与政治需求结合起来，具有很强的艺术感染力，对民众的精神凝聚有着重要作用。新时期的祭孔大典，虽然与以往有些不同，但是所营造的肃静和乐的氛围是相同的，向人们展示了"以礼立人""仁者爱人"的理念。祭孔不仅仅是为了缅怀先圣先师、弘扬优秀传统文化、提高民族文化自信，也是推动人类文明、促进世界稳定和谐发展的最有效方式，用"造福万代，泽被万世"来形容孔子所倡导的儒家文化价值是恰如其分的。郑州文庙作为非物质文化遗产，文庙祀典也越来越受到重视，我们应加强对文庙祀典的研究，不断完善这一祭祀程序。祭祀礼制也理应得到保护，保证历代祭孔历史的延续，挖掘其蕴含的文化精神。

郑州文庙的
教化功能及实践

多维的学校教化

有序的社会教化

教化历来被政治家当作正风俗、明事理、治国家的一项国策，把政教风化与教育感化结合起来，既有皇帝御诏的法令、各级官员的训导，同时又在社会世俗层面，通过建庙宇、设牌坊等形式向人们传递明达事理的观念，最终达到潜移默化的效果。而儒学中的教化，在促进人的思想意识与行为习惯方面有着重要的价值，所谓"教化之于儒学，犹如精神之于生命"。换句话说，儒家教化更侧重于对人文、理性的解读，尤其是义理背后的人伦、礼乐之内涵，以及在此基础之上对世人性情的养育之成效，其教化方式也是通过礼仪、习俗等一些具体的生活样式来呈现的。而文庙作为传播儒学的实物载体，其教化的功用不可小觑。可以说，文庙所蕴藏的教化功能是中国文化史上一种独特的文化现象，它期待用德教来达到治理国家、维护社会秩序的目的。或者说，文庙使得天下士人或庙学弟子能在如此神圣的环境中，通过修身养性来实现"齐家治国平天下"的社会理想，这应该是文庙教化功能的一个显著特点。

郑州文庙作为中原大地上的黉宫圣殿，不论是其历史发展还是其坎坷的修建兴复命运，都可以称之为中原大地上最具代表性、典型性的建筑实体之一，其一砖一瓦、或雕或画，都彰显着我国传统文化的魅力，也无不体现出儒家教化的意涵，在有形的实体中承载着无形的教化理想。概而言之，郑州文庙的教化可以分为学校教化及社会教化两个层面，无论是学校教化还是社会教化，其指向始终如一的是人伦道德规范，借助不同的表现形式把人们的道德情感激发出来，实现真正的德治教化。

多维的学校教化

在古代社会，文庙和学校教化始终是密不可分的，所谓"庙学合一"是最为贴切的表达。且在唐朝以后，各府、州、县在建学的同时都建有文庙，至清嘉庆年间，各地文庙多达1700多所，加上以书院为载体的文庙，总计可达2200所以上。

从文庙的历史沿革来看，郑州文庙可谓最早具备学校教化功能的文庙之一，这与统治者重视儒学教化息息相关。汉武帝时"独尊儒术"，要求"天下郡国皆立学校"，使得儒学教化一统天下。汉明帝时下令，各地设学时必须建立庙宇祭祀孔子，文庙便开始与学校融为一体，郑州文庙也就是在这一政策驱动下矗立于中原大地，开始发挥学校教化的功能。历代地方官员上任伊始，都会以兴学重教为己任，及时前往文庙或学宫进行考察，如发现建筑物荒废或毁坏，就会筹集资金大加修葺。如嘉靖《郑州志》中所载称颂知州刘永祚政绩的碑文中所言："学庙弛废，前代视为缓务，公以学校礼义之地，为政所当先也，乃修饰讲舍，敦请善进学徒，躬率讲肄，学者向风焉。"①关于郑州庙学的创建、沿革情况，前文都有述及，这里仅就所蕴含的教化因素及所实施的教学活动加以解读。

建筑中的教化元素

《礼记·文王世子》中载："凡始立学者，必释奠于先圣先师。"虽然非指儒家的先圣先师，却成为后世设学的一种制度而得以实施。尤其是在汉明帝时，就明令各州、县设学祭祀孔子。到了唐代，有学必有先圣庙，于是就形成了"庙学合一"的教化布局。

郑州文庙的建筑规格及样式，是依据儒家的精神及礼仪制度来构建的，把儒家倡导的"礼制"展现得淋漓尽致，尤其是等级观念非常明显。从空间上看，文庙布局从开阔到封闭，整个建筑设计都融入于传统文化之中。进入棂星门之后展现出来的就是典型的四合院风格，层层递进，参观者会逐步感受到庄严的氛围。从整体来看，现存的郑州文庙建筑，虽无法与明清时期的规模相媲美，但是其建筑群依然极具代表性，包括金声坊、玉振坊、泮池、乡贤祠、名宦祠、大成殿、尊经阁等，给人一种庄严、古朴、神圣之感。

具体来说，首先引起人们关注的是东西两大牌坊，即金声坊、玉振坊。从字面意思上可以看出，这两大牌坊象征着孔子的思想集古圣贤之大成，以此来赞颂孔子对中华文化的巨大贡献，让人从踏入郑州文庙的那一刻起，一股浓重的儒家文化气息迎面扑来。棂星门石柱上的楹联是："儒圣重商都仁爱于怀最难忘克己复礼，文光萦庙宇春秋在眼莫虚负绿树清风。"言辞之间，无不渗透着伦理道德之教。大成殿是主

① 嘉靖《郑州志》卷6《艺文志》。

祀孔子的地方，在一些重要节日里举办的祭祀活动，彰显出人们对孔子的尊敬和对儒学的热爱。明伦堂本身就是州学建筑的重要组成，州学生在此听讲讨论，营造出一种浓郁的学习氛围。尊经阁位于大成殿的后面，也是保存较为完整的建筑体，主要功能是藏书，所藏之书无疑是儒家经典及其诸子百家著作，供生员在此博览经书、钻研学问。如今，为迎合现代社会发展的多种需求，尊经阁除藏书之用外，还会不定期地举办多层次的讲座、论坛等，使得整个院落营造出一种强烈的学术氛围，"地处庙内幽深处，悠悠传来读书声"的美誉也名副其实。东西两庑的建筑逐步向民众开放，东庑墙壁上刻有孔子圣迹砖雕故事，生动展示了孔子从出生到病逝的整个生活经历，给世人带来诸多启示。

郑州文庙作为一种官学教育机构，在封建社会也是科举取士的场所，文庙成为为科举输送考生的重要渠道，也是为社会选拔官员的重要场所。明朝官方曾规定"科举必由学校""非科举者毋得与官"，这无疑加大了世人对庙学的重视程度。在主要由科举而步入仕途的国度里，学子们只有认真接受学校教育，才有资格参加科举考试，而文庙作为官学教育的重要场所，毫无疑问要与科举制度紧密地联系在一起，承担起科举取士的重任。因此，当地学子进入文庙学习，代表着一种殊荣，享受着很高的待遇，诸如：免去徭役和赋税，在接受地方官员的召见时可以免跪答复等。这无疑有别于普通百姓，进而也更加激发学子们走进文庙学习优秀传统文化的热情。尤其是与科举相关的泮池，士子们入学都要举行入泮仪式，随着历史的变迁，文庙与科举融为一体后，泮池上的拱桥也称之为"状元桥"。明万历二十九年（1601年），知州俞乔重修文庙时更是"复建号舍"，置于尊经阁左右两侧，表明文庙又是科举考试之地，兼有为国家选拔官员的功能。

不仅如此，地方官员还模仿京师文庙的做法，将本地中榜学子的名字刻在石碑上，立于文庙之内，借以激励士子。如明代学者程敏政在《郑州学历科题名记》中所言："夫学校治化之首，科目之士，学校所自出者也。""题科目之士之名，以风郑人。"[1]还有，明成化八年（1472年）倪岳所撰《郑州学历年贡士题名记》称："题其氏名，以示后之人，将使州人士有所劝焉。"[2]

另，奎星楼是为儒士学子心目中主宰文章兴衰的神魁星而建的。奎星楼又名魁星楼，传说魁星面目狰狞，金身青面，脚踩一条大鳌鱼，寓意为"独占鳌头"，每到科举考试之时，有幸被魁星点中的考生就可以金榜题名，这也是古代士子或考生对科举考试的一种美好寄托。

讲堂中的教化传统

在历代地方官员的修学、兴学碑文中，详细地记录着郑州文庙讲学的场景，能深刻感受到庙学中的教化氛围。如元大德七年（1303年）李师圣在《郑州兴学记》中描述了师生学习读书的场景，即在明伦堂学生渴望学习，老师们对其严格要求，所授的内容为《小学》《四书集注》等。如史载：

> 虽有明伦之堂，而无明伦之人可乎？……于是增广生员，重加勉励，学校大兴，四方游学毕至。而其师之所以严教，弟子所以向学，所以学者，一以小学、四书

① 民国《郑县志》卷16《艺文志》。
② 嘉靖《郑州志》卷6《艺文志》。

为课，其所以知趋向而期待矣。①

明代州守刘定之在天顺三年（1459年）的《郑州儒学记碑》中亦描述道：

> 余奉使至郑，诣其学官，进拜礼殿，退座讲堂，与其官僚师生踟蹰周览，至于终朝。见其室稍微矣，其地卤，故其墙壁下润，势有将压者，泮池阶级之甃有缺而未补者，其州守俞君悯然若以己任而未言也。明日，造余言曰：靖之至此州也始逾年，以民政之殷也，朝勉夕惕，未之有暇。②

从"进拜礼殿，退座讲堂，与其官僚师生踟蹰周览，至于终朝"的描述中可以看出，刘定之等官员在政务之余，会经常到文庙讲堂中和师生一起研讨学问、诵读诗书等。明成化十二年（1476年），程敏政在《郑州学历科题名记》中提到，不仅修葺庙学，还"刻《大学要略》诸书，以便教兴学者。既又砻石于学，题科目之士之名，以风郑人"③。可见，当时所刊刻的《大学要略》一书是作为庙学的教材来使用的。明嘉靖三年（1524年），知州刘汝锐在《郑州学田记》中，称自己"奉命莅政之三日，祗谒学宫，修故事也。礼成而登堂与诸生论文。事竟，周览庙貌，垣墉朱甍，壮丽之盛，忻然乐之。"④

如今，文庙的教化传统仍在延续着。自2006年郑州文庙大修之后，尊经阁内开始开办国学班，为中小学生设经讲学。文庙的东庑也被用作国学讲堂，其摆设除刻有孔子圣迹砖雕外，还置有仿古桌椅和文房四宝，书香气息甚浓。国学

① 嘉靖《郑州志》卷6《艺文志》。
② 民国《郑县志》卷16《艺文志》。
③ 嘉靖《郑州志》卷6《艺文志》。
④ 嘉靖《郑州志》卷6《艺文志》。

班针对社会的不同需求，分为两种形式：一种是全日制国学班，招收的对象是4~6岁的孩子，学生每天要在这里读书，等学生达到义务教育的年龄时，则按规定转为正常的义务教育入校学习；一种是业余班，招收的对象为中小学生，年龄跨度也比较大，平时在学校接受义务教育，周末则在此学习国学知识。国学班的课程设置也是多样的，但是在整个课程体系中，国学教育是基础，也是最为重要的课程，包括《论语》《大学》《中庸》《弟子规》《三字经》等儒家经典著作，同时也学习外国经典著作，诸如《安徒生童话》《伊索寓言》等。除国学外，还有艺术类课程，强调学生自身情感的培养，通过音乐、美术等熏陶以达到怡情的目的。体育类课程，主要是以传统武术与现代体育相结合，深入挖掘古代的健身智慧，使学生在智力与体力方面都能够得到和谐发展。而文庙的西庑，则设置为书社，主要书籍是儒学经典，定期在此举行读书会，力求打造资料最全、氛围最好的儒学书社。总之，文庙的读书治学传统，将会继续传承下去。

奉祀中的教化功能

祭祀作为传承文化的重要载体，毫无疑问，必定蕴含着重要的教化价值。两汉以后，伴随独尊儒术政策的颁布和落实，"庙学合一"初现端倪，祭祀也便成为学校教化活动的重要组成部分，且有着不可代替的作用。

郑州文庙与各地文庙一样，拥有一个庞大的祭祀体系，除孔子以及全国文庙统一的祭祀对象外，还专门设置名宦祠、乡贤祠、崇圣祠、七贤堂等祠宇。且祠祀活动一直延续至今。一方面是因民众发自内心的对受祀人物的敬仰之意，另一方面又是这些受祀人物自身所散发出来的榜样光辉，激发着民众去学习效仿他们美好的品德及行为。

大成殿所祀奉的孔子、孟子、朱熹等思想家，从年代上来说，虽然距离我们比较久远，但他们的生平事迹及思想主张距离现代社会生活又很近，甚至是带有普适价值。孔子曾被康熙皇帝御批为"万世师表"，他在政治、经济、伦理、教育、音乐方面都有自己独特的见解。比如在政治方面，孔子主张"礼"与"仁"的统一，期翼建立一个拥有礼制秩序的社会，同时又主张打破"礼不下庶人"的旧观念，在一定程度上缩小贵族与平民之间的界限。孔子周游列国，说服统治者要懂得"奢则不孙，俭则固。与其不孙也，宁固"及"因民之利而利之"等治国之道。在教育上，孔子提出"因材施教""有教无类""举一反三""诲人不倦"等教育主张，历经两千多年，依旧在教育领域继续发扬。孟子也是儒家的主要代表人物，他提出"民为贵，社稷次之，君为轻"的政治主张，重视民众在社会生活中的地位和作用。可以说，他们的思想主张不仅被民众所认可，还以一种强大的精神力量影响着民众的日常生活，在如此潜移默化的氛围中生活，自然会使身心受到良好的陶冶。

乡贤祠、名宦祠中祭祀的人物，也都是郑州本地或本地出生的有名望的官员及影响深远的学者。如韦思谦、裴度、王德用、蒲理翰、冯广、邢恭、张鸿动、刘得寿、俞乔、刘体智、魏尚贤、李思孝、孟学礼、刘培之、鲁世任等，大都担任过知州、知县，或造福一方，或著书立说执教一方。如民国《郑县志》所载的蒲理翰、俞乔等名宦事迹：

> 蒲理翰，至元间以进士知郑。下车首事庙学，范铜

为祭器，制革帛为礼服。作群表，立乡贤祠，善政，未易更仆数。

俞乔，婺源县举人，万历二十六年知州事。清廉正直，严窃盗，兴水利，请立驿，免保甲养马，除十季大户接茬侵渔之弊。郑人爱之，立生祠于州治东。①

从史籍所载，可以看出，他们有的清正廉洁为民造福，有的诸如鲁世任为保护疆域，不惜与民众一起浴血奋战，甚至是战死沙场。其事迹不仅真实可信，且与民众有一种天然的亲近感，身边的榜样应该更具有激励作用。诚如明代学者徐一夔所言："一乡之贤，里闬相接，封畛相连，而其人之德行风节、文学事功、遗风余烈，洽于所见所闻者。所传闻者，至亲且切，有不待旁求远访而后知也。"②在这些乡贤、名宦牌位前，会让民众深切感受到他们身上所具有的人文气息与人格魅力，崇敬及向往之情油然而生。何况文庙所奉祀的都是本地或与本地相关的知名人士，还能加深本地民众对家乡人文历史的了解，增强对家乡的自豪感。与此同时，奉祀作为优秀传统文化的重要组成部分，其祭祀的程序、礼仪、歌舞及参与体验等，都能让民众感受到祭祀所带来的直接文化冲击，对增进民众的文化认同与自信有着不可替代的作用。现代学校虽然不能复原庙学的奉祀场景，但所存留的文庙建筑及其所具备的国学普及功能，仍能成为世人的精神殿堂。

① 民国《郑县志》卷7《秩官志》。
② [元]徐一夔：《始丰稿》，台湾文渊阁四库全书影印本第1229册，第248页。

雕刻中的教化信息

　　文庙自创办历经千年的风风雨雨，甚至因浩劫和战乱而带来满身的伤痕，虽能遗留下来的可见史载的资料少之又少，但唯独主体建筑大成殿和戟门还保留有明清朝时期的原貌，还有许多的雕刻绘画等都是现代的翻修品，但其自身所承载的厚重历史及儒家文化依然有着巨大的教化价值。文庙不仅是中原地区尤其是河南中部这一区域发展的历史见证，且史志及碑刻也留有许多珍贵的文字资料，依照原本实体进行修整的牌楼、楹联、匾额、雕塑以及所刻画的人文景观等，都蕴含有丰富的教育元素。

郑州文庙的留余堂

诸如文庙中的楹联，郑州文庙里每一个建筑物都有一副对联，棂星门的上下联是"儒圣重商都仁爱于怀最难忘克己复礼，文光萦庙宇春秋在眼莫虚负绿树清风"。乡贤祠的上下联分别为"雅士长存儒雅韵""乡贤自有故乡情"，名宦祠的上下联分别为"追圣哲修身皆成显宦""以经纶立世并列名儒"。大成门左右的楹联分为内外两个部分，有两对楹联组成，外联为"泗水相承教泽绵绵延后世，春秋共仰人文灿灿照商都"，内联为"循礼循道一部论语教化天地，至圣至尊万世师表辉映古今"。大成殿的上下楹联为"教垂万世养德修仁，气备四时安邦定国"。另外，文庙重修后的西庑有一处建筑叫"留余堂"，上下联为"传家有道惟存厚，处事无奇见留余"。"留余"的思想在我国可谓源远流长，南宋时期士大夫王伯大曾撰《四留铭》，称："留有余，不尽之巧以还造化；留有余，不尽之禄以还朝廷；留有余，不尽之财以还百姓；留有余，不尽之福以还子孙。"河南巩义的康百万之家的家训就是"留有余地"。可知，"留余"旨在教化人们遵循"水满则溢，月盈则亏"的自然法则，与儒家的"财不可露尽，势不可使尽，福不可享尽"的中庸之道有着异曲同工之妙。可以说，每一处楹联、匾额中，都可以感受到儒家思想的博大精深，都可以清晰地看出里面所蕴藏的优秀传统文化，而且从中还可以了解我国古代的书法及雕刻艺术。

　　又如文庙中的雕刻图案，集中在泮池四周和尊经阁基座之上。泮池周围的雕刻图案有"丁兰刻木事亲""姜诗涌泉跃鲤""黄香扇枕温席""江革行佣供母""董永卖身葬父""汉文帝亲尝汤药""郯子鹿乳养亲""子路为亲负米""闵子单衣顺母""曾子啮指痛心""朱寿昌弃官寻母""唐氏乳姑不怠""吴猛恣蚊饱血""王祥卧冰求鲤""孟宗哭竹生笋""王裒闻雷泣墓""陆绩怀橘遗亲""蔡顺拾葚供亲""杨香扼虎救父"等。这些故事都是以极其简单的语言和生动的画面，将生活中的人伦之道讲给人们听，而且从这些故事中，我们可以看出，壁画雕刻的图案几乎全部涉及"孝道"。"孝道"在中华传统文化中占据着不可忽视的地位，既是一种文化体系，又是一种社会生活形态，是人之为人最基本的情感体现及准则。孙中山在谈到"孝"这一问题时，曾说道："现在世界中最文明的国家，讲到孝字，还没有像中国讲到这么完全。……要能够把'忠''孝'二字讲到极点，国家便自然可以强盛。"可见"孝"不只关系到家庭，还事关国家和民族的兴衰。将古代孝道故事用石刻壁画的方式置于文庙之中，不仅是儒家孝文化的生动体现，更能让世人从图文并茂的壁画中了解到古代的孝文化，并能潜移默化到日常生活中去，以达到学校教化的效用。

与泮池四周的壁画有所不同，文庙尊经阁基座上的石刻壁画，则涉及绘画、愿景及励志方面的内容，诸如《龙戏牡丹》《凤凰戏牡丹》《麒麟狮子共舞》《瑞兽万字图》《四季花瓶》以及《焚膏继晷》《磨杵成针》《孟母三迁》《闻鸡起舞》《程门立雪》《手不释卷》《凿壁偷光》《韦编三绝》《目不窥园》《并日而食》等。每一幅雕刻都是一个故事、一种场景，代表着一种文化和教化导向。

再如文庙的匾额，悬挂在大成殿孔子雕像正上方的"万世师表"匾额，是在清康熙二十三年（1684年）康熙皇帝前往山东曲阜孔庙祭孔时所题。语出晋代学者葛洪的《神仙传》，称："老子岂非乾坤所定，万民之表哉；故庄周之徒，莫不以老子为宗也。"同时也语出于《论语·为政》，称："温故而知新，可以为师也。"用"万世师表"来称颂孔子为千秋万世的老师，可以说是给予孔子至高无上的美誉。康熙题字之后，根据大臣奏议，由工匠制成匾额悬挂于曲阜孔庙大成殿，同时诏令全国各府州县文庙仿刻悬挂。除此之外，还有雍正皇帝于雍正三年（1725年）所御笔题书的"生民未有"、乾隆皇帝于乾隆二年（1737年）所御笔题书的"与天地参"、嘉庆皇帝于嘉庆四年（1799年）御笔题书的"圣集大成"、道光皇帝于道光元年（1821年）御笔亲书的"圣协时中"、咸丰皇帝于咸丰元年（1851年）御笔题书的"德齐帱载"、光绪皇帝于光绪元年（1875年）御笔亲书的"斯文在兹"以及清末皇帝溥仪题书的"中和位育"等。且每一块帝王亲书匾额，都有极深的文化意蕴，大都出自《论语》《孟子》《中庸》《易经》等经书之中，无不称颂孔子的品德学识。尤其是这些匾额均有皇帝诏令，被仿制置于全国各地文庙的大成殿中，郑州文庙也毫不例外。

总的来说，无论是楹联、石刻图案，抑或是匾额，都显示出郑州文庙深厚的文化气息和教化初衷，同时从侧面反映出我国包罗万象的优秀传统文化，让民众在沐浴儒家思想的同时，也能给自己的日常生活带来"日新"的功效。

礼节礼仪中的教化活动

中国古代非常重视礼节和礼仪。据史书所载，自西周时就有"五礼"之说，分别为吉礼（祭祀之事）、嘉礼（冠婚之事）、宾礼（宾客之事）、军礼（军旅之事）、凶礼（丧葬之事）。推行这些礼节及礼仪，乃是引领民众明事理、正人伦的有效方式。在地方庙学或儒学中所举办的礼节，主要有"乡饮酒礼"、"进学礼"和"宾兴礼"。

乡饮酒礼

这是在庙学中所举办的一种重要的礼节教化活动，属于"五礼"中的"嘉礼"，主要是通过宴请来彰显敬贤尊老，同时也向国家推荐贤者。在乾隆《郑州志》中，对儒学中的乡饮酒礼具体实施程序，都有详细的记载。按《明会典》版行图式，各处府州县每年正月十五日、十月初一日于儒学行乡饮酒礼，酒肴于官钱中酌量支出，讲究丰俭得宜。被邀请的宾客以年龄为序入座，有身份的随员则依主人的爵位排列座次。饮酒礼的前一日，执事者于儒学之讲堂依图陈设坐次，司正则率执事进行习礼排练。而当日的典礼程序，如史载：

> 至日黎明，执事者宰牲具馔。主席及僚属、司正先诣学，遣人速宾僎以下。
>
> 比至，执事者先报曰："宾至。"主席率僚属出迎于庠门之外以入，主居东，宾居西，三让三揖，而后升堂，东西相而立。赞："两拜。"宾坐。
>
> 执事又报曰："僎至。"主席又率僚属出迎，揖让升堂，拜坐如前仪。宾介俱至，即就位。执事者唱："司正扬觯。"执事者引司正由西阶至堂中，北向立。执事者唱，宾僎以下皆立。唱："揖。"司正、宾僎以下皆揖。
>
> 执事者以觯酌酒授司正，司正举酒曰："恭惟朝廷，率由旧章，敦崇礼教。举行乡饮，非为饮食，凡我长幼，各相劝勉。为臣尽忠，为子尽孝。长幼有序，兄友弟恭。内睦亲族，外和乡里。无或废坠，以恭所生。"语毕，执事者唱："司正饮酒。"饮毕，以觯授执事者。唱："揖。"司正揖，宾僎以下皆揖。司正复位，宾僎以

下皆复位。

唱："请读律令。"执事者举律令案于堂之中，引读律令者诣案前北向立，唱宾僎以下皆拱立，行揖礼如前，读毕请复位。

执事者唱："供馔案。"执事举馔案至宾前，次僎、次介、次主，三宾以下各以次奉讫。执事者唱："献。"宾主起席北面立，执事斟酒以授主，主授爵诣宾前，置于席，稍退。赞："两拜。"宾答拜，讫。执事又斟酒以授主，主授爵诣宾前，置于席，交拜如前。仪毕，主退，复位。

执事者唱："宾酬酒。"宾起，僎从之。执事者斟酒授宾，宾受爵诣主前置于席，稍退。赞："两拜。"宾、僎、主交拜讫，各就位，坐。执事者分左右立，介、三宾、众宾以下，以次斟酒于席讫。执事者唱："饮酒。"或三行，或五行，供汤。又歌唱："斟酒。"饮酒，供汤，三品毕。

执事者唱："撤馔。"候撤馔案讫。唱："宾僎以下皆行礼。"僎、主、僚属居东，宾介、三宾、众宾居西。赞："两拜"。讫，唱："送宾。"以次下堂，分东西行，仍三揖出庠门而退。[①]

在典礼现场主事或服务人员分工及位序亦非常明确，即"主，知州为之，位东南。大宾，以致仕官为之，位于西北。僎，择于里年高有德之人，位于东北。介，以次长，位于西南。三宾，以宾之次者为之，位于宾、主、介、僎之后。宾僎外众宾，序齿列坐，其僚属则序爵。司正，以教官为之，主扬觯以罚。赞礼者，以老成生员为之。"[②]

① 乾隆《郑州志》卷5《礼乐志》。
② 乾隆《郑州志》卷5《礼乐志》。

可见，乡饮酒礼是一种非常隆重的礼节教化活动，旨在"序长幼，崇贤良，别奸顽"。因此，参与者的身份不同，其座位亦有所区别。如"其坐席间高年德劭者居上，高年淳笃者次之，以次序齿而列"。除外，对于之前有过错的人员，也准许观礼，以接受训诲，但不准坐于尊者之席位。而在典礼现场大声喧哗者，也会给予严厉教训，即所谓"其有违条犯法者，不许干于良善之席，违者罪以违制。敢有喧哗失礼者，扬觯者以礼责之"。

宾兴礼

这是一种科举典礼，即在开科考试之前，由地方长官出面设宴，为即将赶赴考场的考生送行，希望他们能够为家乡父老乡亲争光，不仅"悬檐额，结彩楼，架登瀛桥于中庭"，还"酬酢饮馔，馈送卷资"，再加上鼓乐烘托气氛，场面亦很隆重壮观。如乾隆《郑州志》所载：

> 凡科举应试，先期知州择吉具启，遍邀应试诸生，悬檐额，结彩楼，架登瀛桥于中庭，具饯送席于大堂。至日，诸生分班行礼，就座，酬酢饮馔，馈送卷资，鼓乐导迎遇桥，送至大门外，各以鼓乐导归。[1]

进学礼

即对通过科举考试而迈入州学做生员的人，举办一次入学典礼，以示庆贺。据乾隆《郑州志》载，郑州文庙内的进学礼由知州主持，在鼓乐吹奏导引下，到文庙内"参见学师"行礼。如载：

---

[1] 乾隆《郑州志》卷5《礼乐志》。

凡岁科新进登红案后，知州择日设酒席于大堂。至期，新进各衣公服，分班参见，行四拜礼就座饮馔。散给花红，鼓乐导送至文庙墀下，行三跪九叩头礼，退诣明伦堂。知州与学师交拜，新进参见学师，行四拜礼，送席就座。饮三巡，起立，新进向上四揖，辞退。①

总之，礼乐在社会生活中占据着重要位置，郑州文庙内的礼节及礼仪也都是按照一定的章程来制定践行的，对在学士子无疑是一种有效的身心熏陶。

① 乾隆《郑州志》卷5《礼乐志》。

有序的社会教化

我国自古就很重视社会教化，且从夏、商、周三代起就已形成相对完备的社会教化体系。尤其是春秋战国时期的思想家们纷纷打着安邦治国的旗号，提出诸多有关社会教化的理论及实施方案。其中，以儒家学派创始人孔子提出的以"仁"和"礼"为核心、以"孝"为基础的社会教化理论影响最大，至两汉"独尊儒术"而被推上官方哲学后开始发挥其巨大的教化作用。而文庙作为有着数千年儒家文化底蕴的实体，毫无疑问，也承载着社会教化的重要使命，施行社会教化的目的无非是要"化民成俗"及"学做圣贤"，这样既能提高个人的道德水平，又能规范整个群体的道德习俗，以此来促进整个社会的和谐与进步。

郑州文庙自创建时起，与其他文庙一样，在不同程度上发挥着地方社会教化的功能，主要体现在如下几个方面。

以教化推进地方治理

郑州文庙在推进地方治理方面，发挥着不可忽视的作用。一方面儒学思想本身所蕴藏的治国理政良策，诸如德政、善政、诚信等用以治理地方社会；另一方面自汉代以后，受过儒学教化的地方官员到任后，极力利用文庙这一载体，来推行儒家思想，以教化民众。正如《孟子·尽心上》所言："善政，民畏之；善教，民爱之。善政得民财，善教得民心。"可见，只有真正掌握了治理地方的方法，才能达到事半功倍的效果。

首先是通过推崇孔子及宣扬儒学思想，对民众进行道德教化。"仁义礼智信"是儒家的道德追求，傅玄曾说过："夫儒学者，王教之首也。"明儒梁潜也强调儒家文化的重要性，他说："夫养民莫先于养贤，养贤莫大乎教化。……教道明则贤士众，贤士众则治道得。"这是儒家在治人、治事方面所崇尚的政治主张。另据民国《郑县志》载，光绪三十二年（1906年），督学院在对河南省学务处的照会《中小学堂注重读经札》中，系统地阐释了读经及儒家思想在推进地方治理中的重要性，称：

> 若学堂不读经书，则是尧、舜、禹、汤、文、武、周公、孔子之道尽行废绝，中国必不能立国。故无论学生将来执何业，在学堂时经书必宜诵读讲解，方足以定其心性，正其本源。自入小学堂至中学堂毕业，共读《孝经》《论语》《孟子》《易》《书》《诗》《左传》《礼记》《周礼》《仪礼》十经，并通大义。……毕业时如所读经书不通大义、不明文理，纵他项科学均

合程度，本院亦不准其毕业。[①]

其次是通过祭祀这种方式来宣扬"以德治国""以仁治国"的政治理念，以此来表达对孔子的尊敬、对先圣先师的怀念，但更重要的是向民众进行儒家学说的教育，使其从内心深处真正地认同儒学、接受儒学、践行儒学。郑州文庙内所祭祀的人物，包括四配、十二哲以及先贤先儒，其人物的数量、牌位在不同的朝代都有所变化，然凡入驻于文庙内的先贤们，无一例外都要符合统治者所提倡的主流思想及价值标准，可以看出其具有明显的政治倾向。所祀奉的人物思想观念与社会所倡导的主流文化相一致，更有利于推动地方治理。

再就是历朝历代的执政者，在任期间往往会通过修葺郑州文庙来推行儒家思想，以求得民心及社会的稳定。如元至顺二年（1331年），霍希贤在《郑州重修庙学记》中称："盖学乃作养人材之地，庙诚释奠圣贤之所，非学无以考德问业，非庙无以观礼习容。庙学相须，兹实明人伦、厚风化，古今为政之先务也。"[②]明天顺三年（1459年），刘定之在《郑州修学记》中称赞州守余靖以教化为己任，于是为之记说：

> 为治者之于人材，必聚而教之。又追崇古之圣贤可以为其师者使祀之。……今余君思所以尽其成之道，而修学是务，将见英俊继起。而民以之化，俗以之美，收功效于当时，而垂声光于后世也可必矣，岂不善哉！[③]

另外，在郑州地方志中，还存有专为有政绩的官员所作

① 民国《郑县志》卷15《艺文志》。
② 嘉靖《郑州志》卷6《艺文志》。
③ 嘉靖《郑州志》卷6《艺文志》。

的碑文，文中自然少不了对官员政绩的赞美，如嘉靖《郑州志》中所载《裴晋公碑记》《黄公德政去思之碑》《刘使君遗爱碑》《同知郑州事蒲理翰政绩碑》等。且在官员传记中，亦不乏有称颂之词。如元至元年间以进士知郑州事的蒲理翰，传记称其"下车首事庙学，范铜为祭器，制革帛为礼服，作群表，立乡贤堂，其善政类此者甚多"①。明景泰七年（1456年）知郑州事的余靖，传记称："持身廉谨，勤于为政，劝课农桑，兴修学校，重崇师儒，爱养黎民，修废补坠，事上接下，俱有条理。"②我们可以看出，每一位到任的官员，都会利用文庙这一载体，向大众宣扬儒家学说，借以推行"明人伦、厚风化"的治理政策。还有，各朝皇帝亲笔赐字，悬挂文庙，以此来凝聚人心，使得社会秩序能够有序进行。

进入近代以后，郑州文庙在维系地方治理方面，依然在发挥着作用。如1916年，乡人刘瑞璘在《维持孔教请愿书》中，针对有人要将《宪法（草案）》第十九条中"国民教育以孔子之道为修身之大本"这句话删除掉问题，进行了详细阐述，称：

此孔子之教，断断乎不可删除者也。今者创立宪法，首先排斥世界上独一无二之大教主，纵民国父老宽不我责，而忍令集群圣大成之孔教自两院而断丧之。衮衮诸公孰非读孔子之书？孰非受孔子之教？得鱼忘筌，数典忘祖，斩断国家之命脉，损失国会之名誉，丧失宪法之效力，君独何心而为此好恶，拂人之举乎！③

从中我们可以清晰地看出，民国政府为了维护宪法的效

---

① 民国《郑县志》卷7《秩官志》。
② 民国《郑县志》卷17《艺文志》。
③ 民国《郑县志》卷14《艺文志》。

力，需要在社会上力推孔子的思想，以此来维护社会的稳定，使民众在一定思想意识方面得到巩固。而郑州文庙所提倡的思想指向，带有浓重的政治教化意蕴，利于整个社会阶层的和谐发展。也就在这一年，郑州知事周海六主持修复文庙大成殿，学正朱炎昭还亲撰《重修大成殿记》刻碑立石。民国二十六年（1937年）时，在国民政府"为正人心、挽风俗，令各县修理孔庙，以表仰止"的情况下，河南省第一区行政督察专员阮藩侪再次大修文庙，他在《重修郑县孔庙记》中，首言自己对文庙的认识，称："孔庙即旧黉宫，郡国设立其来已久，凡以树道德之鸿鹄，立政教之大原，俾学者瞻仰宫墙，鼓舞淬砺跻于明体达用，以成己而成物。"①

1949年以后，从中央到地方，对文庙的政治功能及教化价值的认识虽然有过曲折，但总体来说并没有忽略文庙的存在，并且通过多种方式加以维修和保护，使其继续发挥维系社会稳定的功能。于是，1963年郑州文庙被河南省认定为第一批文物保护单位，为日后的保护、开发奠定了基础。1996年《郑成功》电影拍摄时，就曾把郑州文庙作为拍摄地点，将传统文化与现代文化产业融合在一起，加大了郑州文庙在中原的知名度。进入2000年之后，对于郑州文庙的维修更是提到日程上来，在《郑州人民政府关于郑州文庙有关问题的会议纪要》中，对文庙土地、规划、立项以及经费等问题都做出了具体的备注，并从2004—2006年对文庙进行大修，随即成为"爱国主义教育基地"，在一些特定的节假日，接连组织有关宣扬传统文化的系列活动，在社会主义核心价值观的培育、践行以及提升民众的文化素养方面，继续发挥着越来越重要的作用。

---

① 郑州市商城遗址保护管理处编：《郑州文庙》，科学出版社2015年版，第162页。

以教化增强文化自信

文化是一个国家长期形成的思想、理念、行为、风俗、习惯，以及所反映出来的意识活动等，是一个国家软实力的主要体现，事关国家及民族的强弱盛衰，诚如近代思想家、文学家龚自珍所言："灭人之国者，必先去其史。"也如儒家学者熊十力所说："亡国者，常先亡其文化。"而文化自信，用习近平总书记的话来说，就是指一个民族、一个国家以及一个政党对自身文化价值的充分肯定和积极践行，并对其文化的生命力持有的坚定信心。只有对自己的文化充满自信，才不会迷失前进的方向。

而中国传统文化的核心是儒家文化，要想使儒家文化在民众心中生根，在文庙内奉祀先贤先儒、举办祭祀活动就是最好的一种方式，可以起到立竿见影的效果。面对庄严的场景，面对神圣的圣贤塑像或木主，自然会对传统文化产生自信和崇敬之情，故《礼记·祭统》称："凡治人之道，莫急于礼。礼有五经，莫重于祭。"由此看来，文庙的祭祀有其特有的价值和意义，并非一种简单的参拜形式，也并非单纯对儒学文化的推崇，抑或统治阶级确保封建制度得以永久保持的一种手段，而是一项非常重要而有效的道德教化活动。

从乾隆《郑州志》所载郑州文庙祭祀活动来看，郑州文庙的祭祀仪式与乐舞保存得较为完整，很能体现传统的集乐、歌、舞、礼于一体的祭祀文化。祭祀仪式从开始到结尾，每一个部分都循序渐进，甚至里面每一个舞蹈动作都是在弘扬古代的礼仪规范，将古代的礼乐文化展现得淋漓尽致。如在祭孔大典上，诵读经典是一项必不可少的流程，一般是高声诵读《论语》，来此观礼的人静静地站立于大成殿外，内心就会有肃穆的声音流出，不禁让人热血沸腾，告诫人们要"仁者爱人""修身齐家治国平天下"。这样，通过祭祀仪式，把传统文化潜移默化地融入日常生活当中，使得儒学价值能够得以真正体现。

可以说，郑州文庙在增强民众的文化自信方面发挥出积极作用，主要体现在：一是对参祀人员造成直接的心理冲击。在祭祀活动中，有机会感受并非虚幻的圣贤塑像，可以拉近与伟人之间的情感，缩短其与先贤之间的距离，更容易使其思想与传统文化得以交融，进而增强其自信心，促进其向着先贤的方向勇敢前进。二是祭祀所营造的环境直接带来的影响。文庙祭祀规格之高，营造出一种庄严肃穆的氛围以及一种溢于言表的神秘感，自然而然地使参祀人员感受祭祀活动的震撼以及传统文化的精髓，进而对先贤肃然起敬，对儒学文化更为信任和推崇。三是有助于潜移默化的文化记忆和意识形态的形成。通过多次在特定的时间地点举办不同规模的祭祀活动，使人们在心中对祭祀产生一定的文化记忆，形成相应的意识形态，这无疑是祭祀活动最为成功的地方，也是它超出祭祀本身的价值所在。当然，在祭祀活动之外，通过参观文庙、参与其他国学教育活动等，能使人们体验到儒家文化的魅力及当代价值，会不自觉地将儒家文化的精华体现于日常生活，从对传统文化的自信，升华为对中国特色社会主义的道路自信、理论自信、制度自信和文化自信。

以教化延续儒学道统

"道统"一词最早滥觞于孟子，如《孟子·尽心下》所言："由尧、舜至于汤，五百有余岁……由汤至于文王，五百有余岁……由文王至于孔子，五百有余岁……孔子而来至于今，百有余岁，去圣人之世，若此其未远也，近圣人之居，若此其甚也。然而无有乎尔，则亦无有乎尔。"[1]显然，孟子以直接继承孔子衣钵为己任。唐代的韩愈对"道统"做过一番系统阐释，他认为儒家始终有一个一以贯之的"道"，也就是"仁义道德"，完全不同于"老与佛之道"。而此道的传承谱系，如其在《原道》中所言："尧以是传之舜，舜以是传之禹，禹以是传之汤，汤以是传之文武周公，文武周公传之孔子，孔子传之孟轲。轲之死，不得其传焉。"南宋时的朱熹，则正式提出"道统"这一学术话语。

文庙作为弘扬儒学的主阵地，在延续儒学道统问题上，自然有着不可替代的作用。如明代刑部侍郎尚书程徐所言："孔子以道设教，天下祀之，非祀其人也，祀其教也，祀其道也。今使天下之人，读其书，由其教，行其道，而不得举其祀，非所以维人心、扶世教也。"[2]作为中原一代的黉宫圣殿，郑州文庙同样是维护儒家文化根基、传承儒学道统的重要场所，这在有关郑州文庙及儒学碑记中都有具体阐释。如明代嘉靖年间，为弘扬儒学道统，皇上诏令全国修建文庙建筑。于是，郑州文庙尊经阁得以重建，官员熊爵在《郑州儒学重建尊经阁记》中称："今皇上右文重道，诏天下学宫建敬一亭，镌圣制立石。大哉圣训，士何幸躬逢耶。更建启圣祠祀圣贤，所自出皆万世之缺典，一代之伟绩焉。……未期年，六事孔修，尤重斯道，崇文怜材，振励士子，阐扬圣训。"[3]而在康熙二十五年（1686年）所立的《御制至圣先师孔子赞并序》碑文中，所讲更为明白，如《序》中称："尧、舜、禹、汤、文、武，达而在上，兼君师之寄，行道之圣人也。孔子不得位，穷而在下，秉删述之权，明道之圣

① 《孟子·尽心下》。
② 《明史·钱唐传》。
③ 郑州市商城遗址保护管理处编：《郑州文庙》，科学出版社2015年版，第149页。

人也。……尧、舜、文、武之后，不有孔子，则学术纷淆，仁义湮塞，斯道之失传也久矣。"①《赞》中则称："孔子之道，惟中与庸。此心此理，千圣所同。孔子之德，仁义中正。秉彝之好，根本天性。……百世而上，以圣为归；百世而下，以圣为师。非师夫子，惟师于道。统天御世，惟道为宝。"②无论是《序》抑或是"赞"，都对孔子集大成的"道统"给予极高的赞美。2006年文庙重建之后所立的《孔子之碑》中，亦充分肯定"孔子之道"在现代社会的重要价值，称："夫子之德，万世师表。夫子之道，匡时救弊。日月经天，江河行地。惟我哲人，彪炳光耀。"③

需要指出的是，在儒学道统容易被世人忽视的现代社会，尤其需要将传统文化作为人们心灵的依托，增强人们对传统文化的认同，使儒学道统能够更好地得以传承和弘扬。文庙是儒学道统得以传承的重要阵地，是先贤文明的真实写照和缩影，弘扬儒学或文化道统，对提升国人精神面貌及构建和谐家园将大有裨益。

以教化劝民重教兴学

从史书记载来看，郑州文庙从宋代开始，就已呈现出"庙学合一"的场景，其劝民重教兴学的功能愈加突出。诚如元至顺二年（1331年），霍希贤在《郑州重修庙学记》中所说："在昔有学而无庙，后世因庙以立学。盖学乃作养人材之地，庙诚释奠圣贤之所，非学无以考德问业，非庙无以观礼习容。庙学相须，兹实明人伦、厚风化，古今为政之先务也。"④这段话，很显然是在告诉民众文庙或庙学之重要，它不仅是"释奠圣贤之所"，亦是"作养人材之地"，故需利

① 郑州市商城遗址保护管理处编：《郑州文庙》，科学出版社2015年版，第153页。
② 郑州市商城遗址保护管理处编：《郑州文庙》，科学出版社2015年版，第153页。
③ 郑州市商城遗址保护管理处编：《郑州文庙》，科学出版社2015年版，第164页。
④ 嘉靖《郑州志》卷6《艺文志》。

用庙学来"观礼习容""考德问业"。这也是天下所有文庙的教化功能之担当。

正因为文庙有劝教的巨大作用，因此，每一任地方官员都会以兴学重教为己任，对文庙大加修葺，还劝说民众筹集资金支持修复学庙，尤其还会劝说民众送孩子入学受教，以此达到重教兴学的目的。如元至元二十六年（1289年），湖北道宣慰副使、东昌节妇马氏夫人之子黄廷佐，认为地方官员的一项重要职责就是"庙像孔圣，建学立师，作养贤俊，训导闾里"。到任后，只见郑州庙学卑陋不堪，"乃即汉永平之故基，复修而重起之，圣宇贤庑，师位生斋，下及井灶，备具一新"。①文庙重修竣工后，黄廷佐还"躬率僚属、郡士，致礼常祀"，借以彰显庙学的价值，也引领民众对教育的关注。元至顺二年（1331年），州守及其僚佐见文庙"梁摧栋挠，瓦解土崩"，于是便筹划重修，在费用问题上，他们率先"同捐资俸为倡"，这一举动也感动了不少士人及民众参与到捐助活动中来，如霍希贤在《郑州重修庙学记》中所称："郡之缙绅从而和之，生徒闾闾，各输所有，富者以资，贫者以力，故得未逾半载，咸卒全功。"在文庙修复之后，州守将参与捐助、修复者及在学生徒召集在一起，恳切地说："今庙既严矣，学既成矣，凡在郡民，当父劝其子，兄勉其弟，为师者知所以教，为弟子者知所以学。"②

还有，文庙中所立碑刻也具有明显的劝谕作用，诸如明成化十二年（1476年）程敏政所撰写的《郑州学历科题名记》，称州守洪宽将明代自开国后历年科考中榜者的名字刻石立碑于庙学，旨在"以风郑人"。同年，倪岳所撰写的《郑州学历年贡士题名记》中，亦称赞洪宽"爰伐巨石，题其氏名，以示后之人，将使州人士有所劝焉"。③将中榜者的名字

① 嘉靖《郑州志》卷6《艺文志》。
② 嘉靖《郑州志》卷6《艺文志》。
③ 嘉靖《郑州志》卷6《艺文志》。

刻石立碑，还树于庙学之内永久保存，这对在学士子而言是莫大的鼓舞，对望子成龙的父母而言也是一种鞭策。

时至今日，郑州文庙内不仅展示有孔子圣迹图、孔子故事图说、孝子事迹及励志故事图案等，还经常开展国学教育活动，吸引了诸多成年人及青少年甚至儿童的参与，这将有助于全社会形成重教兴学的良好氛围。

总之，郑州文庙作为商城文化遗址的一部分，历经了无尽风霜，见证了古代文明的发展，是先贤留给我们的一份宝贵财富。在大力弘扬和践行社会主义核心价值观的今天，我们应该充分重视文庙教化功能的挖掘，使其在和谐社会构建中继续发挥其教化作用。

郑州文庙建筑及文化内涵

门围建筑
祠祀建筑
教学建筑
生活建筑

古代建筑讲究运用平衡、和谐、对称、明暗轴线等设计手法，以求达到实用、耐用、美观的效果。文庙建筑更是如同史诗一般，融合了儒家文化的精神，沉淀着儒家学者经年累月的人生信念与智慧。然文庙建筑初无定制，后因祀孔规格的提升及多次增修，至唐代初年已轮廓初现。如陈镐的《阙里志》所载，曲阜孔庙当时就有"正庙五间""两庑二十余间""庙门三间"，宋朝又增加"书楼""碑亭""仪门""御赞殿""杏坛""视事厅"等建筑。宋以后历代皇帝都重修孔庙，逐渐形成现在的规制。

创建于东汉明帝永平年间的郑州文庙也是如此，据《嘉靖郑州志·建设志》载："庙学，汉明帝永平间创建。元至正年间，知州黄廷佐重修。国朝洪武乙亥知州张奋，宣德癸丑知州林厚，正统甲子知州史彬，成化壬辰知州洪宽，弘治甲申之知州郭宏，正德戊寅之知州刘仲和，俱各重修。"同全国各地文庙一样，多次重修之后的郑州文庙虽有自己的特色，但基本形制相同，大致可以分为门围建筑、祠祀建筑、教学建筑和生活建筑四大部分。

门围建筑

门围建筑作为文庙的外围，更多的是体现文庙的恢宏与尊贵，具有深厚的历史气息。郑州文庙的门围建筑主要由棂星门、戟门、牌坊三组建筑物组成。

棂星门

棂星门是郑州文庙的第一道大门，位于文庙建筑群最南端的中轴线上，为三间四柱，中间的一道门两侧石柱的正面，分别以行书雕刻现代学人咏联："儒圣重商都仁爱于怀最难忘克己复礼，文光紫庙宇春秋在眼莫虚负绿树清风。"寥寥几笔，描绘出郑州与儒家孔学的深厚渊源。

棂星门，原名"灵星门"。《后汉书·祭祀下》载，灵星即天田星，"高帝令天下立灵星祠"。这里的天田星，是专管天田的神，主管农事，汉高祖刘邦在祭祀天地时，下令祭天必须先祀灵星，来祈求国家风调雨顺、五谷丰登。宋仁宗天圣六年（1028年），"帝命筑郊台外垣，始置灵星门"，即在天坛的祭祀入口处设立灵星门，这是郊坛设灵星门最早的文字记录。至南宋景定年间（1260—1264），文庙中始置灵星门，且为文庙所专用，象征着统治者像尊神尊天一样尊孔，祭孔亦显得与祭天一样重要。同时，鉴于文庙的门形如同窗棂一般，故改"灵星门"为"棂星门"。诚如清代学者余兆曾在《圣庙通记》中所说："凡有坛而无宫室者则设棂星门，以为宏义取乎疏通也，圣庙亦设是者，所以尊夫子同天地也。"但亦有学者如袁枚等认为，后世以"棂"代替"灵"实为史书所讹传，认为《古微书》有言"天镇星主得士之庆，其精下为灵星之辰"①。不管如何，学界普遍认同"灵星"乃是指天上的文曲星，主管文人才士的选拔，主宰着科举文运，所以孔庙的第一座大门以此星命名，意指孔子乃天上文曲星下凡。

郑州文庙初建时，中轴线上共有五进院落，棂星门以内并排三院。据地方志所载，清顺治十五年（1658年）知州刘永清、学正戚若鳃、训导李枢重修郑州文庙后庙貌巍然，就立有"棂星门一座"。1937年，国民政府为了立政教而重修文庙，此时的棂星门已不复存在，于是按照旧制，重建棂星门三楹，后又被战火毁坏。2004年文庙大修时，参照乾隆《郑州志》中的文庙图与中国文庙的传统形制，棂星门再次得到复建。现在的棂星门外形高大，属于牌楼式石质建筑，其形制是三间四柱、柱出头式，石门明间面阔3.6米，次间面阔各2.6米，通面阔8.8米。明柱高约6.45米，径0.48米×0.48米。边柱高约5.9米，径0.48米×0.48米。采用草白玉制作，均是柱下部使用抱鼓石状夹杆石，上饰穿云板，置双覆莲石雕。柱头顶端各雕刻一只蹲兽，其眼神严肃凌厉，四肢后腿蜷缩，前腿挺直。姿态既显臣服又气势凛然。整体线条简洁流畅，

① ［清］袁枚：《袁枚全集》卷15《随园随笔·棂星门之讹》。

石门巍然挺立于三级石台之上，台基横宽12米，纵深5.2米。明间由雀替、花板和额枋构成，次间构件和明间相同。明间花板的正面阴刻题额"棂星门"，边饰螭龙纹。额枋雕饰着二龙戏珠图案，均为平面减地浮雕。整座棂星门端庄大气，气势恢宏，建构有序，雕刻精细，即使挺立于闹市，也能营造出文庙庄严肃穆的气氛。值得一提的是，包括郑州文庙在内的棂星门，是从唐代的"乌头门"发展而来的。据文献记载，最早出现"乌头门"之名的是北魏的《洛阳伽蓝记》，所谓"上不施屋"。在唐宋时期，乌头门成为贵族阶层的代名词，因其华丽威武的外表，为上层人士所推崇，他们纷纷建造乌头门作为府邸大门，来彰显其尊贵。因此乌头门也被称为"阀阅"，代表世家门第之意，故有"阀阅世家""门阀世家"等称呼。[①]宋代《册府元龟》中对乌头门的形制有所记载："正门阀阅一丈二尺，二柱相去一丈，柱端安瓦筒、墨染，号乌头染。"即两根高过门顶的高大华表柱和中间相连的一至两根横梁及门扇组合而成。[②]在宋代的《营造法式》一书中，也描绘了乌头门样子，称"其名有三：一曰乌头大门；二曰表揭；三曰阀阅，今呼为棂星门"。文中还对乌头门的具体建造方法作了详细的规定和介绍，即："乌头门制，高八尺至二丈，广与高方，若高一丈五尺以上，减广不过五分之一，用双腰串，每扇各随其长于上腰，中心分作两分，腰上安子桯棂子，腰华以下并安障水版……""挟门柱方八分，其长每门高一尺则加八寸，柱下栽入地内，上施乌头。日月版长四寸，广一寸二分，厚一分五厘。"[③]从这些记载中，我们可以看出乌头门是华表和坊门的结合，将具有华美威武形制的华表移植到坊门上来，坊门原来简单的两根柱子被雕饰华丽、形制威武的华表柱所取代。宋朝以后，乌头门这一称

① [北魏] 杨衒之：《洛阳伽蓝记》卷1《城内》。
② [宋] 王钦若：《册府元龟》卷61《帝王部·立制度第二》。
③ [宋] 李诚：《营造法式》卷6《乌头门》。

呼逐渐被棂星门所代替，棂星门接着往下演变就成了牌坊，但是棂星门作为牌坊发展演变过程中的一个阶段并没有就此消失，而是作为牌坊的一个血缘分支保存延续下来，因其庄严威武的形制而常被用于建造文庙、佛寺、道观、陵墓等场所的正门，这时棂星门上的门窗已经消失，只剩下华表柱和横梁。

相比较而言，郑州文庙的棂星门具有三大特色：其一，棂星门的规格为三间形制，棂星门按规格有九门、七门、五门、三门等几种。九门有四川富顺文庙的棂星门，七门如苏州文庙的棂星门，五门如渠县文庙的棂星门，三门如尼山孔庙、犍为文庙的棂星门及郑州文庙的棂星门。其二，棂星门的屋顶属于牌楼式形制，文庙棂星门按屋顶形制主要有两

郑州文庙棂星门

种：一是房屋式，如单檐歇山顶、单檐硬山顶、歇山硬山混合式；二是牌坊式，其建筑特征是冲天石柱状，即柱子高于牌楼之上，也有的非冲天，或五间六柱，或三间四柱，或一间二柱。也有的是一字并列三座，多为一间二柱，或三间四柱居中，两边并立一间二柱，甚至三座都是三间四柱。其三，棂星门属于石质建筑，文庙棂星门按建筑材料分也有两种：或石作牌坊，如曲阜孔庙；或木作牌坊，如天津府文庙。

戟门

郑州文庙戟门位于棂星门之后，是通往大成殿区域的正门，也是文庙的第二道大门。戟门高度与棂星门基本一致，横向感较强。从体量、规格上，戟门突显其宏大、庄严、稳重，提示到此处即将进入正式的祭祀空间，即第二进院落。

宋初建隆三年（962年），皇帝下诏在孔庙门前立十六戟，来表达对孔子的尊重之意。如《道光济南府志》中所载："庙门旧名戟门，宋太祖建隆年间诏用正一品礼，立十六戟于文宣王之庙内，徽宗大观四年诏用王者制，庙门增二十四戟，此戟门之名所由防也。"[1]在宋代之后，此门外常立戟来表示威严。所以此门被称为戟门。另有一种说法认为，大成门之所以又名戟门，是因为屋顶有戟的装饰，戟是我国独有的古代兵器，是戈和矛的合成体，呈三叉状。端头有枪尖，其旁边附有锋刀，刀呈月牙形。我国发现的最早的戟，出现在商代。戟的出现推动了战国时期的到来。因其特殊构造带来的巨大杀伤力，为兵家所赏识，成为军队的主要兵器。两晋以后，盔甲的制作工艺更加完备，戟的杀伤力大大减弱。

---

① [清] 王赠芳、成瓘：《济南府志》卷17《学校》，清道光二十年刻本。

在唐代，戟退出了军用兵器的行列，转而成为一种表示身份等级的礼兵器，叫作"稍戟"。皇帝派遣臣子出外巡视或者领兵打仗的时候，都会赐"稍戟以代斧钺"，将戟作为权力的象征交与对方。且只有官阶为三品之上的人才有资格在屋顶上设有戟的装饰。

郑州文庙戟门还被称为"仪门"，即要求凡是出入此门的人都要衣冠整齐，仪表端正，并且要卸甲解刃，以示对孔子的尊敬。可以想象，数千年来，无数帝王大臣在迈入此门之前，都要省视自身，扶正衣冠，这是何等的崇敬。此门流传最广的名字，还是"大成门"这个称呼。宋崇宁三年（1104年），大成门因大成殿而得名。不论是大成门、戟门还是仪门，虽命名不同，但其形制在各地文庙中得以沿袭下来。除文庙建筑群外，太庙中也有戟门，所以并非文庙的特有建筑。

郑州文庙戟门

据史载，清顺治十五年（1658年），知州刘永清、学正戚若鳃、训导李枢重修文庙后，立有"戟门三楹"[①]。1937年民国州守阮藩侪展谒孔庙时，见"戟门仅敧椽败瓦"，故翻修戟门三楹。[②]2004年，郑州市人民政府出资开始修复文庙，戟门正处于中轴线上，也得到了修葺。修复之后的戟门，距离泮池约13米，三间大门，大门呈朱红色，每扇门上有35个门钉，正门前后有五步青石踏跺。整个戟门长10.6米，进深六架椽，宽7.2米，台基长12.6米，宽7.4米。台明为青石垒砌，地面为方砖铺就，转角处各安置有角石一块。从形制上看，戟门为单檐歇山式建筑，整体为穿斗式梁架，四根木质圆柱，柱顶石呈覆盆状。屋顶的正脊阳面正中为二龙戏珠，两侧为龙戏珠，正脊两端放置着螭龙正吻，脊背装饰凤戏牡丹图案。垂脊放置狮子垂兽，饰有牡丹图案，戗脊末端放置仙人走兽装饰牡丹图案。屋顶之上装饰着一组黄琉璃菱心，草龙形状的雀替，屋顶绿琉璃黄剪边瓦，单翘单昂五踩状斗拱。明间的屋檐之下悬着一面华带匾额，边饰螭龙图案，中间行书写着"大成门"三字。

相比较而言，郑州文庙的戟门有自己的特点：其一，戟门较棂星门相比，虽名称都命名为"门"，但棂星门属牌楼式，而戟门属房屋式大门。戟门面阔五间或三间的比较多，面阔三间的戟门，即有左中右三个门。平日里只有两侧的门开启，供人进出。中间的门只有在举行重大仪式的时候才会打开。不过，如今全国各地的文庙为供游客进出方便，中门大多都会打开。面阔五间的戟门，情况差不多。曲阜文庙原门为三间，重建之后改为五间，北京文庙也是面阔五间，云南石林文庙戟门为罕见的七间。其二，戟门上都设有门钉，不同地方的文庙其门钉数量也不一样，如甘肃武威文庙戟

① 齐岸青：《重修郑州文庙记碑》，碑刻现存于郑州文庙大成殿左侧。
② 阮藩侪：《重修郑县孔庙记碑》，碑刻现存于郑州文庙碑廊之内。

门就有98颗。其三，戟门是单檐歇山式建筑，屋顶是我国古代传统建筑的主要组成部分之一，屋顶的形式多样，按照大殿主人的地位高低排列为：庑殿顶、歇山顶、硬山顶、悬山顶、攒尖顶和录顶。按照屋檐层次分，包括重檐、单檐和比较少见的卷棚式、十字歇山顶，而重檐庑殿顶则是清代最高等级，只有皇帝和文庙的大殿可以使用，郑州文庙戟门的屋顶严格遵守文庙建筑的规格。戟门是大成殿的入口，与作为主体建筑的大成殿相比，其建筑规制通常会低一些，但是其屋顶的形式大多与大成殿保持一致，主要有单檐歇山、悬山。当然也有一些例外的情况，在清朝光绪年间，皇帝将祭祀孔子看作一件极其重要的事情，于是在建筑规格方面也有了相应的提升，由此之后修的戟门出现了庑殿式的屋顶，如北京孔庙等。

牌坊

郑州文庙有两座牌坊，位于第一进院落通道的东、西两旁，即照壁与棂星门之间的东西两侧，合称为"金声玉振坊"。东牌坊"金声坊"额题"德配天地"，西牌坊"玉振坊"额题"道冠古今"。"德配天地"意即孔子的德行可与天地平齐，"道冠古今"意即孔子之道为古今之冠，无人可以超越。

"金声玉振坊"的说法，源自《孟子·万章下》："孔子，圣之时者也。孔子之谓集大成，集大成也者，金声而玉振之也。金声也者，始条理也；玉振之也者，终条理也。始条理者，智之事也；终条理者，圣之事也。""金声"是指古代乐器"钟"发出的声音，"玉振"是指古代乐器"磬"发出的声音，一场盛大的祭祀音乐必然是以钟磬之声贯穿始终的，是所有乐器声音之中最为宏大精粹的。钟磬之声包罗万象，集众音之大成，已然达到了完美的程度，以此来象征孔子的成就已经达到古往今来的最高水平，集古代先圣先贤之大成，表达了后人对孔子的敬仰与崇拜。

牌坊式建筑则是中国特有的一种门洞式纪念性的建筑物，大多修建在街道、路口，用以标明地名或者表彰当地的

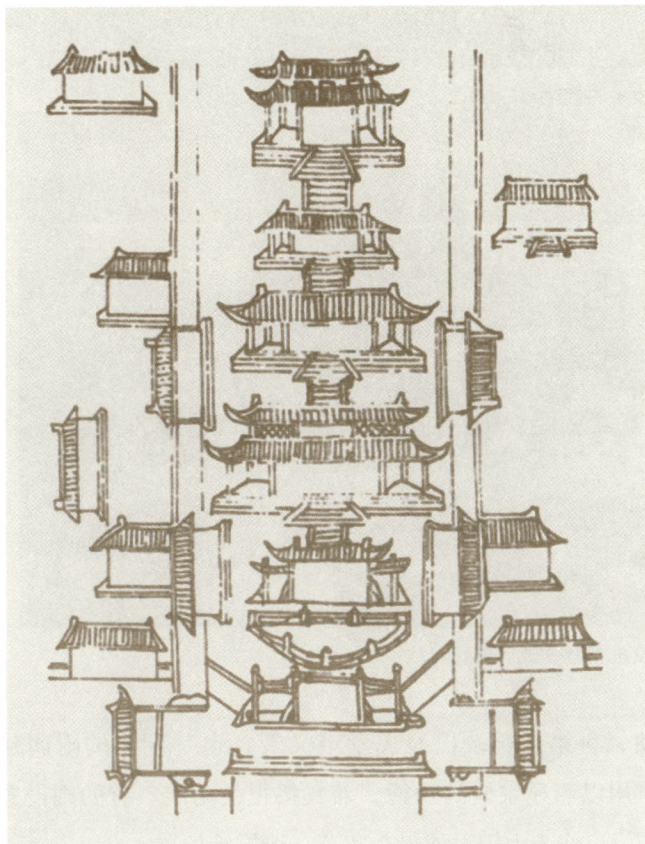

康熙《郑州志》所载郑州文庙图（图片来源：何锡爵修，黄志清纂康熙《郑州志》卷自"舆图"，康熙三十二年刊本。）

郑州文庙"道冠古今"牌坊

郑州文庙"德配天地"牌坊

功勋、科第、德政以及忠孝节义等，也是祠堂的附属建筑物，用以彰显宗族的功德，兼具祭祀的功能。有的则设置在寺庙门口作为山门，或设在陵墓、衙署等位置。

文庙作为祭祀孔子等先圣贤哲的纪念性建筑，自然也少不了牌坊。在郑州文庙历次修复的碑文碑刻中，几乎都没有涉及对牌坊的维修。据史书比较模糊的记载，郑州文庙的"金声玉振坊"至少在清康熙三十二年（1693年）之前就已存在，康熙《郑州志》中载有文庙图，虽没有标明各处建筑物的名字，但从形制上来看，就已存在这两个牌坊。

2004年，郑州市对文庙进行大修时，参照乾隆《郑州志》中的文庙图与中国文庙传统形制，复建了"金声玉振坊"。这两座牌坊为砖石结构，雕饰相当精美，高高耸立的姿态具有强烈的装饰、衬托和渲染气氛的作用，望之俨然。在形制上，两座牌坊都是四柱三间三楼式样的木质牌楼，面阔6.4米，柱身高4.25米，建在一块长8.8米、宽2.3米的青石台基上。牌楼由雀替、额枋、花板、平板枋、斗拱、檐楼组成，属于单檐歇山顶建筑，屋顶正脊为鱼龙正吻，垂脊为仙人走兽，柱子下端都使用抱鼓状夹杆石，正中间的屋檐下柱头科二攒、平身科四攒，斗拱为七踩单翘重昂。两边的屋檐下柱头科一攒、平身科二攒，斗拱为五踩单翘重昂。就牌坊题额而言，如云南建水文庙与郑州文庙就有区别，两座牌坊分别题为"太和元气"坊和"洙泗渊源"坊。

文庙中的门围建筑，除了上述的棂星门、戟门和牌坊之外，还有万仞宫墙或称照壁，礼门或称义路等建筑。从康熙《郑州志》到民国《郑县志》的文庙图中，都对文庙前边的照壁"太和元气"有所记载。

　　祠祀建筑是文庙这一特殊建筑群中的主要建筑，如供奉孔子及四配、十二哲的大成殿、供奉孔子先人的启圣祠、供奉先贤先儒的东西两庑、供奉乡贤的乡贤祠及供奉廉吏的名宦祠等，不同层次及规格的祭祀活动都是在这些建筑空间内来进行的。

大成殿

　　目前所看到的大成殿是郑州文庙的主殿及核心建筑，处于文庙的中轴线之上，属于清代晚期官式建筑，大成殿前还设有露台和东西廊庑。

　　"大成"二字，源自《孟子·万章下》，所谓"孔子之谓集大成，集大成也者，金声而玉振之也"。意在称赞孔子学识渊博，德才兼备，集古今圣贤之大成。还有一种说法，认为"大成"是古代奏乐的专用语言，古乐一变为一成，九变而乐终，至九成完毕称为"大成"。如同一曲优美的音乐，以击钟开始，以击磬结束，集六音之大成，借以赞扬孔子思想之广博，表达了对孔子的推崇之意。自隋唐以降，在"重振儒术"政策引领下，不仅文庙在全国范围内得以大规模设置，大成殿也成为文庙中的核心建筑。唐开元二十七年（739年），唐玄宗感念孔子为儒学之圣，追封其为"文宣王"，在规制上要求使用宫悬之乐、八佾之舞，将孔子的雕像设计成穿着王者的服饰和冠冕，在大成殿内坐北朝南，来凸显孔子的大儒之象、帝王之气，故大成殿也被称为"文宣殿""先师殿"，这也是帝王赐予的封号，以彰显其尊贵。元以后，又追封孔子为"大成至圣文宣王""大成至圣先师"等尊号。

郑州文庙的大成殿始建于东汉，至宋崇宁三年（1104年），宋徽宗赐额太学文宣王殿为"大成殿"，诏曰"辟雍

郑州文庙大成殿

文宣王殿以大成为名"，并颁行天下文庙。郑州文庙奉祀孔子的主殿也改名为大成殿，供奉着孔子的塑像，称为"主祀"。古者有祭必有配，对孔子的祭祀当然也是这样。殿中供奉的还有"四配十二哲"置放在夫子像的两边。此后，大成殿多次得到修复。如元成宗大德六年（1302年），印度籍进士蒲理翰莅任知州，对大成殿进行了修复。清康熙五十年（1711年）文庙重修后，有"大成殿七楹"。清乾隆三年（1738年）春，知州张钺对大成殿进行重修。清光绪二十四年（1898年），大成殿又被重建。1916年，朱炎昭撰写《重修大成殿记》碑文，记述光绪年间整修大成殿的事迹，刻碑现立于郑州文庙碑廊之内，高2.24米，宽0.7米，厚0.21米。据碑刻载："光绪丙申，老槐生火，大成殿灾事，上闻部议重修，爰按亩捐款，土木大兴，岁两度始克告成，今已二十余年矣。"[①]1937年文庙重修时，大成殿改为五楹。之后，文庙的大部分建筑都消失于战火之中，只有大成殿和戟门得以幸存下来。

目前所看到的大成殿，是2006年维修之后的情形。因为之前地基深陷，于是整体抬升1.7米。为使游人能看到抬升之后的历史痕迹，专门在大成殿两侧设置了可以进去观看的竖切面，有抬升前后的标示高度。抬升之后的大成殿依旧保持原来的建筑形制，面阔为七间[②]，长23.13米，进深四间，宽11.74米，通高11.55米。属于单檐歇山式建筑，屋顶铺设绿琉璃瓦片，在中间的部分使用了3组黄琉璃瓦铺设成菱心状来装饰屋顶。正脊两端放置的是鱼龙鸱吻，高1.8米。阳面陡板面塑二龙戏珠，阴面面塑凤穿牡丹。正脊中心放置狮子火珠，高2米左右，基座为须弥座，座上殿宇为重檐歇山顶，其上为背驮火珠的狮子，狮子垂兽，螭龙套兽。主体结构为抬梁式木

① 朱炎昭：《重修大成殿记》，见民国《郑县志》卷16《艺文志》。

② 文庙大成殿的开间有三开间、五开间、七开间、九开间四种规格。其中，比较少见的是三开间的大成殿，五开间大成殿的文庙，在历史上大多都是县学，如新乡文庙大成殿、宝丰文庙大成殿。七开间大成殿的文庙，则为等级稍高的州学、府学，如郑州文庙等。大成殿面阔九间的文庙有曲阜孔庙、北京文庙以及济南文庙、吉林文庙和哈尔滨文庙等。

构架结构，青砖铺地，覆盆柱础，重拱重昂五踩斗拱。

　　大成殿明间即最中间的门为四扇六抹隔扇门，次间为四扇四抹，梢间为四扇槛窗，都是一码三箭格心。山墙的玻璃博风悬鱼也是相当精致，博风每边11块，总长4.3米，高0.41米。一块面积约0.8平方米的玻璃饰件镶嵌在中间。悬鱼为卷云如意状，上刻牡丹和卷草。东山博风正中间镶着的是玉皇大帝像，两侧为八仙祝寿的图案。西山博风正中间镶着的是如来佛祖像，两侧为三国戏曲人物的图案，将佛、儒、道三种元素都融合在了一起。大成殿的装修中，运用了很多寓意美好的动物，其中等级最高的龙凤使用最多，主要是用于主体建筑之上。还有其他的祥禽、瑞兽、花朵等使用的地方也非常多，例如狮子、仙鹤、麒麟、牡丹、菊、兰、松等。

郑州文庙大成殿前的丹陛石

大成殿前设有露台，是举行祭祀孔子仪式的祭坛，称"月台"。有一种说法，月台是由杏坛演变而来，传说杏坛是孔子给弟子讲学的地方。月台的形式分为两种，一种是单层月台，地方文庙一般都是这种类型；另一种是双层月台，造型较前一种更加华丽，在形制上遵照皇宫之中的露台，常用于国庙级别的建筑，曲阜孔庙的大成殿就是双层月台，这种形制上的区别也反映了文庙在礼仪上的严格要求。月台又被称作"佾台"，祭孔仪式包括乐、舞、歌、礼四种形式，在典礼上陈设牲、酒等祭品，并献上歌舞，来表达对孔子的尊崇之意。月台的地面，一般情况下要比大成殿内的地面低一些，这样设计使空间更有层次感，站在露台上看殿中的塑像，也加强仰望的效果，凸显大成殿的宏伟。另外，这种设计在下雨的时候也能有效地防止雨水倒灌进入殿内。虽然月台是大成殿很重要的一个部分，但也有不设月台的大成殿，例如云南丽江文庙的大成殿。月台的宽度比大成殿要小，月台上设有栏杆，寻杖栏杆是比较常用的一种，由寻杖扶手、望柱、栏板、下枋、地栿等构架构成。月台前设有丹陛石，即可以到达月台之上两列阶梯之间的精美石雕，一般长度为2米以上，宽1米左右，用好几块石头雕刻组成。丹陛石又称陛阶石、御路、螭陛，是古代帝王身份的象征，被建造在月台前，象征着文庙至高无上的地位。丹陛石上的雕刻有题材的限制，一般以云龙为主，或在其下刻上鲤鱼龙门。郑州文庙大成殿前月台长18米，宽8.5米，现高大约2米。栏杆为草白玉单钩栏杆，栏板寻杖栏杆中的透瓶栏板，由寻杖、净瓶和面枋组成，图案为三幅云。望柱的雕刻为叠落彩云，栏板阴刻出蜀柱和盘子的图案，丹陛石之上的雕刻为二龙戏珠，边饰螭龙戏珠，两边的阶梯为11步青石垂带踏跺。

郑州文庙大成殿前还设有东西廊庑，称为"东西庑"或"两庑"，即大成殿和大成门合围而成的广场上对称而设的廊房，东西两边各七间。东西庑长25.9米，宽8.2米，屋顶为悬山顶，铺设灰筒瓦绿琉璃瓦剪边，前设步廊，五花山墙。里面供奉的都是历史上对儒学贡献巨大的先贤和先儒，每当人们祭祀孔子之时，这些先贤先儒也一同享受人们的朝拜和祭祀，称为"从祀"。其中，先贤的地位略高于先儒。

启圣祠

启圣祠又称崇圣祠、启圣殿，最初用来祀奉孔子的父亲叔梁纥。叔梁纥是周代诸侯国宋国君主的后代，他博学多才，文武双全，曾官至陬邑大夫（陬邑在今山东曲阜，是孔子的出生地），与鲁国名将狄虒弥、孟氏家臣秦堇父合称"鲁国三虎将"。叔梁纥71岁时才有了孔子。鲁襄公二十四年（前公元549年），孔子3岁时，叔梁纥便去世了，享年73岁，葬于芳山之阴。鲁昭公七年（前535年），孔子的母亲颜征在去世，与其父合葬，孔氏族人建庙以祀。宋大中祥符元年（1008年），宋真宗亲拜"叔梁父堂"，追封叔梁纥为"启国公"、颜征在为"鲁国太夫人"，在曲阜孔庙建专祠祭祀叔梁纥。元至顺二年（1331年），加封叔梁纥为"启圣王"、颜征在为"启圣王夫人"。这时，对叔梁纥的祭祀还只是孔氏家族内部的家祭，祭祀的大殿里仅仅只对叔梁纥进行供奉，没有任何的从祀体系。

崇圣祠在明朝以后，就不只是供奉孔子的父亲叔梁纥，还有部分先贤先儒的父亲，以此改变子在庙庭而父在两庑、子先父食而子处父上的尴尬情形。早在唐开元二十七年（739

年），颜渊之父颜无繇，字路，追封为"杞伯"后从祀文庙，宋大中祥符二年（1009年）加封为"曲阜侯"，元至元元年（1335年）又加封为"杞国公"。曾参之父曾点，字皙，唐开元二十七年（739年）追封为"宿伯"后从祀文庙，宋大中祥符二年（1009年）又加封为"莱芜侯"。孔伋之父孔鲤，字伯鱼，即孔子之子，宋崇宁元年（1102年）追封为"泗水侯"，宋咸淳三年（1267年）从祀孔庙。孟子之父孟孙激，字公宜，元元祐三年（1316年）追封为"邾国公"，从祀文庙。因其四人事迹都不算突出，在从祀时只能于墙上画像。而颜、曾等人因位列四配十哲，塑像坐于堂上，而其父退居两庑，让人感觉怪怪的。尤其是在举行祭祀大典时尴尬不已，于是从宋代开始，就有儒者对此争议不休。

明嘉靖九年（1530年），大学士张璁上奏《孔子祀典疏》，说："叔梁纥乃孔子之父，颜路、曾皙、孔鲤乃颜、曾、子思之父，三子配享庙庭，纥及诸父从祀两庑，原圣贤之心岂安？"请求重新厘定文庙祭典，建立启圣祠。明世宗欣然采纳，改称叔梁纥为"启圣公"，建启圣王殿为启圣祠，形成了以启圣祠为中心的一进院落。并且颁布旨意，令国子监、各地的文庙都要设立启圣祠来祭祀启圣公，颜、曾、孔、孟之父都配享启圣祠，称为"先贤"。是年，二程之父程珦、朱熹之父朱松、蔡沈之父蔡元定从祀启圣祠。明万历二十三年（1595年），周敦颐之父周辅成从祀启圣祠。清雍正元年（1723年），雍正诏令启圣祠改为崇圣祠，来祭祀孔子的五世祖，又追封孔子以上五代祖先为王，孔子的上五世祖木金父是宋国贵族，他的父亲在贵族之间的斗争中被杀害，而后全家迁居到鲁国。后来木金父被封为肇圣王，孔子的高祖父祁父被封为裕圣王，孔子的曾祖父孔防叔为诒圣王，孔子的祖父伯夏为昌圣王，孔子的父亲叔梁纥再次封为"启圣王"，母亲颜征在为"启圣王夫人"。清雍正二年（1724年），张载之父张迪亦入祀崇圣祠。这样，启圣祠的奉祀体系基本确立。

郑州文庙启圣祠出现在明嘉靖十年（1531年）之后，应该是响应明嘉靖九年（1530年）诏令最早创建启圣祠的文庙之一，位置在明伦堂东侧斋房之后，与文庙西侧的文昌祠相对应，都是相对独立的一个祠祀院落。事实上，在全国各地的文庙建筑之中，启圣祠的位置并不十分固定，不一定与以大成殿为中心的中轴线重合，也不一定位于纵轴线上，具有一定的随意性，但都处于文庙的祠祀区。清顺治十五年（1658年）郑州知州刘永清、学正戚若鳃、训导李枢重修文庙后，庙中仍有"启圣祠三楹"。[①]清乾隆三年（1738年），李洛撰文的《文庙重修记》中，记载知州张铖用自己的俸禄重修启圣祠，并修补启圣祠神龛一座。[②]启圣祠正中央供奉孔子五代祖先肇圣王木金父，东侧由内向外依次供奉的是高祖裕圣王祈父、祖父昌圣王伯夏，西侧由内向外依次供奉曾祖诒圣王防叔、启圣王叔梁纥，都是面朝南方。坐东朝西（东面面西）供奉颜无繇、孔鲤，坐西朝东（西面面东）供奉曾点、孟孙激。东面再往外走，供奉着周辅成、程珦、蔡元定。西面再往外走，供奉着张迪、朱松。清光绪二十二年（1896年）五月文庙复遭火劫，虽经过多次重修，但崇圣祠如今已不复存在。

七贤堂

七贤堂又称"七贤祠"，是名宦祠和先贤祠的前身。

① 齐岸青：《重修郑州文庙记碑》，碑刻现存于郑州文庙大成殿左侧。
② ［清］李洛：《文庙重修记》，见乾隆《郑州志》卷10《艺文志》。

郑州文庙乡贤祠

《郑州重修庙学记》中记载："至顺庚午秋八月上丁，监郡县守令僚佐观感兴叹，共思一新，乃同捐资俸为倡，郡之缙绅从而和之，生徒阗阗。……正殿两庑，讲堂两序，易敞以完，代朽以坚。若神门，若筑道，若七贤堂，若棂星阀阅，悉皆丹膜粉饰。""至顺庚午"①即至顺元年（1330年），也就是在这一年的八月，郑州官民筹资维修文庙，其中曾修复"七贤堂"，说明之前曾经有此建筑，只是不知始于何时，更不知供奉何人。

乡贤祠和名宦祠

乡贤祠也称先贤祠。才智、品行都被乡人推崇的人谓之"乡贤"，他们生前拥有崇高声望，为社会做出巨大贡献，在去世之后被予以表彰给予祀奉。春秋战国时期，就已经出现祀奉前代贤哲以勉励后人的传统。《周官·春伯》有云：

① [元] 霍希贤：《郑州重修庙学记》，见嘉靖《郑州志》卷6《艺文志》。

"有道有德者使教焉，死则以为乐祖，祭于瞽宗。"① "乡贤"一词始于东汉，"郡人甄士然临孝存知名，早卒，融恨不及之，乃命配食县社"②。"乡先生殁则祭之于社，皆乡贤也。"③《辞源》中亦提到："孔融为北海相，以甄士然祀于社，此祭祀乡贤之始。"④可知，诸如甄士然等有名望的人去世之后，就与社神一同祭祀，这在当时是一件相当荣耀的事情。不过，此时还没有专门祀奉先贤的场所，是在平日祭祀所用的社坛内完成。

郑州文庙乡贤、名宦二祠坐落于泮池北部、大成门即戟门的东西两侧。各地始建文庙时，建制中只设有先贤祠，祭祀前朝前代在本地任官并有善政的官员和有嘉行的本地人士，各地奉祀人物完全不同。后先贤祠分改为名宦祠和乡贤祠，通常在文庙布局中建在戟门之南的院落中。依据传统规制，郑州文庙的乡贤、名宦二祠，当始于元成宗大德六年（1302年），当时的印度籍进士蒲理翰莅任知州，"奉宣诏书，崇秩礼祀，修三皇、先圣庙，建乡贤祠"。名宦祠尚未列入建制。明朝成化八年（1472年），郑州知州洪宽重修文庙时，"葺郑州学及孔子庙，建企德、敷教二堂"，其中"企德"堂就是用于祭祀乡贤的。⑤明嘉靖三年（1524年），知州刘汝轼在重修文庙时，不仅重修乡贤祠，还创立名宦祠。他说："夫贤有所遗，则敬不广；祀无所鳌，则敬不专。不广不专，贤道则不尊，升道孤而教且沦，如之何？"于是"新旧祠以奉乡贤，创新祠以奉名宦，各三楹也"。对此，高尚贤在《名宦乡贤记》中有详细记述，称："我朝重道崇祀，而名宦乡贤，必祀之学宫，以翼道也，名宦则其为治，乡贤表其为俗，以坤教也。道翼则振，教坤则流，故学以奠先圣，祠以序列贤，识治者谨之。"⑥清乾隆三年（1738年）春，知州张

① 《周礼·春官·宗伯第三》。
② 《后汉书·郑孔荀列传第六十》。
③ [明]蒋冕：《全州名宦乡贤祠碑》，见《广西通志》卷104《艺文·记》。
④ 《辞源》（第4册），商务印书馆1980年版，第3 215页。
⑤ [明]程敏政：《郑州历年贡士题名记》，见民国《郑县志》卷16《艺文志》。
⑥ [明]高尚贤：《名宦乡贤记》，见嘉靖《郑州志》卷6《艺文志》。

郑州文庙名宦祠

钺对乡贤祠、名宦祠进行重修。[①]清光绪二十二年（1896年）五月文庙复遭火劫，两年后知州汤以慈建东院宫厅三间，名宦祠三间。[②]2004年，郑州市人民政府重修文庙时又重建乡贤、名宦两祠。

复建后的郑州文庙乡贤祠、名宦祠建筑造型、面积相同，都呈长方形，各面阔三间，进深六架椽，东西长9.6米，南北宽7.6米，整体坐落在长11.1米、宽9.2米的台基之上，台明即台基露出地面的部分使用青石砖砌成，地面铺设方砖，转角处各放置角石一块。且都是悬山式建筑，屋顶使用绿琉璃瓦，屋顶之上装饰着一组黄琉璃菱心，屋脊为双龙戏月，脊饰和戟门之上是一模一样的。五花山墙，明间为四扇五抹隔扇，次间装有槛窗，格心为一马三箭式样，门前为四步青石垂带式踏跺。走进祠堂内部，会看到一扇屏风，在四周放置郑州历代乡贤、名宦之人的木刻雕像，人物栩栩如生，供人观瞻。

① [清] 李洛：《文庙重修记》，见乾隆《郑州志》卷10《艺文志》。

② 齐岸青：《重修郑州文庙记碑》，碑刻现存于郑州文庙大成殿左侧。

教学建筑

教学建筑是所有文庙实施教育教学活动的重要场所，又被称为学宫，实际上就是中央太学及地方上府、州、县学建筑，是"庙学合一"中"学"的具体体现，发挥着传播儒家思想、进行社会宣教的重要作用。郑州文庙的教学建筑，包括明伦堂、尊经阁、斋房、魁星楼、泮池等，共同组成文庙的教学活动空间。

明伦堂

和其他文庙一样，郑州文庙的明伦堂即讲堂，是文庙教学建筑的核心，亦即学宫的主体建筑。

"明伦"二字源自《孟子·滕文公上》："夏曰校，殷曰序，周曰庠。学，则三代共之，皆所以明人伦也。人伦明于上，小民亲于下。"意思是说无论哪个朝代办理的学校，都是用来"明人伦"的，即教导人们懂得人与人之间的伦理道德规范，增进人与人之间的凝聚力，形成良好有序的社会环

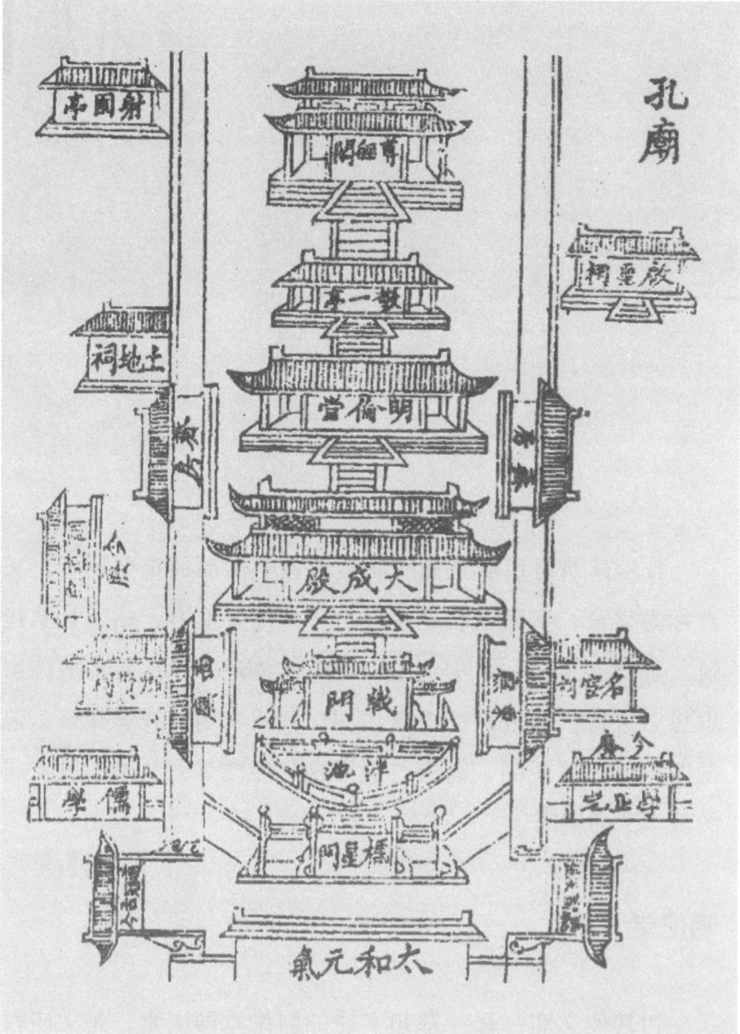

民国《郑县志》文庙图中的明伦堂（图片来源：周秉彝修、刘瑞璘纂民国《郑县志》卷自"郑志图"，民国五年刊本。）

境，以有助于社会的稳定。可以说，"明伦"二字所体现的就是古代学校教育的目的。

明伦堂的作用比较简单，就是学官视事和生员集会听课的地方，就像我们今天上课用的教室。和其他建筑相比，明伦堂的等级并不高，即便是在全国各地的文庙中，也大多处于主轴纵轴线之外一次轴上，甚至有的位置更加偏远，被放在左右两次轴之上。但是也有少数文庙的讲堂被建在主轴线上，郑州文庙就是如此，始终位于大成殿与尊经阁之间。这样，根据明伦堂在文庙中所处的位置，就可以辨别庙、学的基本布局。如郑州文庙明伦堂位于大成殿之后，就形成"前庙后学"的形制。而有的明伦堂位于大成殿左、右两侧，就形成"左庙右学"或"右庙左学"的形制。依照文庙规制，郑州文庙的明伦堂为五开间，低于七开间的国子监明伦堂，但又高于三开间的县学明伦堂。从民国《郑县志》所载明伦堂图来看，明伦堂前部设有露台，中间设有作为过渡的敞厅，最后比较封闭的是正堂。露台用来宣讲大课，用于人数比较多的时候，室外的空间也能很好地利用起来。敞厅起着从室内到室外的过渡作用，还可以作为师生交流探讨问题的地方，正堂则是日常授课的地方。正堂的面积也是这三个部分中最大的。

至于明伦堂从何时开始设置，史志没有具体的记载。但从嘉靖《郑州志》所载碑文及图形来看，元朝之前就已存在明伦堂建筑。元成宗大德七年（1303年），郑州多名官员曾对明伦堂进行修复，以成"立教明伦之举"。元朝学者李师圣在《郑州兴学记》中记述了修复事宜，称："虽有明伦之堂，而无明伦之人可乎？知州刘奉训倡始于前，知州许奉训、同知王承事等继终于后，进义副尉、管城达鲁花赤狗不花等，又相与辅相之。"①明成化八年（1472年），知州洪宽目睹"学宫倾圮，施教弗称，遂以为首务，思一新之，于是鸠工度材，谨饬百废，规制焕然"。"役弗及民，而明伦有堂，肄业有斋，门墙塽业，足以耸游观，馆舍邃严，足以乐藏息。"②可知，在知州洪宽修复之前，学宫已残败不堪，因而洪宽便以修复学宫为己任，以教化乡民。清顺治十五年（1658年）知州刘永清、学正戚若鳃、训导李枢重修文庙后，"明伦堂五楹"。清乾隆三年（1738年）春，知州张钺又重建明伦堂。③民国《郑县志》中所载文庙图中，还显示明伦堂的存在。而在2004年重修文庙时，却没有复建明伦堂，着实让人有些遗憾。

尊经阁

尊经阁也是郑州文庙中的教学设施，属学宫的配套建筑，位于大成殿之后的中轴线上，又被称作"藏经楼"，即文庙的藏书之所，里面贮藏有儒家学派经典书籍以及百家子史诸书、御制诸书，以供文庙弟子阅读研习。

熊爵在明嘉靖年间撰写的《郑州儒学重建尊经阁记》中，称"学宫旧有尊经阁，制度卑隘且倾圮"。

尊经阁于何时建立，已无从考证，但至少在明嘉靖之前就已存在。碑记对知州胡万里重修尊经阁的过程及规制有详细记述，称："经始于孟夏，秋仲落成，址馔堂之阴，自础至极，为尺五十，深六寻，广倍之；为楹八，为虹六，栋宇悉重拱，檩斗相承；三桅九甍，复檐森桶，飞柳双猿，上下相望，四表八维，重轩高牖，周以楯槛，延以梯阑，龙腾虎植，翚飞鸟革，悉饰以丹碧髹彤，文藻羽丽，虽槽栌榱衍

① ［元］李师圣：《郑州兴学记》，见嘉靖《郑州志》卷6《艺文志》。
② ［明］程敏政：《郑州历年贡士题名记》，见民国《郑县志》卷16《艺文志》。
③ 齐岸青：《重修郑州文庙记碑》，碑刻现存于郑州文庙大成殿左侧。

郑州文庙尊经阁

之微，靡不绣绮。"①可见，此次重建的尊经阁规制颇为宏伟。清顺治十五年（1658年）知州刘永清、学正戚若鳃、训导李枢重修文庙时，文庙中有"尊经阁五楹"②。清乾隆三年（1738年），知州张钺重修文庙，并在《文庙重修记》中写道："岁戊年，余承乏兹郡，首谒学宫，乃见榱桷倾颓，廊庑不饰，尊经之阁风雨飘摇，习射之亭榛芜翁翳，不禁怦然动，悚然惧，即欲整理。"③民国及抗日战争时期，尊经阁被毁，不复存在。2004年，郑州文庙重修时，尊经阁也得以复建。

复建后的尊经阁为重檐歇山顶建筑，面阔七间，长度为21米，宽度为14.4米，进深六架椽，坐落在长23.4米、宽16.8米的台基之上。其大殿面阔五间，每一间的长度各不相同，明间为4.7米，次间为3.75米，尽间为2.8米，梢间为1.6

① ［明］熊爵：《郑州儒学重修尊经阁记》，见嘉靖《郑州志》卷6《艺文志》。
② 齐岸青：《重修郑州文庙记碑》，碑刻现存于郑州文庙大成殿左侧。
③ ［清］张钺：《文庙重修记》，见乾隆《郑州志》卷10《艺文志》。

米。其建筑规制比较复杂，使用的是抬梁式梁架，殿外有26根檐柱，其主要功能为承载屋檐部分的重量。大殿内部的柱子即金柱也有26根，承受屋檐部分以上的屋面重量，贯通整个建筑。在重檐建筑中，金柱上端向上延伸，直达上层屋檐，并承受上层屋檐重量，这样的金柱叫重檐金柱。金柱柱础为礩墩式三层石雕柱础，底座为须弥座，上层为鼓式。二楼上设有平座回廊，使整座建筑看起来森严恢弘。正脊正中央放置琉璃楼阁狮托宝瓶，左右放置的是狮托宝瓶和八仙神像，正脊两端放置的是鱼龙正吻，正脊陡板阳面雕刻琉璃高浮雕二龙戏珠及游龙图案。垂脊两端为仙人走兽，陡板雕饰高浮雕二龙戏珠图案。戗脊末端放置仙人走兽，陡板雕饰缠枝牡丹图案。屋顶使用绿琉璃瓦片，正中央装饰一组黄琉璃菱心。尊经阁二楼的斗拱为五踩双下昂重拱计心造，前后明间平身科三攒，次间两攒，梢间一攒，两侧平身科每间一攒。一楼斗拱为三踩单下昂重拱造，攒数与二层相同。尊经阁门窗十分精美，而且数量较多，前后敞亮，给室内提供了充足的光线，一楼明间为六扇五抹隔扇门，次间为四扇隔扇门，梢间置槛窗，二楼与一楼规格相同。一楼一般用于学术活动，二楼则主要是藏书。如乾隆《郑州志》中曾记载尊经阁的藏书情况："乾隆三年部颁《十三经》《二十一史》，五年发《明史》，七年藩宪颁发《学宫备考》，俱贮阁上。"

进德斋和修业斋

据史载，郑州文庙明伦堂左右建有进德、修业两斋，各占五间。斋名出自《周易》，称："君子进德修业。忠信，所以进德也；修辞立其诚，所以居业也。知至至之，可与言几也。知终终之，可与存义也。是故居上位而不骄，在下位而不忧。"可知，"进德修业"意为增进道德与建立功业。

进德、修业两斋建于何时，史书无载。但从嘉靖《郑州志》所载文庙图来看，已有两斋的存在，只是图中没有标明斋名，仅注有"斋"字。此后的康熙《郑州志》、乾隆《郑州志》及民国《郑县志》所载文庙图中，均有两个斋房的存在。只是兴废情况不一，如据乾隆《郑州志·建置》载："乐器库、神厨、育德仓、义仓、射圃厅、宰杀厅、敬德斋、修业斋、存诚斋，年久倾废无存。"民国以后，进德、修业两斋只留存于历史记忆之中。

魁星楼

魁星楼既是文庙的配套建筑，又具有相对独立性。就各地魁星楼来说，大都矗立于文庙的东南角，一般为两到三层，顶端屋顶为六角、八角攒尖顶，而有的文庙直接以城墙上的角楼作为魁星楼，如平遥文庙魁星楼就位于县城墙的东南角。郑州文庙魁星楼则位于郑州东南方，如据刘瑞璘所撰《重修奎星楼记》讲："郡之东南巽隅有楼耸起，其上晓日，其下佳城，凤台远映，古塔近邻，额曰'魁星楼'。"[1]

文庙魁星楼的出现是受道教影响所致，同时也与学宫、科举息息相关。在我国古代道教中，天上星宿之一的魁星被称之为主宰文运兴衰的神，虽来源于道教，但在儒家学子心中拥有极高的地位，对其非常崇拜。魁星的来源有三种说法：一是指北斗七星中的前四星，即天枢、天璇、天玑、天权四星的总称；二是指北斗七星中的第一颗星天枢星；三是

① 刘瑞璘：《重修奎星楼记》，见民国《郑县志》卷16《艺文志》。

指"奎星"，即二十八星宿之一的西方白虎宫的七宿之首，在古代神话中主文运、文章。东汉纬书《孝经援神契》中有"奎主文章"之说，认为其屈曲相钩，似文字之书。后世将其演化为天上文官之首。在唐代，奎星就已经被奉为文章之府，并且建庙祭祀，古代皇帝所写之书称为"奎章"，科举考试将其奉为主中式之神。后来，"奎星"逐渐演变为"魁星"，对于这种演变，也存在不同的说法：其一，奎星塑像的样貌多是黑脸红发、张牙舞爪的鬼面形象，右手拿着朱批笔，左手托斗，左脚后翘踢斗，因而得名魁星。其二，魁有"首"之意，又与"奎"同音，所以代替了"奎"字，成为"魁星"，并且出现了"经魁""五魁"等名称。虽然不知哪种说法才是准确的，但是"魁斗星君"之名为世人皆知，已然根深蒂固，不可更改。

对魁星的信仰从宋代就开始了，我国很多地方都建有"魁星阁"或者"魁星楼"，正殿之中有魁星塑像，其像面目狰狞，红发环眼，头上有角，金身青面，如同鬼一般。魁星右手拿的朱笔，意思是用手中之笔，点定科举中试之人。脚下踩着一条海中大鳌，意为"独占鳌头"。左脚后踢正应了"魁"字右下的一大笔弯钩。传说只要魁星的笔点中文人，那他的文运、官运必然畅通无阻，节节高升。所以但凡读书人，都将其奉若神明。尤其是宋以后皇宫正殿的御路之上，除了龙之外，还雕有大鳌的图案，还有一只魁斗放在旁边，成绩出来之后，所有应试者皆站在御前，第一名站在鳌头之上，手拿魁斗，这便是"一举夺魁，独占鳌头"。

郑州文庙的魁星楼始于何时，已不得而知。嘉靖《郑州志》中的"祠祀"中记录有"文昌祠"，在文庙图中与崇圣祠对应，置于明伦堂西侧。"文昌"原是天上六星之总称，即文昌宫，掌管人间文学及科甲，故也称之为文魁之星，类似于魁星。甚至是在台湾新竹县关西镇的文昌阁内，不但主奉文昌，还奉祀孔子。康熙《郑州志》在谈到郑州儒学建筑时，则出现"新魁楼""旧魁楼"的记载，说新魁楼"在城东南域上"，旧魁楼"在东门外，今废"。该志所载文庙图中，已经没有"文昌祠"建置。在乾隆三年（1738年）李洛所撰写的《文庙重修记》中，又提到对"文昌阁"的维修，而乾隆《郑州志》文庙图中，依然没有显示文昌阁。据刘瑞璘的《重修奎星楼记》所载，至1912年时，"奎星楼灾，焚毁殆尽"。从1915年到1916年，刘瑞璘的好友李光华锐意重修，"郑州绅学商界各厚薄捐资有差……奎宿一星，文武兼资，军学胥备"。在碑记中，刘瑞璘要求在学士子要明白"星象与教育之关系"，认为："一曰北辰，居所不动，总统端拱之教育也。一曰北斗，终年旋转，责任内阁之教育也。太微垣十星，环如宫廷，各总长率属之教育也。天市垣二十二星，平如权衡，各省长分巡之教育也。聚主杀戮，各督军练兵之教育也。星变多端，或隐或现，或孛于四方，或见于当午，其长竟天，其光如画，像国家之翻动力，人民设防之教育也"。[1]遗憾的是，魁星楼现已不复存在。

泮池

在古代，泮池又称半月池、泮水、月牙池、偃月池，是一个外圆内直的半圆形水池，在民间还会被称为"墨池""砚池"等。据《礼记·王制》载："天子命之教，然后为学。小学在公宫南之左。大学在郊，天子曰辟雍，诸侯曰泮宫。"

---

[1] 刘瑞璘：《重修奎星楼记》，见民国《郑县志》卷16《艺文志》。

郑州文庙泮池

可见，按周朝学校礼制，天子之学在辟雍，辟雍四周环水，中间高地建造学官；诸侯之学在泮宫，因古代有诸侯不得观四方之说，故其泮宫只能以半水环之，即东西南三围有池水，如同一个玉璧的一半，被称为泮池。《诗·鲁颂·泮水》中有对泮池的记载，称："泮之言半者，半水者，盖东西以南通水，以北无水也。"后世府、州、县地方文庙以诸侯之学自比，就在文庙之中设置泮池，为文庙、学官专用。随着文庙的发展、孔子祭祀制度的完善，泮宫、泮池在很大程度上也逐步演化为教育和文化传承的代名词，象征孔子讲学的学宫，是庙学的标志性建筑。

就各地泮池来看，泮池之上架有桥，名为泮桥，建筑所用材料有砖有石。泮桥有平桥和拱桥两种样式，大多泮桥以拱桥为主，而平桥比较少见，有说平桥或称"青云桥"，取"平步青云"之意。就拱桥来说，多是一架拱桥，有单拱、双拱、三拱、五拱不等。如是三拱、五拱，则中间一拱最大，两边对称递减。泮池面积较小，桥墩位于两岸，桥身从泮池中间横跨过去。而有的文庙则是三桥并架，中间的为拱桥，两边为平桥，泮池面积较大，桥墩埋于水中，桥体中部砌成半圆形的拱券，俗称"状元桥"，即应试者在殿试被录取之后要到文庙中拜见孔子，需要经过泮池。状元走正中，榜眼和探花走两旁，体现了严格的等级制度。还有极少数的泮桥是两座的，如嘉兴府孔庙的泮池上的两座石拱桥，叫作腾龙、起凤。泮池的池壁都是石头砌成的，泮池及泮桥上都设有栏杆，上施望柱、栏板，雕刻着精美的图案。在古代，新进生员都必须进文庙拜孔子，由官员带领登上泮桥，由泮桥进入文庙，到大成殿拜见孔子，被称为"入泮"。这就像入学仪式，如同从市井民俗之地进入到儒学的神圣殿堂之中，借此泮池洗涤心灵，去除浊气，迈向光明的未来。泮池中的水大多是活水，有进水口和出水口来保证水流畅通。

郑州文庙的泮池位于棂星门之后，在大成门之前，由青石砖砌成，呈半圆形，直径为13.88米，周长为35.67米，桥面宽2.4米。泮池上的桥为单孔半圆拱桥，泮池和桥面上都置有汉白玉单钩石栏杆，栏杆望柱为莲瓣柱头，栏板寻杖和面枋间为透雕三浮云、净瓶，栏杆两端置抱鼓。栏板上雕饰着精美的浮雕，为花草图案和传统故事"二十四孝"中的画面。泮池的设计小巧玲珑又精美绝伦，让人感受到古人对美好生活的向往与寄托。

在郑州地方志中，有不少关于泮池的记载，至于何时所建无从考证，但在历史上经过多次重修。如天顺三年

（1459年），知州余靖重修文庙时，发现"泮池阶级之甃有缺而未补者"，于是对泮池井壁破损的地方加以修补。[1]嘉靖十一年（1532年），知州梢腾汉在庙门外开凿泮池，并在泮池上面架了一座桥。清顺治十五年（1658年）知州刘永清、学正戚若鳃、训导李枢重修郑州文庙时，有"泮池半规"[2]。1937年，国民政府重修郑州文庙时，"泮池半规"也被重新翻修。而今我们看到的，是2006年郑州文庙重修后的形制。

郑州文庙中的教学建筑，除了上述这些之外，史志中还记载有存诚斋、文昌阁或称文昌宫、敬一亭、杏坛、射圃等，因史料记载有限，此不赘述。

①［明］刘定之：《郑州修学记》，见嘉靖《郑州志》卷6《艺文志》。
② 齐岸青：《重修文庙记碑》，碑刻现存于郑州文庙大成殿左侧。

生活建筑

文庙无论是祭祀场所抑或是教学场所，都离不开诸如庖、湢、井、库等配套生活设施。尤其是作为一所地方官学，在校师生的饮食、洗浴、器皿的储藏等需要专门设施来解决，这些设施共同组成文庙的生活空间。

庖

庖或称"神庖"，是祭祀孔子时宰杀牲畜的地方。有时也称之为"灶"，即为在校师生的厨房。据史载，元至元二十四年（1287年），黄廷佐莅任郑州州守后对文庙进行重修，次年七月落成，历时半年，竣工时"圣宇贤庑，师位生斋，下及井灶，备具一新"。另据康熙《郑州志》载，郑州文庙中有神厨、宰杀厅等建筑，位于文庙角落处，是一个占地不大的小院落，大门为灰瓦悬山顶，五檩分心式木架，用一斗二升交麻叶斗拱。正厢房均为灰瓦硬山顶，五檩三柱前廊式木架，无斗拱。此后便不见史载。

郑州文庙井亭

郑州文庙"净心"处

郑州文庙研究

井

井在古代生活中占据着重要的地位，文庙中的井更是具有独特的意义。文庙之中的井相传是孔子的吃水井，被称作"圣水"，当然原井现存于曲阜孔庙，各地文庙所掘之井及建置井亭既是祭祀所需，也是生活所需。

郑州文庙的井，位于尊经阁的右前方，至少在宋之前就已存在。2004年重修文庙时发现此井，为保护此井，就在其上建了一个亭子。井亭平面为正方形，台基长4.3米，高0.45米。亭子通高为4.6米，为单檐建筑，屋顶使用的是灰瓦，屋顶最上面是方形围脊，四条垂脊与围脊相连。亭子梁架由四根檐柱撑起，额枋上有斜撑，是攒尖梁架。石井为六边形，由六块青石拼砌而成。石井正上方有天井，下雨的时候，雨水会直接从天井落到石井之中，保证井中水源充沛。亭子西侧设有红墙，其他三面都设有三步垂带式踏跺。墙上题有"沐慧"二字。整体设计精美，亭檐微抬，如同鸟雀欲飞。

亭子后方不远处，还有"净心"处，从瑞兽口流出细水，用水象征性地洗手，可以有净心的效果，等于让自己在如此神圣的殿宇受到一次心灵的洗礼。

库

文庙中的仓库称作"神库"，用于放置祭祀孔子时所用的礼器和供品的备制。若是祭孔大典或者迎接皇帝祭孔时，这里又是进行各种准备工作的场所。一般文庙的库房为歇山顶建筑，且不止一个。据康熙《郑州志》载，郑州文庙就有"祭器库""乐器库""架阁库"等。乾隆《郑州志》亦称，郑州文庙中有"祭器库""育德仓""义仓"等建筑。现不复存在。

除外，"湢"作为沐浴更衣的地方，亦是古代文庙所必备的设施，因为文庙祭祀时的仪式非常复杂和繁琐，在大祭之前，主持祭祀的人必须要到文庙之中斋宿并且沐浴，以清洁自身，以示敬重，同时在学师生也需要沐浴，只是史志中缺乏对"湢"的记载。

总之，郑州文庙既具备中国古代建筑的特点，又包含着儒家思想的深刻意蕴，是礼制建筑和宫殿建筑的完美结合，历经多年的风霜洗礼，却从未被人们遗忘，且历朝历代都能得以修复，可见其在政治及社会生活中的地位是至关重要的。郑州文庙建筑是乡土文化与儒家文化的高度统一，也是每一个朝代审美艺术和工匠技艺的有机统一，见证了一代代人才的培养，见证了这座城市的兴起与衰落，已经和郑州这座古老的城市融为一体。

郑州文庙的文化传承路径

文庙藏书与刻书

文庙碑文

文庙雕塑

文庙诗联

文庙匾额

文庙对文化的传承，尤其是对传统儒家文化的传承，除整体布局、院落及主要建筑物外，还有藏书、碑刻、雕艺、诗联和匾额等，其主要特点是文字加实物，这相对于建筑物来说，更能为民众所关注、所记忆、所接受。事实上，当去参观一处名胜古迹时，会不由自主地先看一下建筑物的匾额，然后浏览一下左右楹联，走到一处碑刻时也会看一下何时、何人所立，看到雕塑壁刻也会悉心去体会画面中的故事和意蕴。因而，藏书等这种物化的方式，在文化传承中所发挥的作用是不可小觑的。

文
庙
藏
书
与
刻
书

　　在古代中国，自有书籍便有藏书事宜，无论是官方、民
间、抑或是学校都很关注书籍的收藏和利用。据《庄子·天
道》所载，孔子想将自己的书籍保存在周朝的书库里，弟子
子路便出主意说："由闻周之征藏史有老聃者，免而归居，
夫子欲藏书，则试往因焉。"即让孔子去征求一下老子的意
见，因为老子曾经做过周朝的征藏史（相当于国立图书馆
馆长），对藏书自然精通。自两汉儒术独尊之后，儒家著
作便成为天下藏书机构重点收藏的对象，汉代的天禄阁、石
渠阁、麒麟阁、兰台、石室等都是重要的藏书之所。魏晋以
后，个人藏书及学校藏书日益发展起来，如南齐的陆澄藏书
万余卷，被王俭称之为"书橱"；南梁的沈约"好坟籍，
聚书至二万卷，京师莫比"；唐代的许善心"家藏书近万
卷"，撰有私家目录《七林》；宋代的周密自称"吾家三世
累积，凡有书四万二千余卷"；始建于明代嘉靖年间的天一
阁，藏书三十万卷，可谓中国现存最早的古代私家藏书楼。
　　文庙作为儒家文化的物质载体，自然也具备藏书的功能

以及承载刻书的使命。

文庙藏书

学校作为传道授业的主要场所，与书籍及藏书有着不可或缺的天然联系，官学、私学如此，唐宋以后因书而名的书院更是如此。如宋初学者胡仲尧，在其家乡华林山别墅构建书堂，"筑室百区，聚书五千卷"；学者窦禹钧曾"于宅南构一书院，四十间，聚书数千卷"等。尤其是这些教育机构，不仅藏书，而且还介入刻书活动，也就是出版相关书籍，类似于今日之出版社。作为古代最高学府的国子监，从五代后到唐时就开始刻印书籍。长兴三年（932年），宰相冯道、重臣李愚请令判国子监事田敏校定并刻印《九经》，至后周广顺三年（953年）全部刻完，前后历时22年；后周显德二年（955年），国子监祭酒尹拙奏请兵部尚书张昭、太常卿田敏同校勘《经典释文》，并刻版印行。而作为地方官学也较早地加入到刻印书籍之列，如：宋绍兴十七年（1147年）婺州州学刻印《古三坟书》；宋乾道元年（1165年）零陵郡学刻印《柳柳州外集》；宋庆元六年（1200年）罗田县学刻印《离骚草木疏》等。

作为庙学合一的社会及学校教化机构，郑州文庙诚然已有藏书的传统。其藏书的主要标志，就是尊经阁的创建，至于尊经阁始于何时，史书没有明确记载，但在嘉靖《郑州志》中，载有嘉靖年间学者熊爵所撰写的《郑州儒学重建尊经阁记》，称文庙旧有尊经阁，嘉靖时知州胡万里重修尊经阁，"积经史百家集甲乙之，牙签锦轴，辉映梁栋。解役之日，官师少长咸登览也"①。至于所藏书籍的具体情况，文中

① ［明］熊爵：《郑州儒学重建尊经阁记》，见嘉靖《郑州志》卷6《艺文志》。

未有交代。但从"经史百家集""辉映梁栋"，可以看出郑州
文庙藏书不仅丰富，且为数不少。明代官员黄庆在《郑州学
义田记》中，谈到自己身为郑州人士，在常熟为令，但对家
乡教育事业十分关心，于是自捐薪俸，"求五经四书义各一
部，共若干篇，发郑庠中"①。等于是为郑州庙学捐赠了一部
分书籍，以供庙学师生教学之用。乾隆《郑州志》在《建置
志》中介绍"学宫"时，谈到文庙的藏书，称："乾隆三年部
颁《十三经》《二十一史》，五年发《明史》，七年藩宪颁
发《学宫备考》，俱贮阁上。"这些藏书对儒家文化在中原
的传承发挥了巨大作用。

文庙刻书

郑州文庙也积极发展刻书事业。明成化十二年（1476
年）翰林侍讲程敏政在《郑州学历科题名记》中，曾提到
郑州知州洪宽"及困馆于学，刻《大学要略》，以便教与
学者"②。也就是说，洪宽在整顿庙学时，曾刻印《大学要
略》一书用作教学读物。而在康熙《郑州志》中，载有康熙
时河南巡抚阎兴邦所撰写的《文庙礼乐志序》一文，提到刻
印《文庙礼乐志》，旨在供学子学习礼乐之用。他说："世之
欲化民成俗者，其必由礼乐乎！""溯礼乐之源，必推本于
先圣。"但考虑到明末灾乱及礼乐丢失的情形，便呈请衍圣
公，希望能为河南弘扬礼乐文化而助一臂之力。衍圣公便很
快派乐舞生6人，携带《阙里志》一部，还有埙、篪等乐器各
1来到河南。阎兴邦甚是高兴，便"择八郡一州之秀良子弟合
而教之"。同时，阎兴邦又结合河南的实际情况，"遂取志中
之礼仪、乐舞二部，有非天下之所通行者，则节录焉，消繁

① ［明］黄庆：《郑州学义田
记》，见嘉靖《郑州志》卷6《艺
文志》。
② ［明］程敏政：《郑州学历科
题名记》，见民国《郑县志》卷
16《艺文志》。

正伪，以付之梓"。《文庙礼乐志》刻成之后，阎兴邦不仅亲自作序，还"进守令师儒，而告以复古之意"①。

　　虽然史料对郑州文庙藏书及刻书情况记载不多，但从寥寥数语来看，可以感受到文庙通过藏书及刻印书籍，对儒家文化传承及发展的贡献是不可低估的，应与其他官学一样当载入史册。

---

① ［清］阎兴邦：《文庙礼乐志序》，见康熙《郑州志》卷10《艺文志》。

文庙碑文

郑州文庙碑廊

　　古人往往会将有关建筑物创建与修复始末、缅怀逝者、名宦德政事迹以及纪念某一历史事件的叙述性文字刻在石碑上，在增强民众对历史认同与记忆的同时，也是留给后人的一份珍贵历史文献。尤其是这些碑文或者收入学者个人文集，或者收录于地方志，或者依然被搁置在某地，继续履行文化传承的历史使命，以供世人观赏和研究。

　　查看嘉靖《郑州志》、康熙《郑州志》、乾隆《郑州志》、民国《郑县志》等各个时期所纂修的郑州地方志，可以发现与郑州文庙相关的碑文、碑记等文字材料为数不少，且历经沧桑所留存下来的碑刻也都陈列于碑廊的墙壁之上，2006年以后所立的少量碑刻则矗立在大成门左右。这些碑文和碑刻是郑州文庙历史的见证，也是对文庙文化的一种诉说。

元朝碑文

　　元之前的郑州文庙，没有留下任何碑文。有元一代，郑州文庙经过六次修复，也只留下三篇碑文，均收录嘉靖《郑州志》。

《郑州重修庙学记》

元至元二十六年（1289年），由翰林学士、提刑按察使胡祗遹撰文，记述从至元二十四年（1287年）至元二十六年（1289年）湖北道宣慰副使黄廷佐及当朝尚书之子脱脱主持修复文庙的事迹。黄廷佐到任后，目睹文庙"卑陋"，就"永平之故基，复修而重起之，圣宇贤庑，师位生斋，下及井灶，备具一新"。从行文的主题可知，文庙与州学已经融为一体，故而称"庙学"。这是目前见到的有关文庙修复的第一篇碑文，对此次修复之前的文庙兴衰情况都有交代，史料价值相对较大。至元二十七年（1290年）黄廷佐离任后，管城县儒学教谕刘泽民还撰写了《黄公德政去思之碑》，称赞黄廷佐的修复文庙之功绩。[1]

《郑州兴学记》

元大德七年（1303年）学者李师圣撰文，记述郑州几位地方官员，如前任知州刘某、在任知州许某、同知王某、进义副尉达鲁花赤狗不花等，都以兴学重教为己任，认为"学校，国家大事，不可缓也，吾等力为之"。于是，他们先后筹划修建明伦堂，进而扩大招生名额，所谓"增广生员，重加勉励，学校大兴，四方游学毕至"。碑文虽然名为"兴学记"，在庙学合一的情况下，兴学也等于是在兴庙学，旨在既要有"明伦之堂"，又要有"明伦之人"。另外，碑文对"人之大伦"解读甚多，对兴学过程涉及较少，但地方官员对兴学的使命担当跃然纸上。[2]

① [元]胡祗遹：《郑州重修庙学记》，见嘉靖《郑州志》卷6《艺文志》。
② [元]李师圣：《郑州兴学记》，见嘉靖《郑州志》卷6《艺文志》。

《郑州重修庙学记》

元至顺二年（1331年），翰林脩撰、奉政大夫兼管劝农事、知州霍希贤撰文，记述霍希贤于至顺元年（1330年）到任后，及时与属僚倡捐并修复文庙之事。对具体修葺过程叙述甚多，由州学正高良羽负责操办，严格按照文庙定制来进行完善，史称"正殿两庑，讲堂两序，易敝以完，代朽以坚。若神门，若筑道，若七贤堂，若棂星阀阅，悉皆丹腰粉饰，而又缭以周垣，甓其阶址，顾虽规模仍旧，而其气象胜前"。尤其是碑文首言学与庙、庙学与教化之间的关系，称"在昔有学而无庙，后世因庙以立学。盖学乃作养人材之地，庙诚释奠先贤之所，非学无以考德问业，非庙无以观礼习容。庙学相须，兹实明人伦、厚风化，古今为政之先务也"。当文庙修复完工后，霍希贤召集师儒、长者及诸生恳切地说："今庙既严矣，学既成矣，凡在郡民，当父劝其子，兄勉其弟，为师者知所以教，为弟子者知所以学。始焉诚意正心，终焉致知格物。蕴之而为德行，行之而为事业，以知行进之力，成修齐治平之功。"言辞之间，无不希望在学诸生要成圣成贤。[1]

明朝碑文

有明一代，在思想专制进一步加强的情况下，地方官员对发展及修复文庙仍不遗余力。这期间，郑州文庙先后至少得到过15次修复，因而留下来的碑文相对较多，在嘉靖《郑州志》、康熙《郑州志》、民国《郑县志》中有载。

[1] ［元］霍希贤：《郑州重修庙学记》，见嘉靖《郑州志》卷6《艺文志》。

《郑州修学记》

明天顺三年（1459年），赐进士及第、奉议大夫、通政司右参议兼翰林院侍讲刘定之撰文，嘉靖《郑州志》、康熙《郑州志》有载，民国《郑县志》称之为《郑州学儒学碑记》。而在文庙碑廊内的石刻上，则为《郑州修学之记》，因左右两行各三个字对称之故。碑文开头便讲撰者"奉使至郑，诣其学宫，进拜礼殿，退坐讲堂，与其官僚师生，跚蹰周览，至于终朝"。可见，刘定之作为朝廷使者到郑州后，拜访学庙，与官员及师生亲密接触，讲道论学。接着谈及此次文庙修复的缘由及过程，缘由很简单，就是庙宇房屋老化，考虑到"人材之成，所以未有舍圣贤庙庑之祀、废师生庠序之聚，而能有成者也"，于是刘定之就建议州守余靖加以修复。在得知余靖亦有修复计划后，十分高兴，在修复尚未完工的情况下，刘定之应邀撰文，希望在文庙修复之后刻石为记。现有碑刻存于文庙碑廊之内。①

《郑州学历科题名记》《郑州学历年贡士题名记》

《郑州学历科题名记》为明成化十二年（1476年），赐进士及第、翰林侍讲、承直郎、同修国史兼经筵官程敏政所撰，嘉靖《郑州志》、康熙《郑州志》、民国《郑州志》均有载。碑文主要记述州守洪宽莅任后的政绩，包括修复子产庙、州学、文庙、刻印《大学要略》等。尤其是洪宽还将明代自开国后历年科考中榜者的名字刻石立碑于庙学，所谓"耸石于学，题科目之士之名，以风郑人"。在这些被题名的人员中，诸如有洪武二十年（1387年）以乡荐补为国子监生、都御史王彰，明宣德二年（1427年）进士、翰林编修邢恭等，都是郑人中的佼佼者。题名刻石之后，可使"后教者

① [明]刘定之：《郑州修学记》，见嘉靖《郑州志》卷6《艺文志》。

《大明郑州历年贡士题名之记》碑刻

慕前人之高足，学者抚先达之遗芳”①。

同年，赐同进士出身、翰林院侍读、经筵讲官兼修国史倪岳撰文《郑州学历年贡士题名记》。而立于文庙碑廊中的石刻，则题名篆体为《大明郑州历年贡士题名之记》，碑文中则题为《大明郑州历年贡士题名记》。碑文所记述的和《郑州学历科题名记》一样，都是赞颂州守洪宽重教兴学之事迹，称“以学校养士之地，岁尝举其贤能也，贡于王朝者众矣，是不可以无纪”，于是洪宽“爰伐巨石，题其氏名，以示后之人，将使州人士有所劝焉”。那么和《郑州学历科题名记》不同之处，在于此碑文之后罗列了被题名的人员名单、出生地及时任职务等，诸如明洪武年间的贡士有：郑州知州洪宽，江西金事田嘉，都察院右金督察御史刘徽，给事中胡敬等。明永乐年间的贡士有：大兴知县李观，宁海知州武能，滑县知县洛源，桃源县丞史质，陇州判官赵永，汉州知州杨春，沙河知县司鼎等，总计有112人。值得一提的是，碑文及立碑是在明成化十三年（1477年），在罗列的贡士中，确有明成化十五年（1479年）以及明弘治九年（1496年）的贡士，可能是后人补刻上去的，有待进一步考证。②

《郑州学义田记》《儒学新增义田记》《郑州学田记》

郑州文庙的常年维持费用是以学田的形式存在的，或政府直接拨付，或民间人士捐赠等，无论是何种形式，都会由学者撰文，并刻石立碑以纪，同时也在激励后人重视教育，并支持文庙的发展。查看史志，发现有三篇关于“学田”的碑文，且都是明代学者撰写的，均收入嘉靖《郑州志》内，对研究文庙经费具有重要的参考价值。

《郑州学义田记》为明弘治五年（1492年）黄庆所撰，

① [明] 程敏政：《郑州学历科题名记》，见民国《郑县志》卷16《艺文志》。
② [明] 倪岳：《郑州学历年贡士题名记》，见嘉靖《郑州志》卷6《艺文志》。

康熙《郑州志》收录时更名为《义输学田记》。黄庆在常熟
为县令，为支持家乡教育事业，不仅为州学捐赠书籍以及为
文庙铸造铜爵等器皿，还"买郑乾隅附郭良田一百八十二
亩，送诸学为义田"。作此碑文的目的，在于让世人及后人知
道学田的来历，不能私自侵夺或归公，更希望"将以招继是
而兴者，以大其事也"。①

《儒学新增义田记》为明正德十三年（1518年）州学正
李遇春所撰，记述乡人常美买地捐赠给州学，以助教学和祭
祀之事，称"新郑邑人常氏美者，居邻州南，以尝置买州民
张赞地二顷，并送契书，为郡庠义田，以备修祀丰洁之助，
而养士亦均有所赖"。更可贵的是，常美不是官员，也不经
商，而是世代为农，却有此重教之举，实为难得，如碑文所
称："常氏业农，顾亦知所报焉，而况于读书者乎？"于是，
在郡大夫、前督察御史杜德仁的建议下，将常美邀请到庙学
里面，"以礼嘉奖"，"所以激后来也"。碑文对引领民众兴
学重教起到一种标杆的作用。②

《郑州学田记》为明嘉靖三年（1524年）赐进士出身、
奉训大夫、郑州知事刘汝锐所撰，记述致仕官员傅民极一家捐
资助学事迹。傅民极"自幼乐施与，用明经举乡进士，后拜
江都令，有惠政"，在部使者举荐下，即将得以重任之际，
却遭到刘瑾集团的打压，则"以不附罢归"。回到家乡后，看
到庙学倾圮，祭器残缺，于是，他不仅出资购置祭器，又考
虑学宫修复需要一个过程，便"市州负郭之田三百亩，岁入
其租若干，积久而裕，始大成之"。在学宫修复完毕之后，傅
民极担心自己百年之后妻子会要回学田，于是就对其妻胡氏
说："田由学置，既讫工而爱其田，是义之不终也，免不谷，
唯汝与子。"胡氏也知书达理，三年后，让其子傅炅补为州

①［明］黄庆：《郑州学义田记》，见嘉靖《郑州志》卷6《艺文志》。
②［明］李遇春：《儒学新增义田记》，见嘉靖《郑州志》卷6《艺文志》。

学弟子员，且"奉券归于学，终夫志也"。知州刘汝轼得知傅民极一家的助学事迹后，非常感慨，对州学诸生说："傅之能义也，虑事之周也；胡之能贤也，守命之固也。建一役而二美并，是可书也已。"①

《名宦乡贤记》《郑州儒学重建尊经阁记》

针对文庙某一建筑物来说，或始建或重建或修复，也会有相应的碑文呈现。这一时期留下来的，主要有《名宦乡贤记》《郑州儒学重建尊经阁记》两篇。

《名宦乡贤记》为明嘉靖三年（1524年）赐进士出身、奉政大夫、山东等处提刑按察司佥事、奉敕提督学校高尚贤所撰，谈及当年知州刘汝轼大修文庙时将先贤和名宦分别奉祀，即将旧祠修之奉先贤乡贤4人，又创新祠奉名宦21人，且各置三楹。说明之前，名宦乡贤是在一起受祀的，此次修复文庙，则分而祀之，且位于大成门左右两边对应而立。碑文首言祭祀名宦乡贤之重，称"我朝重道崇祀，而名宦乡贤必祠之学宫，以翼道也。名宦则其为治，乡贤表其为俗，以埤教也"。正因为名宦、乡贤的辅政之功不同，故要分别祠之。如此，则"贤以祠崇，道以祠重，教以道张，是故兹祠举而教系矣。夫祇神则能民，隆道则树治，是故兹祠举而治征矣"。可见，祠祀名宦与先贤，对弘道、教化及社会治理有着举足轻重的作用。②

《郑州儒学重建尊经阁记》为明嘉靖十五年（1536年）左右，赐进士及第、奉政大夫、前福建道监察御史、山东按察司佥事熊爵所撰，记述州守胡万里到任后重建文庙尊经阁的事迹。据碑文讲，文庙旧有尊经阁，只是"卑隘且倾圮"，胡万里深感责任重大，称"是何足以尊经育士耶"？

①［明］刘汝轼：《郑州学田记》，见嘉靖《郑州志》卷6《艺文志》。
②［明］高尚贤：《名宦乡贤记》，见嘉靖《郑州志》卷6《艺文志》。

《郑州重修文庙记》碑刻

于是对尊经阁大加修复，还购置经史百家书籍于其内，供师生教学研习之用。为不忘胡万里重教之功，州学正潘时表与教师萧音、徐垒、王銮及州学生冯应光、杜攀鳞一起，请熊爵撰文刻石以纪。①

《郑州重修文庙记》

明嘉靖四十四年（1565年），赐进士出身、河道工部都水清吏司主事、郑州同知张大猷所撰，记述知州王守身重修文庙之事。地方志中没有载录，碑刻现存于碑廊之内，碑顶冠名《重修文庙之记》，碑文中则是《郑州重修文庙记》。这次对文庙的维修，得到"孝义"之士、州学弟子海东瀛之父海蕴的资助。本来州守已经给予其嘉奖，所谓"尚其嘉勋，锡以冠带，仍旌其庐"。而州学师生为感恩捐助者海蕴，又请张大猷为之作记，称"孝义海蕴，如彼碣且励矣，请一言以为志"。张大猷便对海蕴的捐助行为大加赞赏，最后说："居广居，立正位，行大道，得志与天下由，不得志而独行挺然，为圣人之宫墙者，郑有其人焉矣乎！勉之，是为志。"

《郑州重修庙学之记》

明万历二十九年（1601年），进士胡自化所撰，记述知州俞乔重修文庙的事迹。地方志不见载，碑刻存于文庙碑廊之内，碑顶冠名《郑州重修庙学之记》。据碑文称，俞乔到任的第一件事就是"下车谒庙"，不过他看到的是"尽然心伤"的文庙，于是便捐俸筹资，对文庙及教学场馆进行全面修复，不仅"改建庠门于庙左"，尤其是还"复建号舍"，使得文庙继续发挥科举考试的功能。胡自化对俞乔的"锐意

① [明]熊爵：《郑州儒学重建尊经阁记》，见嘉靖《郑州志》卷6《艺文志》。

兴作"之举大加赞赏,希望州学诸生"夙夜勉图,以光大贤侯之□"。

清朝碑文

有清一代,郑州文庙在顺治、康熙、雍正、乾隆及光绪朝,至少得到8次修复,但所留下的碑刻不多,乾隆《郑州志》中只有两篇《文庙重修记》碑文。在文庙碑廊内,还有几处碑文甚是珍贵,属于御制碑文颁行天下学校的,郑州文庙亦如之,如《御制至圣先师孔子赞并序》《御制训饬士子文碑文》《御制平定准噶尔告成太学碑》《御制平定回部告成太学碑文》等。

《文庙重修记》

乾隆《郑州志》中所载两篇《文庙重修记》,分别为知州张钺、州学正李洛撰于乾隆三年（1738年）,所记述的是同一件事情,即知州张钺莅任后重修文庙之事。张钺在《碑记》中称,是年春上任知州后"首谒学宫",目睹文庙及学宫颓废不堪,于是筹集六百余金加以修葺,包括大成殿、东西两庑、敬一亭、尊经阁、名宦祠、乡贤祠等建筑逐一修整如新,还重建明伦堂、东西两斋房、射圃亭等。竣工之日,他将州学士子召集在一起,训诲曰:"学校之设,所以明礼乐、敦孝弟,贮经史以培伦理,植人材以辅治功。下无不教之俗,上有必行之化,自古以来系几重矣。"要求士子"当深思夫圣贤幼学壮行,学优则仕之义,卓然自立,而不为世欲囿"。李洛在《文庙重修记》中,对清代以来文庙重修情况进行了一番梳理,包括自己到任后,组织州学生王天植、张

《御制至圣先师孔子赞并序》碑刻

如铎等议捐六十余金进行维修，但因所费巨大，未能完全修葺。接着对州守张钺大修文庙一事予以赞赏，认为他"礼士重道，以兴贤育才为汲汲"，"我公之政教口碑，不在范公下"。工程竣工后，士人均称颂道："历年废坠，一旦底于大成，皆我公之力也！"①

《御制至圣先师孔子赞并序》

为康熙二十五年（1686年）御制，并于当年七月首先在京师国子监刻碑立石于大成殿甬路东，由时任户部尚书、文华殿大学士张玉书奉敕敬书。康熙皇帝在《序》中称颂孔子为"明道之圣人""孔子之为，万古一人"。在《赞词》中又称："百世而上，以圣为归；百世而下，以圣为师。"寄寓了康熙皇帝对孔子功业的热爱和尊崇。郑州文庙碑廊内的碑刻，亦显示为康熙二十五年（1686年）七月立，局部有残缺。

《御制训饬士子文碑》

为康熙皇帝于康熙四十一年（1702年）正月撰文，并颁行天下刻石于学宫之内。康熙在文中谕示天下学子"国家建立学校，原以兴行教化，作育人才，典至渥也"，作为求学士子本应"先立品行，次及文学学术，事功原委有叙"，然诸多士子身上沾染许多不良习气，诸如"宅心弗淑，行己多愆，或蜚语流言，胁制官长；或隐粮包讼，出入公门；或唆拨奸猾，欺孤凌弱；或招呼朋类，结社要盟"；又如"标榜虚名，暗通声气，夤缘诡遇，罔顾身家。又或改窜乡贯，希图进取，嚣凌腾沸，网利营私"等，如此则有负国家设学育才之意。对此，康熙警饬士子们要"务共体朕心，属遵明

---

① [清] 张钺、李洛：《文庙重修记》，见乾隆《郑州志》卷10《艺文志》。

《御制平定回部告成太学碑》

训，一切痛加改省，争自濯磨，积行勤学，以图上进"。郑州
文庙这块《御制训饬士子文碑》同样是在康熙四十一年
（1702年）正月立石的，现存于文庙碑廊之内，但风化
严重。

**《御制平定准噶尔告成太学碑》《御制平定回部告成太
学碑》**

《御制平定准噶尔告成太学碑》是清乾隆二十年（1755
年），由乾隆皇帝亲自制文，告知天下黎民百姓平定准噶
尔叛乱之事。此碑文不见地方志载录，现存于郑州文庙碑廊
内，碑的上部文字基本可见，下部则风化严重。《御制平定
回部告成太学碑》是在清乾隆二十四年（1759年），由乾
隆皇帝亲自制文，同样告知天下平定回部之事。此文亦不见
地方志收录，现存于郑州文庙碑廊内，文字基本可识。

《御制平定准噶尔告成太学碑》和《御制平定回部告成
太学碑》，虽然是颁给太学师生看的，字里行间却没有针对
太学生的言辞，且各地庙学纷纷效仿，立碑以纪，其教化意
义不可低估：一是彰显清廷的皇威，使黎民百姓对国家治理
充满自信；二是鼓励士子发奋治学，以己之力回报国家，以
"建非常之功"；三是警告那些有非分之想者，"顺天者
昌，逆天者亡"。

民国碑文

民国时期的郑州文庙，曾经历三次重修，民国《郑县
志》中载有《重修大成殿记》《重修奎星楼记》《重修郑县
孔庙记》等修复文庙的重要文献。

《重修大成殿记》《重修奎星楼记》

《重修大成殿记》立于1916年，碑文为时任学正朱炎昭所撰，记述清光绪二十四年（1898年）知州汤以慈修复文庙大成殿之事，同时也谈到时任知事周海六上任后，目睹"黉宫"卑陋不堪，便着意力成"盛举"。碑刻题名为《重修大成殿碑文》，现存于文庙碑廊内，文字多不能辨。[1]

《重修奎星楼记》为1916年郡人刘瑞璘所撰，记述的是民国元年（1912年）魁星楼因焚毁殆尽后，1915年教育界人士李光华等锐意重修而成之事。所谓"郑州绅学商界厚薄捐资有差，李君竟力担任，四年秋动工，五年夏工竣"。记文称颂李光华之举"教育上之发端之导源也"[2]。

《重修郑县孔庙记》

《重修郑县孔庙记》为1937年，河南省第一行政督察专员兼郑县县长阮藩侪所撰，记述阮藩侪修复文庙一事。阮藩侪在1933年到任后拜谒文庙，发现大成殿、戟门、东西庑、明伦堂等建筑物毁坏严重，文庙四周更是"鞠为茂草，羊马侵陵"，考虑到"欲恢复固有道德，发扬民族精神，舍尊孔莫由"，何况当时"国民政府为正人心、挽风俗，令各县修理孔庙，以表仰止"。于是，阮藩侪便筹集资金万余元，历时两年，对文庙进行大修，悉如旧制。碑文对修复过程记述较多，具有重要的史料价值。碑刻现存于文庙碑廊内。[3]

当代碑文

郑州文庙在2006年修复完工，为记述此次修复的前因后

①朱炎昭：《重修大成殿记》，见民国《郑县志》卷16《艺文志》。

② 刘瑞璘：《重修奎星楼记》，见民国《郑县志》卷16《艺文志》。

③ 阮藩侪：《重修郑县孔庙记》，见民国《郑县志》卷16《艺文志》。

《重修郑州文庙记》碑刻

果等特刻石以记，主要有两方碑刻：一是《重修郑州文庙记》，二是《孔子之碑》。

《重修郑州文庙记》

2006年4月为纪念文庙修复完工立于大成门之左侧，由作家齐岸青撰文。文中对所建文庙的重要性予以充分肯定，称"自古文庙乃一城尊儒崇文之所，亦为祀先贤、习礼仪、讲经籍、议文事之地，故凡通都大邑无不有文庙"。接着将郑州文庙自东汉明帝时创建至1963年列为河南省重点文物保护单位，在这1900年之间、历经元明清、民国及中华人民共和国成立后的多次修复情况进行了梳理，最后谈及2004—2006年之间的重修情况，修复原则是"既循古制，又遵今舆"，除大修大成殿、戟门外，又征地复建其他建筑，"使千年古庙重焕青春，庄严肃穆，金碧辉煌，屹立于商城之中。古都名城既有瞻仰先师之地，亦添承继优秀传统文化之所"。

《孔子之碑》

2006年3月，为纪念孔子诞辰2 556周年而立于郑州文庙大成门右侧，与左侧的《重修郑州文庙记》相对而立，由河南省文史馆馆员李铁城撰文。碑文以古雅凝练的辞赋语言、雄浑博大的气势，扼要介绍孔子的生平事迹及其在政治、伦理、教育、哲学方面的主要成就，以及对中国文化发展的卓越贡献和时代价值。如称："夫子之学大略言之，于政以仁德治国，辅之以刑，以民为本，节约均富，义中求利，任人以贤，行之以礼，以求大同。于教有教无类，因材施教，温故知新，学思并重，启发诱导，循序渐进，格物致知，举一反三。于立身以仁义为基，忠孝诚恕中和，慎独修身以济世。

可谓博大精深，集于大成，实传统文化之支柱，东方文明之精髓。""夫子之德，万世师表；夫子之道，匡时救弊。"因此，在当今时代，我们应该"追怀其德，慎思明辨，扬其精华，弃其陈腐，为中华民族之复兴，为人类社会之安定繁荣再创辉煌"。

《郑州文庙开钟迎春纪念碑》

2006年郑州文庙修复竣工之后，即开始铸造"大成钟"，是年底铸造完毕。2007年元旦之日，市委、市政府在此举办隆重的开钟迎春大礼，故立碑于大成门内东侧以纪。碑文称："月应黄钟，一元复始，集十二月二十四节气七十二候，成一百零八数，击钟一百零八响，辞旧迎新，以祈全城

《孔子之碑》碑刻

《郑州文庙开钟迎春纪念碑》碑刻

郑州文庙广场北边的残碑一

郑州文庙广场北边的残碑二

之福，构建和谐郑州。"开钟九响，寓意"九和"，即天和、地和、人和、心和、家和、国和、事和、身和、世和。

其他碑刻

除上述碑刻外，在文庙大成门前广场的北边草地上，还有一部分残碑，有碑冠、碑座及部分碑身等，有的字迹比较模糊，或前后不连，因此无法判断其朝代及其所要陈述的内容，属于历次文庙遭毁时的遗存物。

这些残碑静静地躺在那里，尽管少有人过问其由来，但也是文庙坎坷历史的一个见证及文化遗存，也在默默地诉说着文庙的兴衰，且日夜守护着相伴而生的文庙，因为它们的根在文庙。

　　雕塑是古代建筑物有别于现代建筑物的重要表征，因而构成古建筑的重要组成部分。它以不同的造型艺术形式，将博大精深的传统文化蕴含其内，在使人们感受艺术之美的同时，又得以身心陶冶，从中学会如何做人、如何做事。相比之下，文庙中的雕塑更加独特，无论是泥塑，还是石雕、木雕和砖雕，无不打上儒家文化的烙印，无不在彰显着传统文化的巨大魅力。

泥雕

　　泥塑主要是为孔子及四配、十二哲塑像。郑州文庙大成殿在2004年开始大修之前的孔子像，已无从稽考。目前所能看到的，是大修时根据山东曲阜孔庙的孔子像塑造的。据《郑州文庙》一书所称："在塑造时有意加长塑像躯干，以突出孔子的崇高和威严。从正面看，下肢、身躯、冠冕构成一个高耸的正三角形，加深了从高处延伸的透视效果，增强了

郑州文庙大成殿中的孔子塑像

艺术表现力，给人以伟岸挺拔的感觉。"①

　　尤其是在头部特征塑造上，能充分体现出史书中对孔子的描述，即所谓"河目龙颡""露"（眼露筋、鼻露孔、口露齿、耳露轮）以及长方脸、宽脑门、大耳垂等，再现了孔子"温而厉，威而不猛，恭而安"的个性及气质特征，看过之后，会给人一种既像一位循循善诱的导师，又像一位高高在上主宰一切的帝王。

　　从孔子的佩饰来说，属于帝王等级。这不奇怪，因为从唐玄宗开始已封孔子为"文宣王"，明代改称为"至圣先师"，既然"至圣"，亦显示出孔子地位的至高无上。因而

① 郑州市商城遗址保护管理处编：《郑州文庙》，科学出版社2015年版，第110页。

明清时期的孔子塑像，都是一身帝王装扮，即十二旒冕（冕冠前后各十二条玉串）十三章服（官服的最高等级），章服上有龙的图案、日月、山石、七星等。分列于孔子两侧的四配和十二哲塑像，亦仿照曲阜大成殿中的形象加以塑造，着装上均为九旒冕九章服。

石雕

石雕在郑州文庙运用得比较多，除棂星门石柱、穿云板、抱鼓上的精美图案及柱顶蹲兽外，更有代表性的石刻就是泮池穿板、尊经阁基座穿板上的石刻图案。

郑州文庙尊经阁座基上的《磨杵成针》石刻

郑州文庙尊经阁座基上的《韦编三绝》石刻

泮池穿板上的图案，基本上是古代孝子孝敬父母的故事，诸如：子路为亲负米、老莱子戏彩娱亲、唐氏乳姑不怠、汉文帝亲尝汤药、闵子单衣顺母、吴猛恣蚊饱血、郯子鹿乳养亲、庾黔娄尝粪忧心、朱寿昌弃官寻母、曾子啮指痛心、孟宗哭竹生笋、王祥卧冰求鲤、王裒闻雷泣墓、陆绩怀橘遗亲、蔡顺拾葚供亲、杨香扼虎救父、姜诗涌泉跃鲤、黄香扇枕温席、江革行佣供母、董永卖身葬父、丁兰刻木事亲等，所彰显的是儒家所极力提倡的孝道文化。

尊经阁的基座穿板上亦雕有大量图案，但与泮池桥上的图案有所不同，除代表吉祥如意的龙戏牡丹、凤凰戏牡丹、麒麟狮子共舞、瑞兽万字图及四季花瓶外，主要就是古代勤学励志的故事，诸如：焚膏继晷、磨杵成针、孟母三迁、闻鸡起舞、程门立雪、手不释卷、凿壁偷光、韦编三绝、目不窥园、磨穿铁砚等。这对前来祭拜参观者而言，都会起到一种激励作用。

木雕

木雕系我国民间工艺中的经典之作，常会用于家具、窗棂、工艺品、神位等雕制，集文化、美观、实用为一体。而对于文庙来说，木雕又融儒家文化于其内，彰显出较高的历史及文化价值。郑州文庙的木雕，主要表现在大成殿内的神龛及乡贤、名宦祠内的受祀者木主的塑造上。

文庙大成殿内的神龛，以孔子身后的神龛为代表，通高6.25米，面阔5.5米，进深4.15米，由须弥座、大架和龛顶三部分组成。须弥座座基为青石、白石垒砌而成，座为木质结构，对孔子塑像起一种支撑和稳定作用，座椅通高3.25米，阔

2.36米，进深1.78米，由脚踏板、椅座和椅屏三部分组成。大架为四根角柱构成单开间龛室。龛顶又分为斗拱、天花板、罩板三个部分。但无论哪个部分，都离不开行龙或坐龙或盘龙、祥云或卷云、朱漆金线莲瓣、如意或贴金卷草等传统雕刻图案，借以显示孔子的神圣和威严。孔子塑像前，还有一块木制牌位，刻有云龙戏珠等图案，上书"至圣先师孔子牌位"八个贴金大字。至于四配和十二哲的神龛，与孔子的差不多，只是规制要小一些，借以显示孔子的与众不同。

乡贤和名宦祠内各陈列15位有代表性人物的木主造型，乡贤有：春秋时期的子产，战国时期的列子、申不害、韩

名宦曾公亮、乡贤郑国塑像

非、郑国，晋代的嵇含，唐代的白居易、杜甫、郑虔，宋代的李诚，元代的许衡，明代的史可法、高拱，清代的景日昣、耿介。名宦有：春秋时期的颍考叔，汉代的卓茂，唐代的李商隐、柳仲郢，宋代的宋庠、宋祁、富弼、陈尧佐、曾公亮，元代的郭守敬、贾鲁、刘永祚、刘可任、黄廷佐，明代的童宽等。

所有木主均用香樟木雕刻而成，雕艺颇为精湛。如《郑州文庙》一书所言："雕像大小同真人相仿，或立、或坐、或喜、或悲、或掩卷沉思、或吟诗作赋、或指点江山，生动地再现了这些历史人物的形象特征。……作品真实严谨、生动别致、栩栩如生，既保持现代雕塑的比例、结构、造型、神态的逼真效果，又具有传统民间工艺的特色，以历史人物的标志性动作还原历史的真实，达到了情景交融的境界。"[1]

砖雕

砖雕在传统建筑中十分常见，即在青砖上雕出山水、花卉、鸟兽、人物等图案，寓意祈福、吉祥，主要用来装饰寺、庙、观、庵及民居的构件和墙面，也有做成工艺品以供赏玩的，目前已被列入国家级非物质文化遗产名录。

郑州文庙的砖雕主要是存于东庑内的《孔子圣迹图》，依据明正统年间的《孔子圣迹图》，选取其中的22幅作品，运用砖雕手法进行精心创作而成。在创作时，改变了传统的先烧后雕的雕刻方法，采用现代的先雕后烧的制作技术，即先选用黄河泥做砖坯，再根据图案对砖坯进行粗加工细打磨，直至与设计图案相一致，然后入窑烧制。尤其是砖雕《孔子圣迹图》，这在全国文庙来说都是第一家，具有很高

---

[1] 郑州市商城遗址保护管理处编：《郑州文庙》，科学出版社2015年版，第12页。

郑州文庙东庑《孔子圣迹图》局部

的文化、艺术和欣赏价值。

　　《孔子圣迹图》每幅作品，高1米，长1.5米，总长度达到44米，生动有趣，颇为壮观。在排序上，是以编年为序，从孔子尼山出生到殁后立庙为止，内容涉及尼山致祷、俎豆礼容、问礼老聃、学琴师襄、退修诗书、子路问津、杏坛礼乐、跪受赤虹、匡人解围、在陈绝粮、泰山问政、景公尊让、观乡人射、农山言志、化行中都、过庭诗礼、子贡辞行、西河返驾、微服过宋、克复传颜、观蜡论俗和哀公立庙，充分展现了孔子一生少年立志、拜师问道、著书立说、传道受业、周游列国等重要行迹，从中可以感受到孔子平凡中的伟大和伟大中的平凡。

郑州文庙《子路问津》《杏坛礼乐》砖雕

郑州文庙《退修诗书》《问礼老聃》砖雕

　　大凡庙宇性建筑、牌坊及每一处建筑物房门两边都会有楹联的出现，既能说明建筑物的功能，又将中国传统文化蕴含其内。郑州文庙亦是如此，每一副楹联都是对儒家文化的不同层次和角度的解读，解读的同时也是在传承与弘扬儒家文化。另外，文庙作为地方标志性建筑，深受儒家文化熏陶的饱学之士，每当游览或拜谒文庙时，总会借助诗词来表达对孔子及儒家文化的崇敬之情，同样是在弘扬儒家文化。

楹联

　　据《郑州文庙》一书所言，郑州文庙的楹联和其他文庙一样，都"显示出浓郁的儒家文化风范，其内容和形式均达到较高的思想境界"[①]。郑州文庙自创建后虽经过历朝历代的整修，楹柱上的楹联也有许多变化，但始终都没有离开传承和弘扬儒学这一主题，并且突出地方文化特色，目前所看到的楹联几乎都是2006年重修文庙时的新作。按建筑物的前后

① 郑州市商城遗址保护管理处编：《郑州文庙》，科学出版社2015年版，第109页。

顺序，郑州文庙的主要楹联如下。

棂星门楹联

> 儒圣重商都仁爱于怀最难忘克己复礼
> 文光萦庙宇春秋在眼莫虚负绿树清风

上联中的"商都"即商业之都，是20世纪80年代对郑州的别称，将"儒圣"与"商都"并提，意味着郑州因沐浴儒家文化的阳光雨露，商业的振兴亦遵循着儒家的经商之道，故而才被公认为"商都"。同时也在谕示当今商人，更要将儒家的"见得思义""君子爱财取之有道"的思想贯穿于商业活动之中，争做当代新"儒商"。

下联中的"文光"与"春秋"，主要是劝谕求学者，应该充分分享圣贤的智慧，勤奋读书，以实现自己的报国之志，而莫要虚度年华。

大成门楹联

外楹联：

> 泗水相承教泽绵绵延后世
> 春秋共仰人文灿灿照商都

内楹联：

> 循礼循道一部论语教化天地
> 至圣至尊万世师表辉映古今

大成门有两副楹联，外楹柱所讲"泗水"，当为济宁境内的一条河流，被后世学者认为是儒学的发源地之一。孔子当年带领学生野外教学时，曾在此驻足，并对弟子大发感慨地说："逝者如斯夫，不舍昼夜。"朱熹诗句中的"胜日寻芳泗水滨"，指的也是这条河流。《春秋》为儒家六经之一，这里可引申为儒家思想，并再次与"商都"并提，寓意郑州，要借助文庙这一载体，将儒家思想发扬光大。2012年，此联又被用于兰考复建的请见书院内。

内楹柱上楹联，是对孔子及儒家思想的高度赞美。《论语》中蕴含的"礼"与"道"，可以教化天地。下楹联里孔子的地位"至圣至尊"，成为"万世师表"。

乡贤祠楹联

雅士长存儒雅韵
乡贤自有故乡情

乡贤祠供奉的都是本地出生的，在政治、经济、文化、科技、教育等方面有着杰出贡献者，被供奉于乡贤祠内，既能激发民众对乡贤的敬重感，又能增强民众的故乡情怀，即便是在外地做事，也不会割断一丝丝"乡愁"，这便是此楹联的初衷所在。

名宦祠楹联

追圣哲修身皆成显宦
以经纶立世并列名儒

名宦祠的楹联在于敬告为官者，要想成为民众爱戴的好官，必须学会以"圣哲"为标杆来修身，还要学会以"经纶"来立世，做一个"儒官"。

大成殿楹联

教垂万世养德修仁

气备四时安邦定国

大成殿为文庙的核心建筑，楹联也最能代表文庙的楹联文化。此联显然是充分借鉴曲阜孔庙大成殿的楹联而作，即"气备四时与天地鬼神日月合其德，教垂万世继尧舜禹汤文武作之师"。与曲阜大成殿楹联不同的是，不仅楹联的语序位置有所调换，且语言搭配或措辞也是一种拼接，仍有原文的意蕴。

尊经阁楹联

外楹联：

学为人师行为世范乃千古至圣

讲经论道教泽文章为万世宗师

内楹联：

文如泰岳千秋立

名若黄河万古流

孔子行教像：

先觉先知为万世伦常立极
至诚至圣与两间功化同流

外楹联称赞孔子为人师，亦为经师，内楹联是对孔子在历史长河中地位及影响的赞许。孔子行教像的对联，源自曲阜大成门的楹联，为清雍正七年（1729年）雍正皇帝所题。联中"伦常"，是指人伦之道，即父子有亲、君臣有义、夫妇有别、长幼有序、朋友有信之道。"立极"即树立最高准则。"两间"即指天地之间，亦即人间之意。此联在于赞美孔子的"立极""同化"之伟业。

诗歌

查阅几个版本的郑州志，发现针对文庙的诗歌少之又少，也许是修志者取舍的标准所限，人们都会关注知名学者或地方政要所撰文字，而一般学者的诗作则会忽略不计。尽管这样，也有两篇诗文足以表明世人对文庙发展的关注。

《重修文庙赞》

元代翰林学士、提刑按察使胡祗遹在《郑州重修庙学记》中，为称颂湖北道宣慰副使黄廷佐及当朝尚书之子脱脱主持修复文庙之功，"因郑人之咏歌，而为之诗"。所撰四言诗，共32句128字。诗曰：

为政有三，庶富而教。弗庠弗序，从厥攸好。

臣不知忠，子不知孝。忠孝两忘，鸟兽同道。

贤哉二侯，布政优优。以善养人，庙学复修。

彝伦既明，则民不偷。熙熙郑俗，礼让交游。

异邦之治，簿书期会。抵冒顽嚚，苟勉无愧。

此善彼恶，学兴学废。缓急后先，恶则倒置。

我铭我诗，郑人之辞。二侯在官，父训母慈。

二侯他适，郑人去思。刻石庙庭，日拜其仪。

《文庙古柏行》

据民国《郑县志》载，其当为知州王莲塘所写。王莲塘在清同治三年（1864年）就任知州，志书称其："教育多方，待士子如子弟，训诲启迪，文风一振。"因而对文庙颇有情结。所撰为七言诗，计有36句252字，加上感叹词，总255字。如他在诗中写道：

东城卑湿无老树，文庙老柏气弥固。突作龙拿劲骨盘，倚欲虎卧苍髯怒。……清帝东巡幸管城，草木欣欣也向荣。古干葱茏蒙御气，大材合抱含深情。……内蕴文章不求知，高悬日月常垂鉴。

文庙匾额

匾额是古建筑的重要组成部分，是语言、书法、绘画及雕刻艺术的完美结合，更是华夏文明的重要表征和体现。它就像古建筑物的眼睛，透过匾额，便可知道该建筑物的性质和功用及其文化内涵，因而具有极高的艺术、文化、社会和历史价值。文庙作为具有代表性的古建筑群，匾额自然也扮演着不可或缺的角色，且相对于其他建筑群来说，文庙的匾额是最为规范的，一切都要符合国家法定的礼制规范，都要以弘扬儒学为主旨。

郑州文庙毫不例外，除棂星门、金声玉振坊、乡贤祠、名宦祠、大成门、大成殿、明伦堂、启圣祠、尊经阁等建筑物的命名与其他文庙保持一致外，这些建筑物门头上的、高度浓缩儒家文化精华的匾额，都能显示出中国传统文化的博大精深，诸如"太和元气""德配天地""道冠古今""万世师表"等。

"太和元气"

"太和元气"在曲阜孔庙属于一道照壁的题额，立于棂星门和至圣庙之间。而郑州文庙的"太和元气"则是文庙第一道大门的题额。从康熙《郑州志》到民国《郑县志》对此都有图示。

在古代，"太和"是指天地、日月、阴阳会合、冲和之气；"元气"原意是形成世界的原始物质，即金、木、水、火、土"五行"，世界上万事万物都是由"五行"构成的，因而是万物生长的根本物质。在这里，"元气"即为天地、日月、阴阳会合之气。将"太和""元气"组合在一起，寓意孔子思想如同天地生育万物一般，能使人类思想达到一种至高无上的境地。

"德配天地"

进入郑州文庙，首先会看到两个大的牌坊，东边的称为"金声坊"，西边的称为"玉振坊"。

金声坊上的匾额为"德配天地"，此语出自《庄子·田子方》，谓："夫子德配天地，而犹假至言以修心，古之君子，孰能脱焉"。这是庄子引用孔子赞美老子的话，意即夫子的道德与天地匹配，还要借至理之言来修心养性，自古君子有谁能超越您呢。金声坊借用孔子"德配天地"之言，用来赞美孔子的道德可与天地匹配，意味着其道德之高尚、完美至极。不过，也有题额为"德侔天地"的，诸如曲阜孔庙的金声坊等。

郑州文庙金声坊"德配天地"匾额

郑州文庙玉振坊"道冠古今"匾额

郑州文庙研究

郑州文庙大成殿中"万世师表"匾额

"道冠古今"

和金声坊相对的是玉振坊，而与金声坊匾额相对的，则称为"道冠古今"，这也是各地文庙的通例。这里的"道"是指孔子之道，或说是君君、臣臣、父父、子子之道，或称为"修身齐家、治国平天下"之道。且"道冠古今"，即在汉武帝将其推上官方哲学后，一直影响和统领着"古今"社会，寓意孔子之道具有普适价值。

"万世师表"

大成殿作为文庙的核心建筑及祭祀的核心区，不仅供奉着孔子、四配和十二哲，还有孔子坐像上方悬挂的巨幅匾额"万世师表"，颇为醒目。

"万世师表"为康熙二十三年（1684年）康熙帝亲笔御书，语出葛洪《神仙传》的"乾坤所定，万民之表"及《论语》的"温故而知新，可以为师也"。在此称颂孔子千秋万世都是人们的老师和表率。当年，康熙御书曲阜孔庙之后，还诏令天下文庙按照统一格式仿制悬挂。郑州文庙的"万世师表"匾额也是在这一年入主大成殿的。

当然，在康熙之后，清朝历代皇帝都纷纷效仿康熙的做法，在登基之后不久，就会到北京国子监讲学一次，随后到孔庙大成殿御书赐额，并要求各地文庙仿制悬挂，郑州文庙大成殿内两侧，也悬挂有各个帝王所赐匾额。如：雍正帝于雍正三年（1725年）御赐"生民未有"；乾隆帝于乾隆二年（1737年）御赐"与天地参"；嘉庆帝于嘉庆四年（1799年）御赐"圣集大成"；道光帝于道光元年（1821年）御赐"圣协时中"；咸丰帝于咸丰元年（1851年）御赐"德齐帱载"；同治帝于同治元年（1862年）御赐"圣神天纵"；光绪帝于光绪元年（1875年）御赐"斯文在兹"；宣统帝于光绪三十四年（1908年）登基尚未改元之际，即御书"中和位育"于文庙。1916年，大总统黎元洪为北京孔庙题额"道洽大同"，时任教育总长的范源濂将孔庙大成殿内所有帝王赐额全部取下，换成"道洽大同"匾额。不过这只是一时的做法，如今各地文庙依然沿用康熙的"万世师表"匾额。

郑州文庙
人物考

07>

元朝
明朝
清朝
民国

郑州文庙经过历代重修，数次获得新生，以致在河南教育史上大放异彩。在此过程中，地方官员决策与倡捐，士绅纷纷响应，学官积极运作，使得文庙薪火得以延续至今。根据明清《郑州志》及民国《郑县志》所载，依据有限史料及在文庙修葺过程中所发挥的作用，推出元、明、清及民国有代表性的12位人物，借以彰显他们对郑州文庙所做出的贡献。

元朝

黄廷佐

黄廷佐，字君卿，东昌（今山东聊城）人，节妇马氏夫人之子，知州。至元二十四年（1287年）由湖北道宣慰副使知郑州，是年二月主持修葺文庙。据元朝学者霍希贤在《郑州重修庙学记》一文中提到："由宋历今，迄于圣朝，而兴废盛衰，虽有常数，然天未丧于斯文，修为之官，靡不接迹。崇宁己巳振威毛公，泰和初元知州贾公，正大己丑吾古孙公，至元二十六年长官黄廷佐，累加修复。"[①]从文中所罗列的修复者名单来看，黄廷佐当是元代第一位主持修复文庙的官员，自然也是有元以降首次对文庙的修复，与金哀宗正大六年（1229年）的那次修复相隔近60年的时间。元朝学者胡祗遹在其《郑州重修庙学记》中谈到修复文庙的情景，称脱脱（非主持编撰《宋史》的高居相位的脱脱）和黄廷佐同治此地，面临文庙的破烂不堪，自感作为地方官要"实负其罪"。于是，黄廷佐等人就在汉朝永平时之故基，自至元

① [元] 霍希贤：《郑州重修庙学记》，见嘉靖《郑州志》卷6《艺文志》。

二十四年（1287年）二月施工，至至元二十五年（1288年）七月落成，历时一年半，"复修而重起之，圣宇贤庑，师位生斋，下及井灶，备具一新"①。

至元二十七年（1290年）十二月黄廷佐离任，管城县儒学教谕刘泽民撰有《黄公德政去思之碑》，对黄廷佐勤政务、重教化之事迹予以高度总结，称其："以廉洁不苟为心，济人利物为志。""有奋然专心诚意，柔不茹，刚不吐，直而温，简而廉，宽猛相济，夙夜孜孜而力行之。""为人多大略，有干局，沉静详审，外宽内明，喜怒不著于容，刑赏不私于己。"上任知州后，随即促成文庙大修之举，将文庙与学校教学、社会教化融为一体，所谓"创构泮宫殿宇廊庑，圣容贤像，师位生斋，边豆簠簋，庖湢籨仓库，一无不备。月之朔望，恭率僚属诣庙瞻拜，礼待师席，穷经猎史，命题会课，使人知孝悌忠信之义，士民慕化，生徒日众，文风遂振，可谓知教化之源也"②。民国《郑县志》卷7《秩官志》亦称其："廉洁不苟，沉静详审。有干局，外宽内明，喜怒不形于色，刑赏不私于己，治行为一时最。"

郑州文庙名宦祠内的黄廷佐塑像

蒲理翰

蒲理翰，天竺（今印度）人，知州。小乘佛教徒，中国科举史上唯一一位印度籍进士。元至元间以进士知郑州，除"民有利病多罢行之"外，还"奉宣诏书，崇秩礼祀，修三皇、先圣庙，建乡贤祠，凡古忠烈显闻之士，冢于郑者，皆位以祭"③。

据元朝学者刘光祖《同知郑州事蒲理翰政绩碑》载，蒲理翰以进士来守郑州，到任后"首谒先圣学宫，视神宇像设

① ［元］胡祗遹：《郑州重修庙学记》，见嘉靖《郑州志》卷6《艺文志》。
② ［元］刘泽民：《黄公德政去思之碑》，见嘉靖《郑州志》卷6《艺文志》。
③ ［明］吴炳：《裴晋公碑记》，见嘉靖《郑州志》卷6《艺文志》。

多损，问礼器服，则以假用对"。为此他感到十分担忧，于是"亟归营具，撤其朽败更之。跻沂国、邹国二公于配享位，遵成制也。庙貌一加绘饰，购铜属色，为舍以范祭器，货帛制革以为礼服，命吏守藏以司出纳，制度一揆彝典，易陋而新，礼始备焉"。与此同时，蒲理翰还建乡贤祠，所谓"作郡称若干卷，因建祠，自国侨以降八人祀之，表曰：乡贤表"。在政务之余，蒲理翰还"立堂试法，比属内之业儒者，中程一十一人，赏以深衣布笔，人二支，经或四书部各一，视考上下差给之，皆以己俸备"；"暇则集吏谈经史律议，日为常，以示奖善，为后学劝"[1]。民国《郑县志》卷7《秩官志》亦称其："下车首事庙学，范铜为祭器，制革帛为礼服，作群表立乡贤祠，善政未易更仆数。"

高良羽

高良羽，州学学正，主持文庙大修。据霍希贤在其《郑州重修庙学记》一文所记，元明宗至顺元年（1330年），庙宇毁坏严重，所谓"梁摧栋挠，瓦解土崩"。虽然多是自然风雨侵蚀所致，但亦令守令僚佐于心不忍，议决要"共思一新"。于是，守令僚佐纷纷带头捐出薪俸，地方缙绅及有识之士也纷纷响应，以致"富者以资，贫者以力，故得未逾半载，咸卒全功"。这次维修，全是在旧址之上进行的，没有刻意扩展地域，但严格按照文庙定制来完善，史称："正殿两庑，讲堂两序，易敝以完，代朽以坚。若神门，若筑道，若七贤堂，若棂星阀阅，悉皆丹腹粉饰，而又缭以周垣，甓其阶址，顾虽规模仍旧，而其气象胜前。"落成之时，还将耆旧暨诸生召集在一起训示说："今庙既严矣，学既成矣，凡在

① [南宋] 刘光祖：《同知郑州事蒲理翰政绩碑》，见嘉靖《郑州志》卷6《艺文志》。

郡民，当父劝其子，兄勉其弟，为师者知所以教，为弟子者知所以学。始焉诚意正心，终焉致知格物。蕴之而为德行，行之而为事业，以知行进之力，成修齐治平之功。"①文中除专门提及高良羽外，未提到其他地方官员的名字，说明此次修葺文庙，从筹划到施工，时任学正的高良羽真可谓"与有力焉"。学正在当时，相当州学校长一职，也属于地方官员，由其负责筹划施工当是最佳人选。

刘可任

刘可任，字希尹，幼字宁宁，宣德府人，知州。民国《郑县志》卷7《秩官志》称其"弱冠事英庙为近侍，擢兴医监丞"。元统初年（1333年）知郑州后，"崇学校，劝农桑，兴利除害，州用以治。及去，民有图像而祀者"。另据时任奉议大夫、河南河北等处儒学提举的元光祖所撰《刘使君遗爱碑》记载，知州刘可任到任后，"下车之始，即以兴学敦化、奖善罚恶为己任，事之害于民伤于政者，悉去之"。尤其是"乃兴庠序，庠序孔严，弦歌揖让，化行闾阎"②。可以说是为官一地造福一方，对州学的办理贡献颇多，以致民众对其怀念有加，在其去任三年后，即至元五年（1339年）三月，元光祖撰文刻石以记。

郑州文庙名宦祠内刘可任塑像

① [元] 霍希贤：《郑州重修庙学记》，见嘉靖《郑州志》卷6《艺文志》。
② [元] 元光祖：《刘使君遗爱碑》，见嘉靖《郑州志》卷6《艺文志》。

明
朝

洪宽

洪宽，安徽歙县人，举人出身，知州。明成化八年（1472年），洪宽到任后经过一番考察，凡是废坠之典皆而举之。尤其是他亲眼目睹学宫倾圮、教化无地，"遂以为首务，思一新之"。学者倪岳在《郑州学历年贡士题名记》一文中谈到此次修复过程，称："鸠工度材，谨饬百废，规制焕然，役弗及民，而明伦有堂，肄业有斋。"[①]程敏政在其《郑州学历科题名记》中亦提到洪宽初到郑州，"诸务未遑，而独先葺子产庙，以渐葺郑州学及孔子庙，建企德、敷教二堂"，还刊刻《大学要略》等书籍，以供教学之用，尤其是"既又砻石于学，题科目之士之名，以风郑人"。[②]这在郑州文庙史上，应是开了"贡士题名"的先例，故有两位学者撰文刻石。

洪宽所以捐奉先修葺子产庙，与子产"不毁乡校"以及孔子对子产的敬仰有关，当然也不排除子产庙的毁坏程度远

① ［明］倪岳：《郑州学历年贡士题名记》，见嘉靖《郑州志》卷6《艺文志》。
② ［明］程敏政：《郑州学历科题名记》，见民国《郑县志》卷16《艺文志》。

远大于文庙等因素。从赐进士及第、奉训大夫、司经局洗马、同修国史兼经筵官郑环所撰《重建郑大夫庙记》可知，洪宽对子产庙先是"葺之"，后捐款"撤而新之"。

刘汝轼

刘汝轼，江西安福县人，进士出身，知州。他在《郑州学田记》中，称自己于嘉靖二年（1523年）奉命到任的第三天，便"祗谒学宫，修故事也。礼成而登堂，与诸生论文"。同时又深感学宫失修，礼器残缺，亟须加以修整。就在这个时候，一位归乡官员渠民极，自幼乐善好施，举进士而拜江都令，对兴办文教事业非常重视，看到家乡学宫衰败的情形，慨然曰："吾先业足以食子孙，吾弗益之矣。尊吾道以风后人，吾独不当为耶？"[1]于是渠民极出资鸠工，由刘汝轼主持翻修。尤其是，这次修复文庙时将先贤和名宦分别奉祀，即将旧祠修之奉先贤，又创新祠奉名宦，各三楹。对此，学者高尚贤在其《名宦乡贤记》中说得非常清楚："我朝重道崇祀，而名宦、乡贤，必祠之学宫，以翼道也。名宦则其为治，乡贤表其为俗，以埤教也。道翼则振，教埤则流，故学以奠先圣，祠以序列贤，诚治者谨之。"刘汝轼在参观文庙后慨然曰："夫贤有所遗，则敬不广，祀无所厘，则敬不专。不广不专，贤道则不尊，圣道孤而教且沦，如之何？"于是，刘汝轼经过查阅文献考证，罗列出名宦21人、乡贤4人分祠奉祀。如《名宦乡贤记》所载：

> 名宦，周颍谷封人考叔，北齐长史郎孝基，唐卫公李靖、州尉陆贽，宋平章事知州事宋庠、龙图阁学士知

① [明]刘汝轼：《郑州学田记》，见嘉靖《郑州志》卷6《艺文志》。

州事祖无择、平章事知州事陈尧佐、州通判王旦，元知州刘永祚、刘可任、黄廷佐，我朝知州洪宽、翁文魁、郭宏、萧渊，州判姚旭、聂濂，学正沈衡。

乡贤，唐晋公裴度，宋枢密使王德用、御史中丞李及、徽猷阁知制诰孙昭远。

皆爱足以遗，风足以范也。[1]

胡万里

胡万里，字伯明，号平桥，关中人，进士出身，知州。明嘉靖十四年（1535年）莅任知州，次年重建尊经阁。熊爵在《郑州儒学重建尊经阁记》中称，当时"内自两京，外诸省郡邑，悉建学宫殿庑，崇祀先圣先师，明伦、斋馔有堂，生儒有号舍"。胡万里到任后，秉承帝王旨意，"尤重斯道，崇文怜材，振励士子，阐扬圣训"。鉴于学宫旧有尊经阁，但"制度卑隘，且倾圮"，"是何足以尊经育士耶"？于是，胡万里广为筹划，历时五个多月便修葺完工，如碑文所记："经营相度，辟广故基，财用砖石，则取厥淫祠；陶冶料费工食，则日为之。所指顾之下，庶政咸有办，一无病于民，民乐为役，农无废业，工无惰勤，肆有羡材，经始于孟夏，秋仲落成。"为充分发挥尊经阁的作用，于是"奉制书于开，积经史百家集甲乙之，牙签锦轴，辉映栋梁。解役之日，官师少长咸登览焉"[2]。

俞乔

俞乔，江西婺源人，举人，知州。民国《郑县志》卷7

---

① ［明］高尚贤：《名宦乡贤记》，见嘉靖《郑州志》卷6《艺文志》。

② ［明］熊爵：《郑州儒学重建尊经阁记》，见嘉靖《郑州志》卷6《艺文志》。

《秩官志》称其："清廉正直，严窃盗，兴水利……郑人爱之，立生祠于州治东。"在古代"立生祠"，是对政绩显著官员的极高褒奖，可见其政绩非凡。

据胡自化《郑州重修庙学之记》碑云，俞乔在万历二十六年（1598年）莅任后，第一件事就是"下车谒庙"，但他看到的是"触目即尽然心伤"的文庙，一向认为"兴学广效，政之首务"的他，便捐俸筹资，招工择匠，对文庙进行全面维修，且又"改建庠门于庙左"，"复建号舍"。尤其是"号舍"的复建，说明文庙又是科举考试之地，兼有为国家选拔官员的功能。修复之后的文庙"丹漆掩映，视往昔则奕奕改观"①。

---

① ［明］胡自化：《郑州重修庙学之记碑》，碑刻现存于郑州文庙碑廊之内。

清
朝

李洛

　　李洛，归德府睢州（今商丘睢县）人，岁贡，学正。据其所撰《文庙重修记》载，清雍正七年（1729年）莅任学正，次年重修文庙，即"予于雍正己酉莅任，即闻有议及之者，逾年爰出俸钱，修补崇圣宫神龛一座，格扇四，东西两配，并名宦牌位一座，悉整修如式"。但两年之后，文庙因为连日雨浸，以致"黉门至西庑、土地祠、明伦堂，墙垣胥就倾颓，阶左右且不免羊马迹焉"。见此状况，他率学庙弟子王天植、张如铎等人，"议捐六十余金，诸处修葺，焕然可观"①。此次修复完工于雍正十一年（1733年）。五年之后，亦即乾隆三年（1738年），知州张钺重修文庙，李洛为之作记《文庙重修记》。撰有《制艺说》《课士小引》，刊于民国《郑县志》卷17《艺文志》。

①［清］李洛：《文庙重修记》，见乾隆《郑州志》卷10《艺文志》。

张钺

　　张钺，字有处，号毅亭，直隶清苑县人，知州。清雍正甲辰科举人，庚戌科进士。清乾隆三年（1738年）正月由新乡县知县莅任郑州知州，乾隆六年（1741年）任怀庆府知府，乾隆八年（1743年）任光州知州。期间，曾担任丙辰、戊午、辛酉、甲子四科乡试同考官。乾隆十二年（1747年）七月调任信阳知州。

　　就在清乾隆三年（1738年）春上任之后，张钺即对郑州文庙进行较大规模的重修。据李洛所撰《文庙重修记》载，张钺到任后"首谒学宫，乃见榱桷倾颓，廊庑不饰"[①]，感慨道"此予之责也"。后谋得费用六百余金，次第修葺，包括大成殿、东西两庑、敬一亭、尊经阁、名宦祠、乡贤祠等建筑，又重建明伦堂、东西两斋房、射圃亭等。另据乾隆《郑州志》所附文庙图来看，此次修复基本上保持了康熙时文庙的风貌。张钺在离任前，又建崇圣祠，写有《崇圣祠记》，称旧有祠，因非常简陋，于是在关帝庙之后择地建设。他带头倡捐，孝廉阴君章等纷纷解囊以助。其纂修有乾隆《郑州志》。

---

① ［清］张钺：《文庙重修记》，见乾隆《郑州志》卷10《艺文志》。

民国

李光华

李光华，河南教育界知名人士，重修魁星楼。1912年魁星楼遭遇火灾，"焚毁殆尽"。魁星楼是郑州文庙的配套建筑，何时所建不得而知，但被火所灭，便引起河南教育界人士李光华的关心和关注，虽然科举制度已经废除，但他深知魁星楼在学子心目中的地位，决意重修此楼。据其好友刘瑞璘所撰《重修奎星楼记》载，在李光华的倡捐下，"郑州绅学商界各厚薄捐资有差，李君竟力担任，四年秋动工，五年夏工竣"[①]。

阮藩侪

阮藩侪，曾两次担任孟县县长，主持编纂《孟县志》。1933年9月任河南省第一区行政督察专员兼郑县县长的身份，前往文庙考察，只"见大成殿四周椽崩，戟门仅歆椽败瓦，

---

① 刘瑞璘：《重修奎星楼记》，见民国《郑县志》卷16《艺文志》。

东西庑、明伦堂俱荡焉无存，内外周垣□砖石隐没，鞠为茂草，羊马侵陵。不禁怃然者久之，因念黌宇为墟，使多士无所宗仰思想，失其中心，是余之羞，亦余之责"。至1935年，"国民政府为正人心、挽风俗，令各县修理孔庙，以表仰止"。于是，阮藩侪号召地方士绅，组织重修文庙委员会，分股任事，对文庙予以全面维修，至1937年落工完成，使得文庙规制达到鼎盛。他在《重修郑县孔庙记》中称：

> 爰集地方士绅，组织郑县重修孔庙委员会，分股任事，量日鸠庀。首翻修大成殿五楹，戟门三楹，新建东西庑各九楹，戟门左右各建月门，缭以□垣。用□崇严大成主座暨四配十二哲，并列祀先贤名儒各牌位。同时，悉建置如式，复依旧制，创建棂星门三楹，门内两旁各建置耳房三楹，其西另辟便□筑室二楹，洒扫者居焉。泮池半规，亦□而新之。……全庙外筑长垣，共地积七十四亩有奇，凡空间之地，因势爬梳，分类造林，俾增天然风□。是役也，经始于二十四年五月，迄二十六年三月。[①]

① 阮藩侪：《重修郑县孔庙记》，碑刻现存于郑州文庙碑廊之内。

郑州文庙的
影响及定位

历代对郑州文庙的认同

对郑州文庙重新定位

世人对文庙的关注，无不与敬仰孔子和推崇儒学有关，何况文庙又是儒学的物质与精神的双重载体和"活化石"，因而"作为儒学的重要载体乃至中国文化的标志性符号，以其自身独特的精神内核不仅影响着两千余年中国的政治生态、文化传承及社会教化等，且还辐射到周边及欧美诸多国家，至今仍彰显出强大的生命力，备受国内外学者的普遍关注"①。

郑州文庙作为中国最早创办的文庙之一，已经历1900多年的风风雨雨，曾因自然及人为的原因而多次遭受磨难和毁坏，又历经多次修葺和再生，显示出超强的生命力，业已成为郑州城市文化不可分割又不可或缺的重要组成部分，对此学者多有经典之笔。至于今后文庙如何定位和常态化发展，也是很值得探讨的一个话题。

---

① 周洪宇、赵国权：《文庙学：一门值得探究的新兴"学问"》，载《江汉论坛》2016年第5期。

历代对郑州文庙的认同

文庙因两汉"独尊儒术"而融入中国的政治及社会生活，在治国安邦、维护地方稳定、塑造学子"君子"心性人格等方面，都起到一种巨大的助推作用。因而，自最初的创办者到历代的修复者，对文庙在地方教化中的作用都给予高度的认同，正是基于这种文化认同，才促使地方官要、士绅及普通民众捐款捐地、出料出力，倾心支持文庙的修复及发展。

身为翰林修撰、奉政大夫、知汴梁路郑州兼管劝农事、知河防事的霍希贤。他在《郑州重修庙学记》中提出"庙学相须"的观点，指出："盖学乃作养人材之地，庙诚释奠圣贤之所，非学无以考德问业，非庙无以观礼习容。庙学相须，兹实明人伦、厚风化，古今为政之先务也。"①在他看来，庙和学的功用虽有不同，但二者融为一体，具有相得益彰、相辅相成的作用，用一句时髦的话来说，就是具有"1+1>2"的优化效应。因而，凡是新上任的官员，总以兴学重教为己任，一旦发现庙学建筑有倾圮毁坏现象，便会着手筹划修

① [元] 霍希贤：《郑州重修庙学记》，见嘉靖《郑州志》卷6《艺文志》。

葺，这在郑州文庙修复中表现得十分明显。如胡祗遹在其《郑州重修庙学记》中，认为"庠序学校，明主所以养贤储材、化民成俗之先务也"①。所以，各地设学祭孔的情况便十分普遍。作为郑州地方官要的黄廷佐，目睹郑州文庙的"卑陋"，顿觉有一种愧疚感，因而决心要对文庙进行一次全面修复，事实上他也确实做到了，而且效果还非常明显。

当今学人对郑州文庙也有高度的评价。有称郑州文庙建筑布局的演进，反映了其建筑形制的逐步完善，其大成殿具有清代"中原地方建筑"特征，是研究中原古代建筑地方手法重要的实物资料②；还有认为1900多年来，郑州文庙在承受无尽劫难之后一次次复生，这是"一种人文精神，一种文化在这里得到了复生和永存"③。

诚然，在郑州文庙大修及免费开放之后，有关部门及社会各界都对文庙自身的潜在价值及文化传承功能给予充分关注。为充分利用文庙这一阵地来打好"文化"这张牌，有关部门围绕走"国学"路线而推出诸多举措：

一是举办国学论坛，定期或不定期地聘请国内名家前来举办学术讲座，以期弘扬和传承国学。

二是开辟"礼馆"，为民众提供传统礼仪方面的演示，借以展示作为"礼仪之邦"的中国礼仪文化的巨大魅力。

三是为充分体现"前庙后学"中的"后学"优势，在后院大成殿至尊经阁之间营造书院式崇学氛围，如"西庑设置高层次的儒学经典书社，力求打造出高层次、资料全的全国第一书社；东庑墙壁上设置精雕细刻的孔子圣迹砖雕故事，并开办国学班，其书桌采用仿古条几形，其座椅采用蒲团制作，针对中小学生设置讲经堂，营造出一种读国学的雅致氛围"。也就在文庙修复完工不久，"郑州文庙先锋通世大

① [元] 胡祗遹：《郑州重修庙学记》，见嘉靖《郑州志》卷6《艺文志》。
② 张玉功：《郑州文庙》，载《中原文物》2014年第5期。
③ 张晓波等：《郑州文庙：守护一个文明图腾》，载《郑州日报》2005年4月26日第15版。

才班"便顺利开班。2006年9月12日这一天，有记者前往文庙，只见"在幽静的院落中，大才班的孩子席地而坐，每人一个条几形书桌，教室门口写着'正在号书，请勿打扰'；院内，20名4到7岁的大才班学生在跟随老师上武术课，虽然以孩子们的能力，也只能踢踢腿、跑跑步"。正在辅导孩子武术的一位老师说："大才班的体育教育把中国传统内家武术与现代体育相结合，通过体智修炼，创新生命健康——学生从小做起，将来就能够大有收获。"关于大才班的课程，主要以国学经典教育为基础，双语通读通识中西经典，包括《大学》《论语》《中庸》《老子》等中国经典著作，以及《伊索寓言》、莎士比亚作品等英文经典名篇和西方经典著作；艺术教育课程主要强调情感的培养和情商教育，利用音乐、舞蹈、美术、书法颐养性情。对于成人，则开展成人诵读经典及国艺和国术方面的修习。[1]

四是举办每年一度的大型祭孔活动以及撞钟迎新年活动等。2006年9月10日，500名师生就在刚刚复建的郑州文庙内举行了祭孔仪式，这也是郑州近百年来首次举办的大型祭孔活动，让在场的师生们接受了一次传统文化的熏陶和洗礼。从2006年至今，每年的9月28日这一天，都会举行隆重的祭孔大典，与曲阜孔庙等举办的祭孔大典同步进行，每次都有来自海内外的各界上千名人士参加，本地民众也从中深受感染，业已成为郑州文庙的一大特色"名片"或招牌活动。

政界、学界及社会公众对文庙的高度认同，对文庙发展来说无疑是锦上添花之事。早有学者预言21世纪是儒家文化的世纪，人们会再回首领略孔子的智慧，期颐解决诸多繁杂的社会问题。假如真的这样，那么文庙将会愈加发挥出举足轻重的作用。

① 左丽慧：《郑州文庙回归公众视线：主打"国学"牌》，载《郑州日报》2006年9月26日。

对郑州文庙重新定位

在21世纪,世界各国社会经济都将发生巨大变化,经济、科技、人才竞争持续呈日益剧烈之势,但如果漠视文化这一软实力,不立足于文化这块沃土,终将找不到立足之地。那么,文庙作为传承、传播、弘扬传统文化的主阵地,理应引起我们的高度重视。

2016年7月26日,国家文物局下发《关于开展文庙、书院等儒家文化遗产基本情况调查的通知》(文物保函〔2016〕1333号),明确指出:"以文庙、书院等文物为代表的儒家文化遗产,是中华优秀传统文化的珍贵物质载体,也是我国独具特色的文物类型。十三五期间,我局拟组织实施儒家文化遗产保护利用工程,切实加强儒家文化遗产保护利用工作,充分发挥文物的公众文化服务和教育功能,让优秀传统文化融入当代社会、厚植道德沃土。"所调查的对象,主要是"辖区内文庙、书院、历代儒学名家的纪念庙宇(祠堂、故居)、藏书楼、贡院及其他与儒家思想相关的全国重点文物保护单位、省级文物保护单位"。由此可以看出,以儒家文化遗存为主要调查内容的来自中国文管最高层的通知是不多见的，足见国家对文庙发展的重视程度。

可以说，目前的文庙正处在风生水起之际。郑州文庙如何定位，如何更好地发挥自己的优势，在传承弘扬优秀传统文化方面走出一条独具特色的"常态化"发展之路，这是需要深入思考和探索的一个学术话题，也是一个实践性课题。

以祭祀打造精神文化守望地

人都是需要有精神寄托的，或者说都是需要有信仰的，具体自信什么、仰望什么，人各有不同。但没有信仰是可怕的，如捷克思想家、首位民选总统哈维尔所言："没有信仰是不可想象的，没有信仰的人只关心尽可能舒适、尽可能无痛苦地过日子，除此之外，他们对一切都麻木不仁。"[1]事实上，没有信仰或信仰模糊不清的还大有人在。据中国社会科学院哲学研究所做的一项《转型时期的社会伦理与道德》大型社会调查，针对"有无信仰"的回答结果是："有信仰"占28.10%，"曾有过信仰"占22.24%，"没有信仰"占36.09%，"不想回答"占13.57%。可见，没有信仰或信仰不明确的居然达到71.9%，足以表明"信仰危机不仅客观存在，而且还很严重"[2]。但更可怕的是，没有理智或理性的信仰，诸如有学者所谈到的"拜物教"。追求"拜物教"的人，以及具有"假信仰"的人，不仅麻木不仁，甚至是为自我利益的最大化而不择手段，从而丧失做人或做国民的基本资格，此类事件不断地见诸报端。

可以说，没有信仰、没有"真"信仰，就没有敬畏感。没有敬畏感，就意味着在这类人心目中"已经不存在任何崇

① 转引自汤一介：《瞩望新轴心时代——在新世纪的哲学思考》，中央编译出版社2014年版，第6—7页。
② 邵道生：《信仰危机与贪官之道》，载《民主与科学》2007年第4期。

高的东西能够令其向往和追求"。那么如何让没有信仰的人有信仰、没有敬畏感的人有敬畏感、有信仰的人更加自信和完美，这就需要打造一块精神守望地。因为"信仰的产生，往往需要一定的场合、氛围、情景，而书院祭祀活动正是通过种种方式，制造一定的情境、氛围，引发士人对儒学的信仰"①。在这种情况下，文庙无疑是最佳的选择。因为所有的宗教都是"神教"，唯独不是"宗教"的孔教宣扬的是"人教"，即教人如何去做人，如做"大丈夫"、做"君子"、做"成人"，乃至做"止于至善"的"圣人"等。史学大家司马迁就非常仰望孔子，他在《史记·孔子世家》中称：

> 高山仰止，景行行止。虽不能至，然心乡往之。余读孔氏书，想见其为人。适鲁，观仲尼庙堂、车服、礼器，诸生以时习礼其家。余低回留之，不能去云。天下君王，至于贤人，众矣。当时则荣，殁时已焉。孔子布衣，传十余世，学者宗之。自天子王侯，中国言六艺者，折中于夫子，可谓至圣矣！

之所以有此种效果，是因为祠祀活动本身就是一种重要的文化载体和文化符号，所谓"祭祀的对象，自从被推上受人顶礼膜拜的圣坛之后，无论是圣人还是贤者，都已经不再是简单的血肉之躯，而是道德的载体，道统的象征和文化的符号"②。

对于培育学子的文化信仰来说，《礼记·文王世子》中早有明确规定："凡始立学者，必释奠于先圣先师。"又："始立学者，既兴器用币，然后释菜"。《学记》亦云："大学始教，皮弁祭菜，示敬道也。"可见，无论是学校初成抑

① 肖永明等：《书院祭祀的教育及社会教化功能》，载《湖南大学学报》（社会科学版）2005年第3期。
② 徐梓：《书院祭祀的意义》，载《寻根》2006年第2期。

或是开学之际，地方官员及学校师生都要举办隆重的祭祀活动，以示"敬道"和"信其道"。可见，"要想使学子能产生对文化的认同和自信，除了课堂授受，祠祀活动也有着更为直接、生动且立竿见影的效果"[1]。

基于此，祭祀作为文庙最为传统经典的一项活动，应该得以继续传承和弘扬。

一是规范祭祀日期。目前的祭祀活动就时间上来说，有些混乱。按中国习俗，生则庆，死则祭。依此，理应在农历二月十一日或公历4月11日孔子逝世之日来祭祀，目前普遍进行的是在农历八月二十七日或公历9月28日孔子诞辰之日来祭拜，显然有点不伦不类。故庆日和祭日应该有所区别，最好在孔子诞辰那一天进行庆贺，逝世那一天进行祭拜活动，如此则名正言顺。

二是规范祭祀层次。祭祀活动可以分为大祭、小祭两种。大祭可作为公祭，由政府主持，社会各界参与，选择适当的时间（最好在清明节或中元节），一年公祭一次，所祭祀对象以孔子为主，还包括文庙里所供奉的四配十二哲、先贤先儒、名宦乡贤等。小祭当一年多次，可选择在除公祭日期之外的任何一位所供奉对象的庆日或祭日来小范围举办，尤其是孔子的生卒之日，须更加关注。

三是规训圣殿礼仪。以往包括帝王在内的文武官员拜谒孔子时，都要"文官下轿，武官下马"的，至于普通民众到文庙里参观，就更要如此。郑州文庙虽然是免费的，但为保持圣门之地的神圣、庄严和肃静，同样需要对进出人员的着装、言行予以规训。可在入门之前的适当地方放置一面镜子，镜旁置一水槽，可礼仪性地净手净脸，再面对镜子查看衣着是否整齐，然后再入内拜谒。对入内人员，无论何等

① 赵国权、周洪宇：《祠学璧合：两宋书院祠祀活动及其价值期许》，载《北方论丛》2016年第2期。

人，不许追逐嬉戏、大声喧哗等，始终保持着一种敬畏及虔诚的心态完成所有的参观活动。对此，目前在尊经阁前一片空地上开设室外武术班的做法，显然是不合适的。孔门圣地同样需要肃静，而不能打着"国学"的招牌而随欲所为。

以文化传承打造核心价值观培育阵地

自改革开放以来，中国政府对以儒家文化为核心的中国传统文化愈加重视。2012年胡锦涛在十八大报告中明确指出："文化是民族的血脉，是人民的精神家园。"正是基于对传统文化营养的汲取，十九大提出了二十四字的社会主义核心价值观：在国家层面倡导"富强、民主、文明、和谐"；在社会层面倡导"自由、平等、公正、法治"；在公民层面倡导"爱国、敬业、诚信、友善"。

2013年习近平总书记在山东考察时，专程前往孔府及孔子研究院，在听取有关专家发言后明确表示："一个国家、一个民族的强盛，总是以文化兴盛为支撑的，中华民族伟大复兴需要以中华文化发展繁荣为条件。"[1]2014年五四青年节当日，习近平总书记在与北京大学师生座谈时又发表重要讲话，对社会主义核心价值观以及与传统文化之间的关系进行深刻而又系统的解读。他说："核心价值观，其实就是一种德，既是个人的德，也是一种大德，就是国家的德、社会的德。国无德不兴，人无德不立。如果一个民族、一个国家没有共同的核心价值观，莫衷一是，行无依归，那这个民族、这个国家就无法前进。"他还将《大学》中的八个条目与社会主义核心价值观进行对接，指出中国古代历来讲格物致知、诚意正心、修身齐家、治国平天下，"从某种角度看，

---

① 参见《人民日报》2013年11月29日第1版"要闻"。

格物致知、诚意正心、修身是个人层面的要求，齐家是社会层面的要求；治国平天下是国家层面的要求。我们提出的社会主义核心价值观，把涉及国家、社会、公民的价值要求融为一体，既体现了社会主义本质要求，继承了中华优秀传统文化，也吸收了世界文明有益成果，体现了时代精神"。进而他认为，中华优秀传统文化已经成为中华民族的基因，植根在中国人内心，潜移默化地影响着中国人的思想方式和行为方式，"提倡和弘扬社会主义核心价值观，必须从中汲取丰富营养，否则就不会有生命力和影响力"[①]。

2017年十九大报告中，同样强调"文化是一个国家、一个民族的灵魂。文化兴国运兴，文化强民族强。没有高度的文化自信，没有文化的繁荣兴盛，就没有中华民族伟大复兴"；"中国特色社会主义文化，源自于中华民族五千多年文明历史所孕育的中华优秀传统文化"。

这就告诉我们，中国特色社会主义现代化建设离不开传统文化。实践同样证明，"现代化不论走多远，其根依然在历史与传统所塑造的文化血脉之中，失去了这种血脉之根，现代化只有形式，没有灵魂，只有随波逐流，没有自己的家园"[②]。社会主义核心价值观更是根植于中国传统文化，要培育和践行社会主义核心价值观，必须大力弘扬中华优秀传统文化，这是毫无疑问的。

那么，文庙作为儒学传承的主阵地，理应成为培育和践行社会主义核心价值观的重要阵地。事实上，目前已有许多文庙在积极开展国学教育及普及活动，如举办成人礼、开笔礼等，取得明显的效果。[③]为此建议开展如下几个方面的活动：

一是与学业有关的，可以举办开笔礼、开学礼、散学礼、学业表彰礼等。尤其是举办针对青少年及成人的定期而

① 习近平：《青年要自觉践行社会主义核心价值观》，载《人民日报》2014年5月5日第2版。
② 林尚立：《协商民主：中国特色现代政治得以成长的基础——基于中国协商民主功能的考察》，载《湖北社会科学》2015年第7期。
③ 如广东番禺学宫2004年首次举办开笔礼，其程序依次为：番禺学宫话开笔；平步青云游泮池；少年才俊聚学宫；以水为镜整衣冠；朱砂开启读书"智"；孔子像前授启蒙；敲钟鸣志小少年；"学业进步"落笔尖；开笔证书赠学童；举茶感恩奉双亲（师长）；手握乾坤步步高；放飞梦想许心愿。长春文庙于2007年首次举办成人礼，其程序包括企盼（过泮桥）、正途（过棂星门）、敬圣、大成（过大成门）、参礼（成人礼）、谢恩和祈福祈愿。

又业余的诵读国学经典活动，制定诵读规范及考核等次，颁发荣誉证书等。

二是与学术文化有关的，可以在此举办学术会议、座谈会、国学讲座，还可以举办孝道、书道、茶道、剑道、弓道、花道、酒道、会宾、汉服及科举等礼仪演示和展示等。

三是与特殊群体相关的，诸如在教师节、乞巧节、重阳节等中国传统的节日里，可举办与教师、女子、老人相关的一些主题活动。

以所奉祀人物打造人生坐标地

在文庙所奉祀的人物中，有至高无上的先圣孔子，有先哲孔门弟子，有先贤周、程、张、朱等硕儒，有德高望重、教化一方的乡贤，有为政清廉、造福一方的名宦，有保家卫国的忠烈之士，还有名闻乡里的孝子、贤妇等。可知，这些被奉祀的人物，都是层层筛选出来的，其言行举止具有典型性、代表性、广泛性和普适性，或者说具有层次性和针对性，为社会各层民众树立了可供学习效仿的标杆，希望自己将来想成为一个什么样子的人，或从事何种事业，都能从中找到自己的表率。

可以肯定地说，文庙中所供奉的人物都具有劝孝、劝廉、劝学、劝教的巨大作用。尤其是当地民众所熟知的，来自本土的乡贤和名宦，对当地学子及民众的影响力或许更为突出。诚如明初学者徐一夔所言："所谓古之人者，虽皆圣贤之徒，然或生于中国，或生于东夷，或生于西夷，漠然隔宇宙而不相及。讵若一乡之贤，里闾相接，封畛相连，而其人之德行风节、文学事功、遗风余烈洽于所见所闻所传者，至亲且切，有不待旁求远访而后知也。"①先贤就在身边，甚至是直接交往过，接受过教导，对其功德事迹非常熟悉，自然就会产生景仰追慕之情，把先贤作为人生之楷模，使之在自己人生中起着引领、表率的激励作用。"盖人心有感发之机，天下有风动之理，使官于斯者皆有志名宦，居于斯者皆有志于乡贤。"②正因为在古代有"庙学合一"的情况，"诸生长伴先贤，观摩实践，日渐月磨，必能进德修业，卓然成为有用之材"③。值得一提的是宋朝的文天祥，他尚为童子时就能从先圣先贤身上感受到家国之重要，并发誓要忠心报国。如《宋史》本传称其："自为童子时，见学宫所祠乡先生欧阳修、杨邦乂、胡铨像，皆谥'忠'，即欣然慕之，曰：没不俎豆其间，非夫也。"④可以说，诸如文天祥等杰出人物自幼从文庙所供奉的先贤中找到了自己的人生坐标，所以才会有"人生自古谁无死，留取丹心照汗青"的豪言壮语和名传千古的忠贞情怀。

为此，作为影响一方的郑州文庙，应该在本土人文资源挖掘方面做些努力，除去业已规范的所奉祀的人物外，可以补充如下几个方面人物的材料或事迹：

一是已经盖棺论定的，属于本土或在本土工作过的有关乡贤及廉洁官员的突出事迹，将其分别置于乡贤祠和名宦祠内。

二是复刻史书上所记载的进士题名碑，同时将历年的高考状元镌刻立碑，以后凡是高考状元，都可以题名刻碑立石，对广大学子而言也是一种激励。

三是将名闻乡里的经过有关部门评选出来的孝子贤妇，以及各行各业所涌现出来的先进人物，其事迹也可以进行活动性展出。

① [元]徐一夔：《始丰稿》卷7《乡贤祠记》，钦定《四库全书》本。
② 杨廉：《杨文恪公文集》卷32《金坛县创建名宦乡贤二祠记》。
③ 邓洪波：《祭祀：书院产生的最重要原因》，载《中国社会科学报》2012年4月19日B1版。
④ 《宋史·文天祥传》。

以人生节点打造生命体验基地

在人的一生中会有诸多比较重要的、值得纪念的节点，诸如生日、周岁抓周、升学、成人礼、婚礼、结婚纪念日等，但凡遇到这些节点，家人及家族的人都会在一起庆贺一下。尤其是成人礼和婚礼更为世人所看重。

在古代，对成人礼是非常重视的，男孩子的成人礼称之为"冠礼"。据《礼记·冠义》篇载："冠者，礼之始也。"《礼记·内则》亦称："二十而冠，始学礼。"可见，男孩子的成人礼是在20岁进行的。女孩子的成人礼则称之为"笄礼"，据《仪礼·士婚礼》所载："女子许嫁，笄而礼之。"《礼记·内则》则云："女子……十有五年而笄。"足见，女孩子15岁时举行"笄礼"。而今时代不同了，我们一般将《宪法》中所规定的18周岁作为成人的标志，那么在18岁这一年举办集体的成人礼是十分必要的。因为成人礼的举行，意味着其获得了进入社会的资格，肩负起更艰辛重大的责任。如果成人礼在文庙中举行，借此希望已经成人的孩子们要带着深厚的文化积淀及人文气息走向社会。

还可在文庙举办婚礼。婚礼对于成年男女来讲有着特殊的含义，大有助于提升双方的责任感和义务感。在文庙大成殿前举办婚礼，非常神圣。因为爱情本身就是神圣的，这种形式会让婚姻变得更有尊严和神圣不可侵犯。

除此之外，文庙内能否举办商业活动，没有资金来源如何维持文庙正常的运营和维护，这确实是一个非常现实的问题。2007年9月，郑州文庙举办了一次商业演出，《河南日报》记者对此进行了采访和报道：

今年的孔子诞辰纪念日文庙过得很特别，9月底的一个晚上，一场加拿大钻石秀在文庙上演，来自世界各地的模特穿梭在大成殿下展示时尚首饰，舞台上模特们的轻衫薄衣与同时展示的厚重汉服构成鲜明对比。这是文庙首次承办商业演出。商都遗址保护管理所事先参与了对演出内容的讨论，他们认为这场制作精良的演出在宣传品牌的同时，也让人们看到了文庙的美，而且在经济上也能得到回报。"中外古今元素融合在一起，没有不和谐的感觉，很新鲜。"一些观众表示。但也有人认为，文庙不应该举办商业活动。不少市民表示理解：像文庙这样的传统文化场所不能收门票，经费也很有限，如果不参与商业活动怎么活下去？[1]

这次在祭孔之前的商业演出，一下子把郑州文庙推进舆论的漩涡：在景仰圣贤之地搞商业推介活动合适吗？文庙代表的传统文化会不会因此变味？或如有人认为的那样"和社会各界合作，是为了让文庙活下去，如果生存不能保证，传播传统文化更是无从谈起"等等。赞成者不无道理，反对者也能自圆其说。

之所以引起争议，是因为没有法律及政策依据支持。依据2016年修订的《中华人民共和国文物保护法》，第九条规定所举办的活动"不得对文物造成损害"。也就是说，可以举办各种各样的活动，前提是不得妨害到文物。但关于经费方面，第十条规定：为发展文物保护事业，"县级以上人民政府应当将文物保护事业纳入本级国民经济和社会发展规划，所需经费列入本级财政预算"。还规定"国家用于文物保护的财政拨款随着财政收入增长而增加"；"国家鼓励通过捐赠

[1] 柯杨：《郑州文庙试图活得更好》，载《河南日报》2007年11月26日。

等方式设立文物保护社会基金，专门用于文物保护"等。由此可以看出，如果地方政府依法从事的话，那么文庙的正常费用开支是没有任何问题的，无需再通过商业性运作来筹集费用。

鉴于此，作为事业单位和文保单位的文庙，尤其是作为儒教圣地的文庙，应该是肃静、神圣的，参观者应该带着敬畏、崇敬和虔诚的心境前往从事各种活动，因此应与其他景点有所区别，不应该经营商业之类的演出活动，包括租赁给个人从事商业性的教育教学活动。不然，一边是神圣殿堂和精神家园，一边又是热闹喧哗的商业化运作，显得不伦不类，有亵渎圣人之嫌。

附录：郑州文庙碑记

郑州重修庙学记

[元] 胡祗遹

　　明主之所先，庸主后之；良吏之所急，俗吏慢之。庠序学校，明主所以养贤储材、化民成俗之先务也。有国有天下者，孰不欲令行禁止。君子爱人，小人易使，忘身殉国，亲上死长，政治和平，而囹圄空虚，祸乱不作，而贤能辈出，国势尊隆，万邦咸服。然而卒不能从其所欲者何哉？盖不知清出治之源，废德教而任刑罚，弃礼乐而专法令，踵战国暴秦之余习，忽唐虞三代之至治，区区以薄书期会为先务，职此之由也。唐虞三代之政，固多教条，大经大法，莫先于庶而富，富而教尔。京师、县邑、家术、乡党皆有学，故能官得其人，职无废事。风俗成而国祚永，延及列国，一时卿大夫尚能以礼维持其政。郑之有邦，间于秦、晋、齐、楚之强大，子产以君子之道，修己事上，训民治事，见称于孔子，昭昭于史册，当时至今，皆谓郑有人焉。侨之殁，千八百年。至元丁亥，我朝贵臣陌魁尚书公子之脱脱，湖北道宣慰副使、东昌节妇马氏夫人之子黄廷佐君卿，同治是邦，革前政白科之弊，垦辟荒芜，务农种谷，发荥阳炭山之利，浚汴水以通东南之舟楫，劝孝弟，化奸凶，百废俱举，乃曰："我朝启造区夏，册试多士，选者复其家，世世无有，所与在在，庙像孔圣，建学立师，作养贤俊，训导闾里。内立集贤翰林院，以待茂异，以尊养耆德；国子监以教贵族子弟之俊秀者，急先务也。郑州庙学，卑陋乃尔，吾二人实负其罪。"乃即汉永平之故基，复修而重起之，圣宇贤庑，师位生斋，下及井灶，备具一新。经始于是岁之春二月，落成于明年之秋七月，躬率僚属、郡士，致礼常祀。郑人趋拜祠下，瞻仰叹嗟，同声相应。曰："吾二贤侯，为国为民，忠厚勤敏，忍惜一言，以纪以德以功，劝来者而垂无穷乎！"佥曰："诺。"摅诚拜状，以文来请，谨因郑人之咏歌，而为之诗曰：为政有三，庶富而教。弗庠弗序，从厥攸好。臣不知忠，子不知孝。忠孝两忘，鸟兽同道。贤哉二侯，布政优优。以善养人，庙学复修。彝伦既明，则民不偷。熙熙郑俗，礼让交游。异邦之治，簿书期会。抵冒顽嚚，苟勉无愧。此善彼恶，学兴学废。缓急后先，恶则倒置。我铭我诗，郑人之辞。二侯在官，父训母慈。二侯他适，郑人去思。刻石庙庭，日拜其仪。至元二十六年岁次乙丑十一月吉日胡祗遹记。

（嘉靖《郑州志》卷6《艺文志》）

郑州重修庙学记

［元］霍希贤

在昔有学而无庙，后世因庙以立学。盖学乃作养人材之地，庙诚释奠圣贤之所，非学无以考德问业，非庙无以观礼习容。庙学相须，兹实明人伦、厚风化，古今为政之先务也。奉宁有学，厥惟旧哉。由宋历今，迄于圣朝，而兴废盛衰，虽有常数，然天未丧于斯文，修为之官，靡不接迹。崇宁己巳振威毛公，泰和初元知州贾公，正大己丑吾古孙公，至元二十六年长官黄廷佐，累加修复。大德癸卯，郡守刘奉训召集生徒，教养有法。逮延祐辛酉，奉宁杨公力为兴建，轮然奂然，罔不毕备。寒暑推迁，历一十八载，梁摧栋挠，瓦解土崩。至顺庚午秋八月上丁，监郡县守令僚佐观感兴叹，共思一新，乃同捐资奉为倡，郡之缙绅从而和之，生徒闾阎，各输所有，富者以资，贫者以力，故得未逾半载，咸卒全功。正殿两庑，讲堂两序，易敝以完，代朽以坚。若神门，若筑道，若七贤堂，若棂星阆阅，悉皆丹膊粉饰，而又缭以周垣，甓其阶址，顾虽规模仍旧，而其气象胜前。始事于庚午之秋，落成于辛未之夏，学正高良羽与有力焉。砻石既具，丐文以记岁月。予鲁诸生也，备员守土，义弗敢辞，纵弊竭固陋，不足以形容盛德之万一，乃进耆旧暨诸生而谓之曰：今庙既严矣，学既成矣，凡在郡民，当父劝其子，兄勉其弟，为师者知所以教，为弟子者知所以学。始焉诚意正心，终焉致知格物。蕴之而为德行，行之而为事业，以知行进之力，成修齐治平之功。尧舜圣君，中古吾民，毋徒抄撮要略，以资举习，三物宾兴，道因人盛，顾不伟欤，后生勉旃。罔俾英贤，专美前代。时官名姓，具于碑阴。至顺辛未丑月癸卯日，翰林修撰、奉政大夫、知汴梁路郑州兼管劝农事、知河防事、东平霍希贤记。

（嘉靖《郑州志》卷6《艺文志》）

郑州兴学记

［元］李师圣

人之大伦，其别有五：所谓父子有亲，君臣有义，夫妇有别，长幼有序，朋友有信者，不过二十字而已。宜人人而能知之，而能言之，亦犹天地日月，人人而能识也。胡为独称舜能察于人伦为圣人，人伦之至何哉？盖真知者为难，而实所知者为尤难。至于知之至而行之尽者，天下一人而已矣。《传》有曰："迩之事父，远之事君。"则忠之训，盖得所以事父之道，斯得所以事君之道矣。究竟至道，其揆一也。如事父母能竭其力，事君能致其身之云，人伦之重，莫之或先。顾以贤贤易色为首称者，盖男女人之大欲，而凡耳目口鼻，四肢之求逞者，皆是物也。一有所向，气以事用，则泪于欲则没于利，利即人情之所欲也。欲胜于理，则本源失矣，其何以为孝与忠之地乎？彼怀利以事其君父者，宜末流之祸不可胜言也。春秋弑三十六，大抵皆见利而动，盖所谓不夺不餍者欤。抑闻之"民生于三，事之如一"。为人臣者，亦何尝不致其身；为人子者，亦何尝不竭其力。特以常者言其家，变者言其国，实互文以相明耳。鸣呼！世降俗薄，其能不有其身以徇所失者，茫茫四海之广，寥寥百年之久，仅可以指数，然匹夫匹妇，间有尽其分者，要亦不能扩而充之，推而达之矣。此建国君民之所以以教学为先也。呜呼，使道学复明，治化大行，为诸侯者诚死社稷，为大夫者诚死宗庙，等而下之，家守义而人秉节，身可杀而志不可夺，其万世不拔之基，真若倚南山而坐平原也。孰谓崇儒右文，立教明伦之举，为迂阔也哉！郑州学之立，亦有年矣，作郡者复构讲堂于其后，教官唐懿着其匾曰："明伦"，无乃有闻于正大之伦矣。然虽构，其空及寂不知其几年矣，虽有明伦之堂，而无明伦之人可乎？知州刘奉训倡始于前，知州许奉训、同知王承事等，继终于后，进义副尉、管城达鲁花赤狗不花等，又相与辅相之，金曰："学校国家大事，不可缓也。我等力为之。"于是增广生员，重加勉励，学校大兴，四方游学毕至。而其师之所以严教，弟子所以向学，所以学者，一以小学、四书为课，其所以知趋向而期待矣。本道金宪董公按部，于此重加赏异，而师生率为之奋激，先明后实，法当然也。比以记文见属，乃宣畅展布以发之，亦公之气象爽迈有耸动云耳。默然良久，于是乎书。大德七年十二月初四日。

（嘉靖《郑州志》卷6《艺文志》）

郑州学义田记

[明] 黄 庆

余方有知，时侍先严于官邸，目击桑门辈创梵宇，庄严佛事，甚惊骇，禀诸先严曰：营是奚为？先严言以报若本。余复请曰：吾儒独无本？未闻报之有若是者。先严愕然曰：待汝倡也。余既冠，曳蓝皂于州庠，故纸钻五六祀，惟一义字认颇真，凡事为无涉于是者，不敢须臾处。迨接壬午，凤翅篝仕，令苏之常熟。因怀向之失学，寡传授，乃蟹俸余，访儒硕，走匝四方，求五经、四书义各一部，共若干篇，发郑庠中。复铸铜爵二十，朱红篚厢九，供孔庙中祭仪。及桂冠归，思效前释之报本，虑身后如或坠，非久常计，越明年，卖郑乾隅附郭良田一百八十二亩，送诸学为义田，计收获岁贡吾夫子诞辰仪并修葺事，余则科贡婚丧各量周之。禀诸州守，岁轮一生提督收敛。仍虑日远豪右设法兼并，乃悉其地之至界畛亩，以付铁笔，庶克慎始终如一日，非纳交于乡党朋友也。将以招继是而兴者，以大其事也。若有侵匿，弗入公廪者，非端士；吾夫子在天之灵，昭报不爽。今将地之疆至，支用则数具后，烦吾同门友共世守之，希勿替。弘治五年，岁在壬子，冬十一月，壬午科举人、前令常熟县、郡人黄庆志。

（嘉靖《郑州志》卷6《艺文志》）

郑州学田记

[明] 刘汝轹

刘子奉命莅政之三日，祗谒学宫，修故事也。礼成而登堂，与诸生论文。事竟，周览庙貌，垣墉朱甍，壮丽之盛，忻然乐之。问所以新此者为谁？诸生引傅童子炅而告余曰：是渠父之义也。父名民极，故郑裕族子，自幼乐施与，用明经举乡进士，后拜江都令，有惠政，部使者荐之，遭逆瑾柄祸，以不附罢归。时学宫倾圮，祭器残缺，即慨然叹曰："吾先业足以食子孙，吾弗益之矣。尊吾道以风后人，吾独不当为耶？"于是出资鸠工，为之卓，为之帛籚，为之鼎若瓶。独计宫宇废奢，须以渐次，乃市州负郭之田三百亩，岁入其租若干，积久而裕，始大成之。甫落成而疾革，属其妻胡曰："田由学置，既讫工而爱其田，是义之不终也，免不穀，唯汝与子。"后三年，胡遣炅补弟子员，奉券归于学，终夫志也。夫是祭有常供，而生徒之乏困者，胥此焉赡。郑之文教，丕然以振者，傅力居多焉。余闻而韪之，乃谓诸生曰："傅之能义也，虑事之周也；胡之能贤也，守命之固也。建一役而二美并，是可书也已。虽然使士之游歌其间，不唯道德功名之是务，而藉为捷径，以营其私图，甚至觊觎于田之可利，而硕鼠盆盎之不耻者，非其罪人哉，非其罪人哉？"诸生皆曰："善！"请以为记。余不能辞，爰伐石而镌诸学之右，以为世风化之一助云。嘉靖三年岁次甲申三月吉旦，赐进士出身、奉训大夫、知郑州事、安福刘汝锐撰。

（嘉靖《郑州志》卷6《艺文志》）

儒学新增义田记

［明］李遇春

　　昔有宋范文正公，尝以俸资置义田，以周给族人；相宅地为学，以养苏士，民到今感叹其贤，此义田之一见耳。至我朝弘治初，郑人黄元吉先生，自苏之常熟致政还，亦以俸资置义田二顷于州庠，以供先师诞辰之奠，余为养士之资，此义田之再见耳。元吉盖得之文正，而复重圣诞，又报本之义举也。延今复有新郑邑人常氏美者，居邻州南，以尝置买州民张赞地二顷，并送契书，为郡庠义田，以备修祀丰洁之助，而养士亦均有所赖。是盖得之元吉，而师道愈见重矣。君、亲、师为天下三太，君有义，亲有恩，师兼恩义有之，澹庵诸公皆欲为师制服，重斯道也。异端者流，尚知重其师降生之辰，吾儒独于此焉略之，矧圣师以纲常造万世人物，人无父子、君臣、夫妇、兄弟、朋友则已，有则皆受罔极之恩，而义为尤大。常氏业农，顾亦知所报焉，而况于读书者乎？郡大夫、前督察御史燕山杜公德仁义之，下其事于学，乃命师儒延至学宫，以礼嘉奖，且与乡饮，春秋颁胙与元吉等，所以激后来也。人能敦行此义，有一善可录者，孰非文正公一派人乎？是为记。正德十三年九月初吉学正李遇春记。

（嘉靖《郑州志》卷6《艺文志》）

郑州修学记

[明] 刘定之

余奉使至郑，诣其学宫，进拜礼殿，退坐讲堂，与其官僚师生，踟蹰周览，至于终朝。见其室稍老矣，其地卤，故其墙壁下润，势有将压者；泮池阶级之甃，有缺而未补者。其州首余君，悯然若以为己任而未言也。明日造余言："靖之至此州也，始逾年，以民政之殷也，朝勉夕惕，未之有暇。而于修学，固不敢以为缓，其材甓之需，程役之督，已订于二属，或有定论，将揆日以图之矣。幸君子之至于斯也，请记。"予嘉余君之知所务也，为之记曰：为治者之于人才，必聚而教之。又追崇古之圣贤，可以为其师焉，此士之情也。昔伊尹独耕于畎亩，而诵诗读书，以乐其道，颜渊独居于陋巷，而不违仁，未尝与其辈众处。有莘、东鲁之泮宫也，然人不能生而皆伊、颜，欲使其学为伊、颜，则当庠序以聚之矣。舜常若见尧于羹墙，孔子时复见周公于梦寐，其希仰之笃，不待塑象版位以警心目也，士之慕圣贤，岂皆若舜、孔哉！欲使其学舜、孔之笃于希仰，则当庙庑以祀其所师者也矣。人材之成，所以未有舍圣贤庙庑之祀，废师生庠序之聚，而能有成者也。乃若郑之为地，自古及今，人才所出，而所以成之，可不尽其道乎何也？周之东迁，依乎郑，非郑则王迹愈替矣；晋之主夏盟也，汲汲于得郑，非郑则霸图弗振矣。颖考叔之事母可为孝，子产之事君可谓忠，夫王霸上所干之大运也，忠孝下所守之大闲也，郑之前哲有与存焉。洎于后世，史不乏书。而至我皇朝，有部宪著节者，有翰苑发闻者，有魁名显仕者，其他内外扬厉，未易悉数，谓郑有人才，不其然乎？今余君思所以尽其成之之道，而修学是务，将见英杰继起，而民以之化，俗以之美，收功效于当时，垂声光于后世可必矣，岂不善哉。乃遂记之，使落成而刻焉。天顺三年，岁在己卯，孟夏吉日。赐进士及第、奉议大夫、通政司右参议兼翰林院侍讲永新刘定之撰。

（嘉靖《郑州志》卷6《艺文志》）

郑州学历科题名记

[明] 程敏政

事故有若甚迂可缓，而实切于化首、系于世劝之大者，得其人则举，非其人则缺，故为政必知其先务，而后治绩蔚然可观。新安洪侯宽，治郑州六年矣，其始也，诸务未遑，而独先葺子产庙，以渐葺郑州学及孔子庙企德、敷教二堂，及困馆于学，刻《大学要略》诸书以便教与学者；既又砻石于学，题科目之士之名，以风郑人。而提学按察副使临海陈公选，谓不可无记，于是洪抵书京师，以属于走。洪侯之为政，亦可谓知先务者哉。夫学校治化之首，科目之士，学校之所自出者也，凡今大小之臣，汇列中外，以仰辅累圣，而建成隆古熙治之治者，率皆重科目以进，则题其名以示劝，固典之不可缺者与。郑，河南巨州也，南北要冲，辖四县，提封数百里，风土长厚，魁人多士，出乎其间。国朝更化以来，科不乏才，若翰林编修邢公恭，都御史王公彰，其最显者，顾其流风余烈，后生小子渐以无闻。盖斯名一题，而后教者慕前人之高足，学者抚先达之遗芳。然有所兴起而不敢懈，以肆其功于化首，而系于世劝之大者何如哉。昔子产相郑，不毁乡校，有遗爱，孔子称之。洪侯之为政，盖于是乎知所先务矣。彼所谓能吏者，汲汲于簿书期会之间，其不以是举为甚迂可缓者鲜矣。洪侯以礼经举于乡，筮仕知桂阳州，适峒獠作乱之后，招来振恤，有声湖南。逾二载，以忧去，服阕，改郑州。其善政尤多，而其大者，则省运边刍，及创藩府、开漕河，顾役之费，以千万计。催科救荒，缓急得宜，部使者下其法于诸郡县。诸郡县有讼，多请于上司，就决于侯，一州晏然，相安于无事。境内牛马，率多双产，而坊民有育蚕开簇，环结成衣，宛若天造者。巡抚都御史江浦张公瑄暨巡按御史，再相与荐诸朝，被旌异之典，而将来政之所底未艾也。走与侯同郡人，喜侯政有序也。故记其题名之石，而并着其治绩，使观者有以见学校之本政源化如此云。成化十有二年，丙申冬有二月日南至，赐进士及第、翰林侍讲、承直郎、同修国史兼经筵官、新安程敏政记。

（嘉靖《郑州志》卷6《艺文志》）

郑州学历年贡士题名记

[明] 倪 岳

国朝纪元成化之八年，岁在壬辰，新安洪君宽改知河南之郑州，厉己以修职，懋志以兴事，悉取州废坠之典而举之。学宫倾圮，施教弗称，遂以为首务，思一新之。于是，鸠工度材，谨饬百废，规制焕然。役弗及民，而明伦有堂，肄业有斋，门墙嵲业，足以耸游观。馆舍邃严，足以乐藏息。大小咸称，无所苟焉。且以学校养士之地，岁常举其贤能，贡于王朝者众矣，是不可以无记。爰伐巨石，题其氏名，以示后之人，将使州人士有所劝焉。夫学校造士，贤守令之所为重者，君克举之，亦贤矣哉！间走匝京师，千余记其事，因告知曰：人才之成由乎教道明，教道之明由乎学校修。盖学校不修，则无以为成材之地，以教之无从施也。昔周盛时，学校之政遍天下，然其所以为教，初非寄之言语文字间者，故以乡三物教万民，惟曰：考其德行，察其道艺何如耳。今之有司，以岁贡其学校成材之士于朝，即所谓乡大夫，群吏献贤能于王之意也。今之试之而使之卒业太学，布列庶位，即所谓论定而官之意也。盖可以想见古昔养士之制者，惟于是乎存焉。而岂直以进士科为重，如后世之所云者乎？矧郑为河南名郡，汴宋文物之故区，而渐被国家文明之化益深以久，故士之膺其乡大夫之贡而出者，内焉百执事，外焉群有司，往往以贤能名，初不在诸进士之下，亦可谓得其人矣。然赖以考见其所本者，实系斯石焉。继自今为师为弟子者，乐有贤太守聿新兹学，雍雍济济，日聚处于斯，考德饬行，诵读诗书以讲求，其所谓得于心而为德，则天理民彝之则在焉；体之身而为行，则孝友忠信之懿存焉；见于事而为艺，则诗书礼乐之道具焉。于是悉心尽瘁，以修以习，以求至乎其极，以务成乎贤能之材。至于其暇，又因其所题诸士之名，耿耿不可泯，如此将举其贤否之实，而申其议拟之公，盖后先相视，同轨一辙耳。顾其心有不惕然其动者乎？其志有不奋然以勉者乎？夫然故他日继是以出者，推其所得于学校之教，而见之为政，其名有不烨然以传者乎？奚啻增重斯石而已也。则贤太守作兴之素心，示劝之嘉典，盖两得之。而兹学得人之盛，当不一再书而止也。越六年，丁酉夏六月望，赐进士出身、翰林院侍读、经筵讲官兼修国史、钱塘倪岳撰。

（嘉靖《郑州志》卷6《艺文志》）

名宦乡贤记

[明]高尚贤

我朝重道崇祀，而名宦乡贤必祠之学宫，以翼道也。名宦则其为治，乡贤表其为俗，以埤教也。道翼则振，教埤则流，故学以奠先圣，祠以序列贤，诚治者谨之。矧郑居华中，贤之所萃，而道之所会也，是又可易乎哉。夫神羞民之忧也，道敝治之庆也，是故志乎民者先乎神，志乎治者先乎道。郑之旧名宦乡贤得祠者，周裨谌、世叔、子羽、子产；唐服虔、娄师德；我朝河南副使陈公选，郡人右都御史王公彰，翰林编修邢公恭焉耳。遗者未之能明也。且浑处一堂，主宾莫辨。刘君汝锐以进士试守兹州，展庙之初，慨然叹曰："夫贤有所遗，则敬不广；祀无所厘，则敬不专。不广不专，贤道则不尊，圣道孤而教且沦，如之何？"越明年，利兴弊塞，政既通矣，于是考咨献典，上下古今用是登祠者，视先倍且半焉。名宦，周颍谷封人考叔，北齐长史郎孝基，唐卫公李靖、州尉陆贽，宋平章事知州宋庠、龙图阁学士知州事祖无择、平章事知州事陈尧佐、州通判王旦，元知州刘永祚、刘可任、黄廷佐，我朝知州洪宽、翁文魁、郭宏、萧渊，州判姚旭、聂濂，学正沈衡。乡贤，唐晋公裴度，宋枢密使王德用，御史中丞李及，徽猷阁知制诰孙昭远。皆爱足以遗，风足以范也。潜德尽耀，可谓明矣。又新旧祠以奉乡贤，创新祠以奉名宦，各三楹焉。妥之专其所，绘之专其仪，可谓尊矣。夫德明则人仰，神尊则人钦，泽之润而风之嘘。自是兹宦兹处者，岁时祭享，生思所以对之，没思所以入之，而郑亦其弗替哉。贤以祠崇，道以祠重，教以道张，是故兹祠举而教系矣。夫祗神则能民，隆道则树治，是故兹祠举而治征矣。呜呼，刘君之贤，其将有以风后人而继斯祠也哉！赐进士出身、奉政大夫、山东等处提刑按察司佥事、奉敕提督学校，新郑高尚贤撰。

（嘉靖《郑州志》卷6《艺文志》）

郑州儒学重建尊经阁记

［明］熊　爵

　　国家内自两京，外诸省郡邑，悉建学宫殿庑，崇祀先圣先师，明伦、斋馔有堂，生儒有号舍，广狭不侔，规模颇肖制也。今皇上右文重道，诏天下学宫建敬一亭，镌圣制立石。大哉圣训，士何幸躬逢耶。更建启圣祠祀圣贤，所自出皆万世之缺典，一代之伟绩焉。是以内外臣工，罔不仰体休德，崇重学校。迳乃平桥胡公来守兹郡，公允明廉断，宽猛近民。未期年，六事孔修，尤重斯道，崇文怜才，振励士子，阐扬圣训。学宫旧有尊经阁，制度卑隘，且倾圮，公依然曰："是何足以尊经育士耶？"乃经营相度，辟广故基，材用砖石，则取厥淫祠；陶冶料费工食，则日为之。所指顾之下，庶政咸有办，一无病于民，民乐为役，农无废业，工无惰勤，肆有美材，经始于孟夏，秋仲落成，址馔堂之阴，自础至极，为尺五十，深六寻，广倍之；为楹八，为虹六，栋宇悉重拱，栾斗相承；三枞九甍，复檐森桷，飞柳双辕，上下相望，四表八维，重轩高牖，周以楯槛，延以梯阑，龙腾虎植，翚飞鸟革，悉饰以丹碧髹彤，文藻羽丽，虽樽栌檼衍之微，靡不绣绮。前揖明伦堂，远望宫墙，远拱敬一亭，傍附斋舍。眺敖山之麓，瞰圃田之薮，枕峙嵩行，襟带河洛，丽谯崔嵬，亏蔽城郭，真千里之伟观也。于是奉制书于丌，积经史百家集甲乙之，牙签锦轴，辉映栋梁。解役之日，官师少长咸登览焉。罔不惊观骇叹，为千载一遇也。郑为古名国，肇自桓公友受封，及子产听政，不毁乡校，号称多才。迄于今士风敦厚，两千余年于兹，及复有平桥公之洪业可美矣。于是潘君时表适正学教，与萧君音、徐君垒、王君銮，诸生冯子应光、杜子攀鳞，乃驰状问记于予，予嘉胡公之道，潘君之谊，用状而次第之为记。胡公名万里，字伯明，关中人，己丑进士，平桥其别号云。潘君，永丰人。

266 | 267

赐进士第、奉政大夫、前福建道监察御史、山东按察司金事大梁，云梦熊爵撰。

（嘉靖《郑州志》卷6《艺文志》）

郑州重修文庙记

[明] 周国乡

　　郑旧有学，斋宫孔严，岁久风雨颓圮。乃有孝义之耆海蕴，概□慕思圣贤之道，又以其子海东瀛为庠序弟子员，于是捐资鸠工立为，兴筑寝殿，有肃仪门，曰抗载塾。特然松柏森立，□垣如壁，视昔愈弘，本州岛官僚尚其嘉勋，锡以冠带，仍旌其庐。于是学师生持币来言如右，且曰："孝义海蕴，如彼碣且励矣，请一言以为志。"余维圣贤之立，教天理之在人心，是故其道不形而立，不有而存，为堂为奥，暗室屋漏。至于平如坻，直如矢，及其墙之高，宫之广，宗庙百宫之丽且富，岂非其天理之自有者与？夫惟天理自有，是以人皆得而有之，人皆有其平直出入，而由之者何人也？人皆有其堂奥趋进，而升以入之者又何人也？人皆有其暗室屋漏内省，而尚不愧者有何人也？夫是，屋漏一愧，则堂奥无光，而平直之路拟且昏然矣。恃形而立，恃有而存，则此屋壁虽百毁而百建，圣贤之道岂信资于是哉？尔多士尚思孝行之所与，起因乎天理之在人心，而圣贤立教于天下，果不虚尔也。尚思其所以不形而立，不有而存，以其理之可善可信者。在己，必使吾所由之道平如坻，直如矢，不劳乎他人之修筑，乃为大道；也必使吾所升所入高明如天，深邃如渊，不资乎他人之开敞深□乃为堂奥也。于是乎求助暗室屋漏，必得乎圣贤之天理，如堂而明，如廉而正，如路而直，得其美大圣神真。如百官之富，取之左右逢其源，则如此庙貌之严，门墙之峙，为此耆孝所修筑，为当署所表扬者，岂非天理之在人心教之行乎？天下圣贤之公共，而皆为吾之所自有者，与夫士者质其衣冠辨其礼貌，必知吾身之为堂奥，为廉阶，为暗室屋漏。诚然于斯，日新其天理而无所颓堕，则圣人之宫墙，代不必修，与天地并然，则劳劳乎海君者，盖亦多之焉尔矣，呜呼！居广居，立正位，行大道，得志与天下由，不得志而独行挺然，为圣人之宫墙者，郑有其人焉矣乎！勉之，是为志。赐进士出身、前承德郎奉命提督□□等处河道工部都水清吏司主事郑州同知张大猷撰，奉直大夫知郑州事王守身立。嘉靖四十四年岁次乙丑仲冬吉旦，赐进士出身、前山东按察司佥事判郑州事周国乡书。

（现存于郑州文庙碑廊内）

郑州重修庙学之记

［明］胡自化

尝考郑自建学以来，其兴废补弊，盖屡屡矣。近以修理，不几日就圮坏而廊庑为甚，历十数年鲜有能□□□□。郡侯俞父母公于戊戌冬来守郑，下车谒庙，一触目即怃然心伤，顾谓学恃诸君曰："兴学广效政之首务，矧□□□，百废业集，财用不敷，冈敢从事也。"越明岁春暮，乃捐俸抡材，招工计资，择匠之能事者作其事兴之□□。丹漆掩映，视往昔则奕奕改观。马独于宫墙，创用砖砌口。覆属学恃俞君、张君、郭君、萧君、张君共为董理，诸君□□□环恃于黉宫，益增壮丽。又改建庠门于庙左，盖义取方向适宜，以人能补造化也。复建号舍，聚英□□□课□□□□聚币役不□□。故虽工矩役繁，而民弗病。扰侯其识大体，急先务而善于□处者矣。以故诸生观望新而志意奋，□□□□□修学明效大验也。与□是余君辈谋，欲彰侯之功，乃率诸生走余己，记其事，勒诸贞石，余惟侯之注意学校，勒石垂无穷乎。既次第其言乃申告之日："国家建立学宫以崇圣祀，以育贤才，有司当慎重，而时加修葺者，乃往□□□□□官浑所请，而后举事。且讥察严而怨谤易起，功有难于必成，志有难于必遂也。人恒畏其难而惮于为，故因□之□一至此□□□畴敢肩其难哉？侯今不难人之难，而锐意兴作举，下数年之积废而一旦焕然□新，固实政交孚于上下而才□之□□□□□功不谓难哉！□其难勿侔，其易□斯，工乃□也。今将若之，何要在诸君□。其□视诸生勤于游习而已，夫□视严，则庙□□□□，习勤则功崇业广骎骎乎。优入圣贤之域而学有成，学成而用上则黼皾。"呈猷下则润泽生民，以弼成一代基□之。□庶于国家建学之意，有司修学之功，两无负矣。不然学修□□□□者，乃暌于守视怠于游□□□□如□时之倾颓矣，岂惟负贤侯之用心抑，亦为师、为弟子者之羞也，可不慎与诸君抚然曰：敬闻命矣，敢不夙夜勉图，以光大贤侯之□徽之。徽之，婺源人也。大明万历岁次辛丑仲夏之吉乡进士、直隶凤阳府凤阳县知县□人、龙海胡自化顿首拜撰。奉训大夫知郑州事俞乔，同知韩瑀，判官施诖林，吏目杜德烺，儒学学正俞遇春，训导张承志、郭天胤、萧如兰、张平，生员□□□□□□□□□。

（现存于郑州文庙碑廊内）

御制至圣先师孔子赞并序

[清]张玉书

盖自三才建，而天地不居其功，一中传而圣人代宣其蕴。有行道之圣，得位以绥猷；有明道之圣，立言以垂宪。此正学所以常明，人心所以不泯也。粤稽往绪，仰溯前徽，尧、舜、禹、汤、文、武，达而在上，兼君师之寄，行道之圣人也。孔子不得位，穷而在下，秉删述之权，明道之圣人也。行道者，勋业炳于一朝；明道者，教思周于百世。尧、舜、文、武之后，不有孔子，则学术纷淆，仁义湮塞，斯道之失传也久矣。后之人而欲探二帝三王之心法，以为治国平天下之准，其奚所取衷焉？然则，孔子之为万古一人也，审矣。朕巡省东国，谒祀阙里，景企滋深，敬擒笔而为之赞曰：清浊有气，刚柔有质。圣人参之，人极以立。行着习察，舍道莫由。惟皇建极，惟后绥猷。作君作师，垂统万古。曰惟尧舜，禹汤文武。五百余岁，至圣挺生。声金振玉，集厥大成。序书删诗，定礼正乐。既穷象系，亦严笔削。上绍往绪，下示来型。道不终晦，秩然大经。百家纷纭，殊途异趣。日月无逾，蓁墙可晤。孔子之道，惟中与庸。此心此理，千圣所同。孔子之德，仁义中正。秉彝之好，根本天性。庶几夙夜，勖哉令图。溯源洙泗，景蹈唐虞。载历庭除，式观礼器。摘毫仰赞，心焉逡企。百世而上，以圣为归。百世而下，以圣为师。非师夫子，惟师于道。统天御世，惟道为宝。泰山岩岩，东海泱泱。墙高万仞，夫子之堂。孰窥其藩？孰窥其径？道不远人，克念作圣。

（立于康熙二十五年，现存于郑州文庙碑廊内）

御制训饬士子文碑

［清］康　熙

国家建立学校，原以兴行教化，作育人才，典至渥也。朕临御以来，隆重师儒，加意庠序，复慎简学，使厘别弊端，务期风教修明，贤材蔚起，庶几械朴。作人之意，乃比来士习未端，儒效罕着。虽因内外臣工奉行未能尽善，亦由尔诸生积锢已久，猝难改易之故也。兹特亲制训言，再加警饬，尔诸生其敬听之：从来学者先立品行，次及文学学术，事功原委有叙。尔诸生幼闻庭训，长列宫墙，朝夕诵读，宁无讲究，必也躬修。实践砥砺廉隅，敦孝顺以事亲，秉忠贞以立志。穷经考义，勿杂荒诞之谈；取友亲师，悉化骄盈之气。文章归于醇雅，毋事浮华轨度。式于规绳，最防荡轶。子衿佻达，自昔取讥，苟行止有亏，虽读书何益？若夫宅心弗淑，行己多愆，或蜚语流言，胁制官长；或隐粮包讼，出入公门；或唆拨奸猾，欺孤凌弱；或招呼朋类，结社要盟。乃如之人，名教不容，乡党勿齿，纵幸脱褫扑滥，窃章缝返之于衷，宁无愧乎？况乎乡会科名乃盛举大典，关系尤巨，士子果有真才实学，何患困不逢年。顾乃标榜虚名，暗通声气，夤缘诡遇，罔顾身家。又或改窜乡贯，希图进取，嚣凌腾沸，网利营私，种种弊情，深可痛恨。且夫士子出身之始，尤贵以正。若厥初拜献，便已作奸犯科，则异时败检逾闲，何所不至，又安望其秉公持正，为国家宣猷树绩，膺后先疏附之选哉？朕用嘉惠尔等，故不禁反复惓惓，兹训言颁到，尔等务共体朕心，属遵明训，一切痛加改省，争自濯磨，积行勤学，以图上进。国家三年登造束帛弓旌，不特尔等身有荣，即尔祖父亦增光宠矣！逢时得志，宁俟他求哉？若仍视为具文，玩偈毁方跃冶，暴弃自甘，则是尔等冥顽无知，终不能率教也！兹以往，内而国学，外而直省乡校，凡学臣师长皆有司铎之责者，并宜传集诸生，多方董劝，以副朕怀。否则职业弗修，咎亦难逭，匆谓朕言之不预也，尔多士尚敬听之哉！康熙四十一年正月□日。

（现存于郑州文庙碑廊内）

文庙重修记

［清］张　钺

　　圣天子重道崇儒，覃敷声教，薄海之内，莫不蒸蒸兴起。中州实居畿右，吾郑肇自周封，溯厥前徽，名贤辈出，岂不居然文物之邦哉！岁戊午，余承之兹郡，首谒学宫，乃见榱桷倾颓，廊庑不饰，尊经之阁风雨飘摇，习射之亭榛芜蓊翳，不禁怦然动，悚然惧，即欲整理，而工巨用烦，力有未逮也。期月后，举州之事渐有次第，得闲款之不关于正者六百余金，乃命匠克期偕司铎及庠士诚干者，各董其事。坏者葺之，废者兴之，向所缺者增建之，内外周匝，黝垩而丹碧焉。工既竣，进州之士而诏之曰："学校之设，所以明礼乐，敦孝弟，贮经史以培伦理，植人材以辅治功。下无不教之俗，上有必行之化，自古以来系几重矣。况值右文盛世，正明良喜起之秋，士人诵诗读书，尤贵躬行实践。今庙貌聿新，鼓钟具在，抚俎豆而袭衣冠，当深思夫圣贤幼学壮行，学优则仕之义，卓然自立，而不为世欲囿。庶几菁莪械朴，复见髦之盛乎？且吾闻善学者能自得师。郑固中州之名郡也，周程之理学，韩范之经纶，远不数百年，近且百余里，出为名世，处为名儒，彰彰在人耳目。郡士倘力取之而效法焉，安见不可企而及也？余将拭目俟之。"

（乾隆《郑州志》卷一〇《艺文志》）

文庙重修记

[清] 李　洛

自古帝王治隆俗美，率以兴学，明伦为本，仙鸾来舞，麟凤志祥，载在典册，历历可考。近世号吏治者，一切法度从事，而黉序胶庠，几为茂草所鞠，无怪治之不古逮也。按郑郡学宫，修于顺治六年，再修于康熙三十九年，规模壮丽，丹获晶莹，嗣历三十余载，风雨剥落，渐多倾圮。予于雍正乙酉莅任，即闻有议及之者，逾年爰出俸钱，修补崇圣宫神龛一座，格扇四，东西两配，并名宦牌位一座，悉整修如式。阅两载，霪雨瀑布，黉门至西庑、土地祠、明伦堂，墙垣胥就倾颓，阶左右且不免羊马迹焉。用裁尺一疏，率吾庠弟子王天植、张如铎辈，议捐六十余金，诸处修葺，焕然可观，时雍正癸丑年也。其余颓废，工费浩繁，岁比不登，所谓二簋时也，损而用萃如时何。乾隆戊午春，清苑张公下车后，礼士重道，以兴贤育材为汲汲。目击黉宫摧残，不觉忾然者久之。曰：“此予之责也。”夫越两月，巫请公项卜吉鸠工，市梓材鸳瓦，敝者易，圮者举，数旬殿庑复巍然。其诸祠宇、堂斋、文昌阁、射圃厅，望皆丹碧垔黝，辉煌夺目。外至周垣，胥为修筑，如屏藩保障，无复昔日荒烟蔓草矣！于是释菜告成，都人士咸举手颂曰：“铄哉盛乎！历年废坠，一旦底于大成，皆我公之力也。”公来牧是邦，其抚字殚心，故黔首不致疾额；其干济练达，故河伯胥为效灵。其折狱引经，不让隽不疑之学术；其发奸摘伏，有如于廷尉之公明。一时循声四起，歌来暮而兴贤育材之心尤汲汲焉。非所谓学道君子，深谙治本者与。继今多士游于斯，歌于斯，当无不感奋兴起，取青拾紫，皆公门下桃李也。虽然古来掞华搞藻之士不乏其人，及考生平行谊多有遗憾焉。欧阳子所谓窃悲其人言语工矣，文章丽矣。无异草木荣华之飘风，鸟兽好音之过耳也。始知士君子立身行己，务以圣贤远大自期，笃志积学，德业可光史册，著述可藏名山，方无负朝廷建学明伦之意，与我公兴贤育材之心也已。昔范无择修袁州学，记之者李太伯，至今脍炙人口。予谓劣远有弗逮，而我公之政教口碑，不在范公下，故不辞固陋，捆管以诚盛概云。

（乾隆《郑州志》卷一〇《艺文志》）

御制平定准噶尔告成太学碑

　　辽矣山戎，熏鬻旃裘。毳幕之人，界以龙沙，畜其驒騱。虽无恒业，厥有分部。盖自玄黄剖判，万物芸生，东夷西夷，各依其地。谬举淳维，未为理据，皇古莫纪。其见之书史者，自周宣太原之伐，秦政亘海之筑，莫不畏其侵轶华夏是虞。自是厥后，一二奋发之君，慨然思挫其锋而纳之宥。然事不中机，财不副用，加以地远无定处，故尝劳众费财，十损一得。缙绅之儒守和亲，介胄之士言征伐。征伐则民力竭，和亲则国威丧，于是有"守四夷羁縻不绝，地不可耕，民不可臣"之言兴矣。然此以论汉、唐、宋、明之中夏，而非谓我皇清之中夏也。皇清荷天之休，龙兴东海，抚御华区。有元之裔，久属版章，岁朝贡从，征狩执役。惟谨准噶尔厄鲁特者，本有元之臣仆，叛出据西海，终明世为边患。至噶尔丹而稍强，吞噬邻蕃，阑入北塞。我皇祖三临朔汉，用兵大破其师，元恶伏冥诛，协从远遁迹，毋俾遗种于我喀尔喀。厥侄策妄阿拉布坦，收其遗孽，仅保伊犁。故尝索俘取地，无敢不共逮。夫部落滋聚，乃以计袭哈密，入西藏，准夷之势于是而复张。两朝命将问罪，虽屡获捷，而庚戌之役，逆子噶尔丹策凌能，用其父旧人，乘我师怠，掠畜于巴里坤，捣营于和卜多，于是而准夷之势大张。然，地既险远，生客异焉，此劳往而无利，彼亦如之故。额尔德尼招之败彼，亦以彼贪利而深入也。皇考谓"我武既扬，不可以玩。允其请和，以息我众。"予小子敬奉先志，无越思焉。既而噶尔丹策凌死，子策妄多尔济那木扎尔暴残，喇嘛达尔扎篡夺之，达瓦齐又篡夺喇嘛达尔扎，而酗酒痑下尤甚焉。癸酉冬，都尔伯特台吉策凌等，率数万人又来归。越明年秋，辉特台吉阿穆尔撒纳和顽特台吉班珠尔，又率数万人来归。朕谓："来者不可以不抚而抚之，莫若因其地其俗。而善循之日，毋令滋方来之患于我喀尔喀也。"于是，议进两路之师，问彼罪魁，安我新附。凡运饷筹驮，行利我之事，悉备议之。始熟，经于庚戌之艰者，咸惧蹈辙，惟大学士忠勇公傅恒，见与朕同。而新附诸台吉，则求之其力。朕谓："犁庭扫穴，即不敢必然。喀尔喀之地，必不可以久居。若而入，毋宁用其锋而观厥成。即不如志，亦非所悔也。"故凡祸旗、命将之典，概未举行，亦云"偏师"，尝试为之耳。塞上用兵必以秋，而阿穆尔撒纳、玛木特请以春月，欲乘彼马未肥则不能遁。朕谓其言良，当遂从之。北路以二月丙辰，西路以二月己巳，各起行。哈密瀚海向无雨，今春乃大雨，咸以为"时雨之师"。入贼境，凡所遇之鄂拓克，携羊酒糗糒，迎恕后。五月之亥，至伊犁，亦如之。达瓦齐于格登山麓结营以待，兵近万。我两将军议："以兵取则伤彼必众，彼众皆我众，多伤非所以体上慈也。"下亥，以阿玉锡等二十五人，夜斫营，觇贼向。贼兵大溃，用蹂躏死者不可胜数，来降者七千余人。我二十五人，无一人受伤者。达瓦齐以百余骑窜。六月庚戌，阿奇木、霍集、斯伯克等四人，执达瓦齐来献军门，准噶尔平。是役也，定议不过二人，筹事不过一年，兵行不过五月，无亡矢遗镞之费，大勋以集，遐壤以定，岂人力哉？天也。然，天垂佑而授之事机，设不奉行之，以致坐失者，多矣。可与乐成，不可以谋始，亦谓蚩蚩之众云尔，岂其卿大夫之谓？既克，集事，则又曰："苟知其易，将劝为之。"夫明于事后者，必将昧于几先。朕用是寒心。且准噶尔一小部落耳，一二有能为之长，而其树也固焉；一二暴失德之长，而其亡也忽焉。朕用是知惧武。成而勒碑文庙，例也。礼臣以为请，故据实书之。其辞曰：茫茫伊犁，大翰之西。匪今伊昔，化外羁縻。条支之东，大宛以南。随畜猎兽，蚁聚狼贪。乃世其恶，乃恃其远。或激我攻，而乘我缓。其计在斯，其长可穷。止戈靖边，化日熏风。不侵不拒，不来其那。款关求市，亦不禁诃。始慕希珍，终居奇货。更喜无事，迁就斯懁。渐不可长，我岂惧其？岂如宋明，和市之为？既知其然，饬我边吏。弗纵弗严，示之节制。不仁之守，再世斯斩。篡夺相仍，飘忽荏苒。凤沙革面，煎巩披帆。集泮飞鸦，食葚怀音。锡之爵位，荣以华裙。膝前面请，愿效前驱。兵分两路，雪甲霜锋。先导中坚，如旦猛攻。益以后劲，蒙古旧属。八旗弟子，其心允笃。二月卜吉，牙旗飘摇。我骑斯腾，无待析胶。泉涌于碛，芜茁于路。我众欢跃，谓有天助。匪营我众，新附亦云。黄发未睹，水草富春。乌鲁木齐，波罗搭拉。台吉宰桑，纷纷款纳。牵其肥羊，及马潼酒。献其屠耆，合掌双手。予有前论，所禁侵陵。以茶交易，大愉众情。众情既愉，来者日继。蠢达瓦齐，拥兵自卫。依山据涆，惟旦夕延。有近万人，其心十千。勇不自逃，论二十五。曰阿玉锡。率往贼所。衔枚夜袭，直入其郭。挥戈拍马，大声疾呼。彼人既离，我志斯合。突将无前，纵横鞚鞺。按角鹿埵，陇种东笼。自相狼藉，孰敢撄锋？狐窜鼠逃，将往异域。回部遮之，凶渠斯得。露布既至，告庙受俘。凡此藏功，荷天之衢。在古周宣，二年乙亥。准夷是平，常武诗载。越我皇祖，征噶尔丹。命将祃旗，亦乙亥年。既符岁德，允协师贞。兵不血刃，漠无手庭。昔时准夷，弗恭弗讳。今随师行，为师候尉。昔时准夷，日战夜征。今也偃卧，知乐人生。曰匪准夷，曰我臣仆。自今伊始，安尔游牧。尔牧尔耕，长尔孙子。曰无向非，岂有今是。两朝志竟，亿载基成。侧席不惶，保泰特盈。乾隆二十年岁次乙亥夏五月之吉御笔。

（现存于郑州文庙碑廊内）

御制平定回部告成太学碑

〔清〕乾　隆

建非常之功者，以举非常之事。举非常之事者，以藉非常之人。然亦有不藉非常之人，而举非常之事，终建非常之功者，则赖昊苍笃贶，神运斡旋。事若祸而移福，机似逆而转顺，顺天者昌、逆天者亡故。犁准夷之庭，扫回部之穴，五年之间，两勋并集，始迟疑犹未敢信，终劼勖以底有成。荷天之宠在兹，畏天之鉴益在兹。爰叙其事，如左达瓦齐之就俘也。伊犁已大定矣，无何而阿穆尔撒纳叛彼，其志本欲藉我力以成己事。时也人心未定，佐饕者尝一蛾肆狂，万狙应响，蜂屯蚁杂，不可爬梳。畏难者群谓不出，所料准夷终不可取，并有欲弃巴里坤为退守谋。然予计其众志不齐，将有归正倒戈者。于是，督防将帅之臣整师亟进，既而，伊犁诸台吉宰桑，果悔过勤王，思讨逆贼以。此天恩助顺者一也。二酋大小和卓木者，以回部望族，久为准噶尔所拘于阿巴哈斯鄂拓者也。我师既定伊犁，乃释其囚，以兵送大和卓木波罗泥都归叶尔奇木，俾统其旧属。而令小和卓木霍集占居于伊犁，抚其在伊犁众回。乃小和卓木助阿逆攻勤王之台吉宰桑等，阿逆赖以苟延。及我师再入，阿逆遂逃入哈萨克，而霍集占亦即收其余众，窜归旧穴。此天恩助顺者二也。准夷之事，前纪略见梗概，兹不复纪。纪兴师讨回之由，则以我将军兆惠，在伊犁时，曾遣副都统阿敏道往回议事，小和卓木乃以计诱阿敏道而拘之。及我师抵库车问罪，彼携阿敏道以来援。至中途害之，及从行者百人。彼犹逞其狂勃，抗我师颜，且敢冒死入库车城，乃雅尔哈善略无纪律，致彼出入自由。然我满洲索伦众兵士，无不念国家之恩，效疆场之力，故能以少胜众，逆渠惧而脱。此天恩助顺者三也。知偾辕之无济，抡干才之可任，时将军兆惠以搜剿准夷余党至布露特部落已矣。服其众，因命旋师，定回部。于是，克库车，存沙雅尔，定阿克苏，略乌什，收和阗。师之所至，降者望风，直至叶尔奇木城下。而我军人马，周行万有余里，亦犹强弩之末矣。二酋以其逸待之力，统数万人与我三千余人战，我师之过河者才四百余，犹能斩将搴旗，退而筑堡黑水，固守以待。此天恩助顺者四也。万里之外，抱水救火，其曷能济？乃予以去年六月，即降旨派兵拨马，欲以更易久在行间者耳。故兵马率早在途，一趱进而各争前恐后，人人有敌忾之愤。此天恩助顺者五也。副将军富德及参赞舒赫德辈，率师进援以速，行戈壁中，马力复疲。值狂回据险坐侯，颇有难进之势。夫援军不能进，则固守以待者，危矣。而参赞阿里衮驱后队之马适至，夜捣贼营。我师内外夹攻，彼不知我军凡有几万，渥炭流汤之徒，自相蹂躏，顾命不暇。于是，解黑水之围，鹿骇獐惊，遁而保窟。我之两军，合队全旅，以回阿克苏。此天恩助顺者六也。既而，彼料我必再入，泰山之压难当，乃于我师未进之先，携其部落，载其重器，逃而远去。而叶尔奇木、哈什哈尔二城之旧伯克等，遂献城。以参赞明瑞一邀之于霍斯库鲁克，副将军富德再陷之于阿尔楚尔。于是，离心者、面向前途者反旆，二酋惟挈其妻孥返，旧仆近三百人入拔达克山境。此天恩助顺者七也。人迹不通之境，语言不同之国，既已雀殿，宁不狼顾？其授我与否，固未可定也。然一闻将军之檄，莫不援旗请奋，整旅前遄，遂得凶渠函首，露布遥传。此天恩助顺者八也。夷考西师之役，非予夙愿之图，何则？实以国家幅员不为不广，属国不为不多，惟凛守成之志，无希开创之名，兼以承平日久，人习于逸，既无非常之人，安能举非常之事，而建非常之功哉？然而，辗转辐辏，每以难而获易，视若失而反得。故自缔始，以逮定功，虽予自问，亦将有所不解其故，而不敢期其必然者。故曰，非人力也，天也。夫天如是显佑国家者，以祖宗之敬天爱民，蒙眷顾者深也。则我后世子孙，其何以心上苍之心，志列祖之志，勉维绳于有永，保丕基于无穷乎？系以铭曰：二酋偕德，始乱为贼。是兴王师，报怨以直。伊犁既平，蕞尔奚屑。徐议耕辟，徐议戍设。以噢以咻，伊予本怀。岂其弗戢，图彼薮回。彼回不量，怒臂当车。戕我王臣，助彼狂狙。始攻库车，偾辕败事。用人弗当，至今为愧。悖逆罪重，我武宜扬。易将整师，直压彼疆。阿苏乌什，王陇和阗。传檄以定，肉袒羊牵。二酋孳深，知不可活。狼狈相顾，固守其穴。桓桓我师，周行万里。马不进焉，强弩末矣。以四百人，战万余虏。退犹能守，黑水筑堡。间信达都，为之伤悼。所幸后军，早行在道。督饬速援，人同怒心。曾不两月，贼境逼临。彼复侥隙，马继以进。贼营夜所，出其不意。贼乃大惊，谓自天降。孰敢撄锋，大踩大搏，如虎搏兔。案角陇种，谁敢回顾，黑水围解，合军暂旋。整旅三路，期并进焉。贼侦军威，信不可支。挈其妻孥，遁投所依。所依亦回，岂不自谋。岂伊庇护，而受林忧。利厥辎重，无遗尽掠。遣其都凡，遂来献馘。讵惟献馘，并以称臣。捧赏表章，将诸都门。奏凯班师，前歌后舞。尸遂染锷，温禺衅鼓。露布至都，正逮初阳。慈宁称庆，亚岁迎祥。郊庙告成，诸典并举。皇皇太学，丰碑再树。丰碑再树，敢予喜功。用不得已，天眷屡蒙。始之以武，终之以文。戡乱惟义，抚众惟仁。布惠施恩，寰宇共喜。古不羁縻，今为臣子。疆辟二万，兵出五年。据实书事，永矢干干。乾隆二十四年岁次乙卯十二月之吉御笔。

（现存于郑州文庙碑廊内）

重修大成殿记

朱炎昭

闻之碑者，悲也。悼其人，伤其遇，述其事，以悲之也。仰维至圣，何有于此。当年厄陈过宋，嗟麟怨凤，如太虚浮云，转瞬已空，奚烦后人无谓之悲乎。若谓碑以颂德，吾恐研朱竭泗水之波，未足书其富美；勒文磬东山之石，难以形其高深。虽然为金石为不朽业，事关名教，缺陷之不可也。光绪丙申，老槐生火，大成殿灾事，上闻部议重修。爰按亩捐款，土木大兴，岁两度始克告成，今已二十余年矣。同城官员首事十有六人，凋亡殆尽，若再不立石，恐前朝轶事，风流云散，莫能记忆矣。况沧桑一变，世事皆非，来戎马于芹宫，落罳尘与泮水，祀事弗修，两楹具寂，真有极悲而恸者。今幸扫除污秽，厘举祀典，续修邑乘，更欲剜石记黉宫重修之役，猗与盛哉！皆周知事海六莅任以来之盛举也。不禁转悲为喜，涤笔而为之纪。中华民国五年学政朱炎昭。

（民国《郑县志》卷16《艺文志》，现存于郑州文庙碑廊内）

重修奎星楼记

刘瑞璘

郡之东南巽隅有楼耸起，其上晓日，其下佳城，凤台远映，古塔近邻，额曰"奎星楼"，虽非名胜，亦见教育家之热心一斑也。庠序学校，虞夏以来，三千余年未之有改。民国成立，孔子升为大祀，关、岳订为合祀，其他祀典缺焉不讲。议者曰："祀孔子重文学教育也，祀关、岳重军事教育也，其他无关教育，应从缓议。"吁！是未知教育之标本，知其一而不知其二者也。《孝经·援神契》曰"奎主文昌"，岂非文学？《春秋诚意图》曰"奎主武库"，岂非军事？仰观天文列星并曜，隐然作教有之法规焉。勺盘水以求星光，无不专得，翘以热心崇拜之，研究之，有不得教育之纲要乎？民国元年，奎星楼灾，焚毁殆尽，吾友大教育家李君光华锐意重修，郑州绅学商界各厚薄捐资有差，李君竟力担任，四年秋动工，五年夏工竣，属予记。予为之说曰："求学诸君，亦知星象与教育之关系乎？一曰北辰，居所不动，总统端拱之教育也。一曰北斗，终年旋转，责任内阁之教育也。太微垣十星，环如宫廷，各总长率属之教育也。天市垣二十二星，平如权衡，各省长分巡之教育也。聚主杀戮，各督军练兵之教育也。星变多端，或隐或现，或孛于四方，或见于当午，其长竟天，其光如画，像国家之翻动力、人民设防之教育也。奎宿一星，文武兼资，军学胥备。李君此举，教育上之发端之导源也。予鉴李君之热心，谨述其事而为之记。"

（民国《郑县志》卷16《艺文志》。民国五年立，现存于郑州文庙碑廊内）

重修郑县孔庙记

阮藩侪

孔庙即旧黉宫，郡国设立其来已久，凡以树道德之鸿鹄，立政教之大原，俾学者瞻仰宫墙，鼓舞淬砺跻于明体达用，以成己而成物，历稽史秉世运之隆，污人材之消长，靡不视能否重道崇儒，以为断其关系之重大，从可知已。民国廿二年秋九月，余承之是区，稍暇，展谒郑县孔庙，见大成殿四周榱崩，戟门仅款橡败瓦，东西庑、明伦堂俱荡焉无存，内外周垣□砖石隐没，鞠为茂草，羊马侵陵。不禁怃然者久之，因念黉宇为墟，使多士无所宗仰思想，失其中心，是余之羞，亦余之责。顾簿书期会，昕夕奔劳逑巡，未遽。越期年，国民政府为正人心、挽风俗，令各县修理孔庙，以表仰止。爰集地方士绅，组织郑县重修孔庙委员会，分股任事，量日鸠庀。首翻修大成殿五楹，戟门三楹，新建东西庑各九楹，戟门左右各建月门，缭以□垣。用□崇严大成主座暨四配十二哲，并列祀先贤名儒各牌位。同时，悉建置如式，复依旧制，创建棂星门三楹，门内两旁各建置耳房三楹，其西另辟便□筑室二楹，洒扫者居焉。泮池半规，亦□而新之。庙东，旧有祖师庙废址，北连任姓地四亩，与庙齐壤。经公决，合并其地，而以他地给任姓。建六角亭于其东，其势低洼，雨即为沼。分筑两道通其亭，并各建桥梁，使沼水彼此贯注。全庙外筑长垣，共地积七十四亩有奇，凡空间之地，因势爬梳，分类造林，俾增天然风□。是役也，经始于二十四年五月，迄二十六年三月。藏事费国币逾万元，其间款绌待筹，工程屡辍，卒赖各委员之始终不懈，及各界人士之热心赞助，使余□观厥成，亦可谓厚幸矣。於戏！抚今追昔，窃有不能已于言者。夫孔道之大，无所不容，无待我人赘论，独怪承学之士徒知袭取皮毛，以博时好；抑或胶执注疏相标榜以钓誉，致浅识者引为口实，肆意摧残，循致反礼除旧之恶潮，弥漫全国，人心陷溺，几于不救矣。委员长蒋公怒焉忧之，揭橥明礼义、知廉耻，倡导新生活运动，期纳群伦于轨，物明德、新民、止至善之道，渐为国人讲贯。风气丕变，日月重光，所谓革命革心在此，所谓心理建设亦在此。余束发受书，寝馈经籍，深知吾国欲恢复固有道德、发扬民族精神，舍尊孔莫由。藐躬德薄，愧无以化民成俗。□敢不揣谫陋，于其刊石纪事，粗为发凡，以为邦人最，亦以告口之来者。中华民国二十六年五月十五日。

（现存于郑州文庙碑廊内）

重修郑州文庙记

齐岸青

自古文庙乃一城尊儒崇文之所，亦为祀圣贤、习礼仪、读经籍、议文事之地，故凡通都大邑无不有文庙。郑州文庙之渊源远流长，始建于东汉明帝永平年间（公元五八年—七五年），其规模宏大，布局严谨，有殿宇廊亭二百余间，占地五万平方。然因火而倾毁无存，元顺帝至正年（公元一三六六年）曾仿原貌重建，后明洪武二十八年（公元一三九五年）知州黄廷佐，明宣宗宣德八年（公元一四三三年）知州林厚，明英宗正统九年（公元一四四四年）知州史彬，明宪宗成化八年（公元一四七二年）知州洪宽，明孝宗弘治七年（公元一四九四年）知州郭宏，明武宗正统十三年（公元一五一八年）知州刘仲和明世宗嘉靖十一年（公元一五三二年）知州邵腾汉均以重修，文庙遂成郑州敬儒祭孔圣地，延至清顺治六年（公元一六四九年）知州王登聊、十五年（公元一六五八年）知州刘永清、学正戚若鳃、刘绅、训导李柜重修，庙貌巍然。文庙尚有"大成殿七楹、东西两庑二十楹、戟门三楹、东脚门一间、西脚门一间、泮池半规、棂星门一座、启封祠三楹、土地祠三楹、明伦堂五楹、敬一亭三楹、尊经阁五楹"。清康熙五十年（公元一七一一年）重修，此后数十年间，风雨侵蚀，墙垣相继颓塌。乾隆三年（公元一七三八年）春，知州张钺对大成殿、东西两庑、敬一亭、尊经阁、名宦祠、乡贤祠各加修整，并重建明伦堂、东西两斋房、射圃厅。光绪二十二年（公元一八九六年）五月后遭火劫，焚毁殆尽，因而"灾事上闻，部议重修，按亩捐款，土木大兴，岁两度始克告成"。然建筑与规模已今非昔比。二十四年（公元一八九八年）知州汤似慈建东院宫厅三间、名宦祠三间。民国初年和抗日战争期间，文庙内多次驻兵，惨遭破坏，后虽对大成殿局部维修，然是硕果仅存，文庙整体名存实亡。公元一九六三年，河南省人民政府将郑州文庙大成殿颁为河南省文物保护单位。公元二〇〇四年，郑州市人民政府特发巨资并成立专职机构主持文庙重修之事。此次重修，规划既循古制，又遵今兴，其大成殿乃为关键，该殿因久失修，几尽废颓，且殿基沉陷地面，此次开全国先例，采用整体抬升作业，使大成殿抬高一米又七，且建筑毫发未损，唯增巍峨壮观，工程另恢复照壁、东西牌楼、棂星门、泮池、大成门、尊经阁、名宦祠、乡贤祠及大成殿、尊经阁东西两厢房、碑廊、古井亭等。使千年古庙重焕青春，庄严肃穆，金碧辉煌，屹立于商城之中。古都名城既有瞻仰先师之地，亦添承继优秀传统文化之所也，因以记之。撰文：齐岸青；书丹：孔德班；刻石：楚发亮。公元二〇〇六年四月。

（现立于郑州文庙大成门左侧）

孔子之碑

李铁城

夫圣者，大智大贤之谓也。两千多年来，无论族属国别，无论智愚贵贱，泱泱中华，悠悠华夏，人誉为圣人者，约十数计，然誉为至圣而师者，惟孔子一人而已。孔子名丘，字仲尼，鲁之曲阜人。少有好学之心，长怀济世之志，及冠先后任委吏、乘田吏，颇有政声。行年三十，创学收徒，开我国平民设教之先河，人称之为夫子。五十一岁为中都宰，政绩卓著。翌年，由司空而大司寇，摄相事，夹谷之会，扬国威捍尊严，强霸为之侧目。抑私家，强公室，鲁国大治。谗佞交攻，难行其道，被迫去国离乡，周游列国，以期一展凤抱。凡十四年，历卫、陈、宋、郑、陈、蔡、楚七国。蒙谗于卫，围困于匡，绝粮于陈，受惊于宋，踟蹰于郑，被阻于楚，颠沛流离，困辱备尝，然终不得一遇。年近七十，返鲁还乡，授课之余，潜心著述，整理典籍，删诗序书，传礼正乐，系周易，作春秋，留后世一宝贵遗产。夫子博学多艺，诲人不倦，躬行垂范，终生从教，受教者三千，贤者七十二人。其一生仁爱溢其胸，智慧充其心，奋发贯其生，而坎坷塞于途，落寞伴其身，然荣崇称其后，可叹亦复可慰！夫子之学，大略言之，于政以仁德治国，辅之以刑，以民为本，节用均富，义中求利，任人以贤，行之以礼，以求大同。于教有教无类，因材施教，温故知新，学思并重，启发诱导，循序渐进，格物致知，举一反三。于立身以仁义为基，忠孝诚恕中和，慎独修身以济世。可谓博大精深，集于大成，实传统文化之支柱，东方文明之精髓，于中华民族之凝聚认同，于民族精神之塑造传承，功莫大焉。时移世异，时至今日，孔子之言并非皆合时宜，然大多仍系至理，试看今日之天下，科技大昌而兵连祸结；商贸欣荣而贫富不均；交往频密而恐怖蜂起；众说纷纭，稀有匡时之筹；新见时兴，难觅拯世之策。故一九八八年众多诺贝尔奖得主同声呼吁：二十一世纪人类应从孔子处汲取智慧，良有以也。我等当追怀其德，慎思明辨，扬其精华，弃其陈腐，为中华民族之复兴，为人类社会之安定繁荣，再创辉煌。因以歌曰：天子之德，万世师表；夫子之道，匡时救弊；日月经天，江河行地；惟我哲人，彪炳光耀。楚掌印刻石，公元二〇〇六年五月一日立。

（现立于郑州文庙大成门右侧）

（一）史志

［1］［汉］班固. 汉书. 北京：中华书局，1965.

［2］［清］毕沅. 续资治通鉴. 北京：线装书局，2009.

［3］［元］戴良. 九灵山房集. 两江总督采进本.

［4］［唐］杜佑. 通典. 杭州：浙江古籍出版社，1988.

［5］［南朝·宋］范晔. 后汉书. 北京：中华书局，1965.

［6］河南通志馆. 河南通志稿. 民国三十二年刊本.

［7］［明］胡谧等修. 河南总志. 民国二十二年刊本.

［8］［清］贾汉复修. 河南通志. 清顺治十七年刊本.

［9］［清］金鉷等. 广西通志. 文渊阁四库全书本.

［10］［宋］李诫. 营造法式. 文渊阁四库全书本.

［11］［后晋］刘昫等. 旧唐书. 北京：中华书局，1976.

［12］［明］卢熊. 苏州府志. 清光绪九年刊本.

［13］［元］马端临. 文献通考. 北京：中华书局，1986.

［14］［唐］房玄龄等. 晋书. 北京：中华书局，1974.

［15］［宋］欧阳修等. 新唐书. 北京：中华书局，1975.

［16］［东晋］裴松之注. 三国志. 北京：中华书局，1964.

［17］［清］阮元. 十三经注疏. 北京：中华书局，1980.

［18］［汉］司马迁. 史记. 北京：中华书局，1959.

［19］［清］孙希旦. 礼记集解. 北京：中华书局，1989.

［20］［元］宋濂等. 元史. 北京：中华书局，1976.

［21］［清］田文镜等修纂. 河南通志. 清雍正十三年刊本.

［22］［元］脱脱等. 宋史. 北京：中华书局，1977.

［23］［元］脱脱等. 金史. 北京：中华书局，1975.

［24］王世翰等. 河南通志郑县采访稿. 民国十七年稿本.

［25］［宋］王钦若等. 册府元龟. 北京：中华书局，1970.

［26］［清］王赠芳等. 济南府志. 清道光二十年刻本.

［27］［南北朝］魏收. 魏书. 北京：中华书局，1974.

［28］［南宋］吴澄. 吴文正公集. 台北：新文丰出版公司，1985.

［29］［唐］吴兢. 贞观政要. 郑州：中州古籍出版社，2008.

［30］［明］徐恕修，王继洛纂. 嘉靖郑州志. 明嘉靖三十一年刊本.

［31］［元］徐一夔. 始丰稿. 文渊阁四库全书本.

［32］［北魏］杨衒之. 洛阳伽蓝记. 济南：山东友谊出版社，2001.

［33］［清］袁枚. 袁枚全集. 南京：江苏古籍出版社，1997.

［34］［清］张钺修，毛如诜纂. 乾隆郑州志. 清乾隆十二年本.

［35］［清］张廷玉等. 明史. 北京：中华书局，1974.

［36］［清］赵尔巽等. 清史稿. 北京：中华书局，1977.

［37］［宋］郑樵. 通志. 杭州：浙江古籍出版社，1988.

［38］［清］何锡爵修，黄志清纂. 康熙郑州志. 康熙三十二年刊本.

［39］［东汉］郑玄. 周礼注疏. 上海：上海古籍出版社，2010.

［40］［宋］周秉彝修，刘瑞璘纂. 民国郑县志. 民国五年刊本.

［41］［明］邹守愚修. 河南通志. 明嘉靖三十四年刊本.

（二）资料

［1］耿素丽，陈其泰. 历代文庙研究资料汇编. 北京：国家图书馆出版社，2012.

［2］成一农. 古今图书集成庙学资料汇编. 北京：中国社会科学出版社，2016.

［3］成一农. 地方志庙学资料汇编. 北京：中国社会科学出版社，2016.

（三）书籍

［1］陈传平. 世界孔庙. 北京：文物出版社，2004.

［2］陈青之. 中国教育史. 上海：商务印书馆，1936.

［3］崔永泉，刘红宇. 中国文庙未来之梦. 长春：吉林文史出版社，2013.

［4］董喜宁. 孔庙祭祀研究. 北京：中国社会科学出版社，2014.

［5］范小平. 中国孔庙. 成都：四川文艺出版社，2004.

［6］付远. 儒家思想与建筑文化100讲. 北京：中国建筑工业出版社，2015.

［7］孔祥林. 世界孔子庙研究. 北京：中央编译出版社，2011.

［8］李文. 孔庙文化功能的当代价值. 南宁：广西人民出版社，2014.

［9］李秋香. 文教建筑. 北京：生活·读书·新知三联书店，2007.

［10］刘亚伟. 远去的历史场景：祀孔大典与孔庙. 济南：山东文艺出版社，2009.

［11］刘新. 儒家建筑：文庙. 北京：中国建筑工业出版社，2013.

［12］牟宗三. 道德理想主义的重建. 北京：中国广播电视出版社，1993.

［13］彭蓉. 中国孔庙建筑与环境. 郑州：中州古籍出版社，2011.

［14］曲英杰. 孔庙史话. 北京：社会科学文献出版社，2011.

［15］汤一介. 瞩望新轴心时代：在新世纪的哲学思考. 北京：中央编译出版社，2014.

［16］王日新，蒋笃运主编. 河南教育通史. 郑州：大象出版社，2004.

［17］徐光春. 一部河南史 半部中国史. 郑州：大象出版社，2009.

［18］郑州市商城遗址保护管理处. 郑州文庙. 北京：科学出版社，2015.

［19］中华文明史话编委会. 孔庙史话. 北京：中国大百科全书出版社，2007.

［20］朱鸿林. 孔庙从祀与乡约. 北京：生活·读书·新知三联书店，2015.

（四）论文

［1］邓凌雁. 空间与教化：文庙空间现象及其教育意蕴的生成. 河南大学学报（社会科学版），2017（5）.

［2］广少奎. 斯文在兹，教化之要——论文庙的历史沿革、功能梳辨及复兴之思. 河南大学学报（社会科学版），2017（5）.

［3］舒大刚，任利荣. 庙学合一：成都汉文翁石室"周公礼殿"考. 四川大学学报（哲学社会科学版），2014（5）.

［4］宋秀兰. 郑州文庙的保护与复建. 中原文物，2006（4）.

［5］唐红炬. 文庙的保护与利用：应在冲突中寻求和谐. 中国文物科学研究，2007（2）.

［6］肖永明等. 书院祭祀的教育及社会教化功能. 湖南大学学报（社会科学版），2005（3）.

［7］徐梓. 书院祭祀的意义. 寻根，2006（2）.

［8］张玉功. 郑州文庙. 中原文物，2014（5）.

［9］赵国权，周洪宇. 祠学璧合：两宋书院祠祀活动及其价值期许. 北方论丛，2016（5）.

［10］赵国权，周洪宇. 游走于传统与现代之间：对文庙再定位的几点思考. 河南大学学报（社会科学版），2017（5）.

［11］周洪宇，赵国权. 文庙学：一门值得探究的新兴"学问". 江汉论坛，2016（5）.

（五）报纸

［1］邓洪波. 祭祀：书院产生的最重要原因. 中国社会科学报，2012-4-19.

［2］柯杨. 郑州文庙试图活得更好. 河南日报，2007-11-26.

［3］宋秀兰. 郑州文庙大成殿修复后的思索. 中国文物报，2006-9-29.

［4］习近平. 青年要自觉践行社会主义核心价值观. 人民日报，2014-5-05.

［5］张晓波等. 郑州文庙：守护一个文明图腾. 郑州日报，2005-4-26.

［6］左丽慧. 郑州文庙回归公众视线：主打"国学"牌. 郑州日报，2006-9-26.

后记

郑州文庙虽然历史遗存不多，只有大成殿、戟门（大成门）及部分碑刻，其他建筑均为后来复建所致。但史载其创于东汉明帝在位期间，创建之早在所有文庙中是少见的，因此在文庙发展史上有着举足轻重的位置。在举国大力弘扬优秀传统文化的新时代，很有必要关注郑州文庙研究，以及关注文庙的保护和资源利用。作为学于开封而生于郑州的大学人，自然要具备这种担当意识和责任感。

于是，自领下"军令状"至今已三年余，一直诚惶诚恐，恐有辱使命。只因前期对文庙知之甚少，对郑州文庙更是只知其名，而未知其实，要做个案研究等于是从零做起。尤其还要当作一本带有学术性的书来写，有难度，更有挑战。好在有恩师周洪宇教授掌舵，有研究生全力协助，终不负厚望，总算拿出个像样的文字稿出来。

为加快研究进度，笔者除大量翻阅一手史料，尤其是各个时期刊印的郑州志、郑县志外，还多次亲临文庙进行实地考察。令人难忘的是，第一次考察是陪同周师一同前往的，当时还考察过文庙周边的城隍庙和商朝城墙遗址等人文景观，每到一处，周师都娓娓道来，受益非关门读几本书所能比，郑州文庙也从此便在记忆中扎下根来。随着对资料的挖掘及吸收，需要将文本所载与实物相互印证，于是接二连三地前往文庙仔细查看和拍照，访谈部分管理人员，不断充实和丰富书稿内容。参与郑州文庙研究的硕士生王君怡，为2016年全国教育史年会所撰《庙学范例：郑州文庙沿革及功能探析》一文，还获得参会优秀论文奖，也算是教育史界对文庙研究的一种认可和鼓励。与此同时，笔者对文庙学的思考也在不断深化，与周师合作的《文庙学：一门值得深入探究的新兴"学问"》也在《江汉论坛》上刊出，被高校学报文摘部分转载，2017年又与周师合作在《河南大学学报》上发表《游走于传统与现代之间：对文庙再定位的几点思考》，这一切都构成笔者深入探究郑州文庙的强大动力。

全书由笔者拟定写作框架，撰写第一章、第七章、第八章及通稿事宜，硕士生王君怡撰写第二、三、四章，硕士生温玲捷撰写第五章，华中师范大学教育博士生侯耿耿撰写第六章。初稿完成后，虽经过多次修改，但笔者依然感觉有诸多不足，尤其是对文庙的认识还比较肤浅，期望今后能获取更多的史料，以便将郑州文庙的研究推向深入。

在写作过程中，始终得到周师的不吝指教，得到文庙管理人员的信息提供，得到河南大学图书馆古籍部的大力协助，以及对前辈研究成果的充分借鉴和出版社编辑蒋伟、周红心、张彤彤的辛勤付出，在此一并致以诚挚的感谢！

赵国权

2021年1月20日